Arian Sarris

# Emotionale Wiedergeburt

W0380635

Arian Sarris

# Emotionale Wiedergeburt

## Befreiung von den Fesseln der Vergangenheit

HANS-NIETSCH-VERLAG

Übersetzt aus dem Amerikanischen
von Elisabeth Liebl

Titel der Originalausgabe:
Getting on with your life … Healing the past
© 1996 by Arian Sarris
All rights reserved
Translation rights arranged with
Llewellyn Publications, Minnesota, USA

Deutsche Ausgabe:
© 1999 by Hans-Nietsch-Verlag
Alle Rechte vorbehalten

Lektorat: Petra Danner
Umschlaggestaltung: Peter Krafft, Designagentur, Bad Krozingen
Satz und Innengestaltung: Hans-Nietsch-Verlag
Druck: FINIDR s. r. o., Český Těšín

Hans-Nietsch-Verlag, Poststraße 3, D-79098 Freiburg
Internet: www.nietsch.de

ISBN 3-929475-82-0

# Inhalt

## DANKSAGUNG

Für Intz Walker, der immer an mich glaubte, sogar wenn ich selbst zweifelte. (Jeder sollte einen Freund wie ihn haben.)

Für Leya Steele, deren Klugheit mir viele Dinge verständlich machte.

Und für die geräuschvollen Möwen draußen am Strand, die mich begleitet haben, als ich begann, die Vergangenheit zu heilen.

1

# Ändern Sie Ihr Leben

Sind Sie bereit, Ihr Leben von Grund auf zu verändern? Den alten Trott zu verlassen, in dem Sie feststecken? Ihre alten Denk-, Verhaltens- und Glaubensprogramme hinter sich zu lassen?

Überlegen Sie sich bitte einmal, welche Antwort Sie auf folgende Fragen geben würden: Ist Ihr Leben in Ordnung? Sind Sie glücklich? Haben Sie Ihren Eltern Ihre Kindheit verziehen? Oder bedrücken die Erinnerungen daran Sie noch immer – die Übergriffe, die Wut, die Hilflosigkeit und Einsamkeit Ihrer Kindheit? Wollen Sie Ihre Vergangenheit wirklich loslassen, oder ziehen Sie es vor, von ihr weiterhin kontrolliert zu werden?

Die Antworten auf diese Fragen zeigen, ob Sie wirklich zu einer tiefen inneren Veränderung bereit sind. Dieses Buch verfolgt einen Zweck: Es will Ihnen helfen, die inneren Zwänge und Hemmnisse loszuwerden, die Sie in Ihren alten Verhaltens- und Glaubensmustern gefangenhalten. Und es will Sie dazu befähigen, neue Wege zu beschreiten, damit Sie endlich die wahre Aufgabe Ihres Lebens erfüllen können.

Doch was ist es eigentlich, das in unserem Inneren zu Fortschritt und Veränderung drängt? Mit dieser Frage habe ich mich jahrelang befaßt.

Woher kommt unsere Vorstellung von Mangelhaftigkeit? Oder von Vollkommenheit? Jeder von uns hat seine eigene Auffassung vom Vollkommen-Sein. Meistens hängt sie von unserem familiären Hintergrund ab. Aber daß wir nicht perfekt sind, darüber sind wir uns wenigstens einig. Soll ich Ihnen ein kleines Geheimnis verraten? *Keiner* von uns ist vollkommen, auch wenn unsere Eltern bzw. andere Menschen sich die größte Mühe gegeben haben, uns von ihrer Vollkommenheit zu überzeugen. Es gibt keine vollkommenen Menschen – von Buddha und Jesus vielleicht einmal abgesehen.

Doch wenn wir nicht vollkommen sind und die Chance, es zu werden, so gering ist wie die Möglichkeit einer jungfräulichen Geburt, was für eine Bedeutung hat dieser Begriff dann überhaupt für uns? Ich denke, wir sollten über den Sinn des Wortes „vollkommen" noch einmal nachdenken. Es gibt nämlich Menschen, die behaupten, daß alles, auch unsere Wenigkeit, vollkommen sei – und immer schon gewesen sei. Sie meinen, daß es ziemlich sinnlos sei, einer kaum faßbaren, unrealistischen Idee von Perfektion nachzueifern, nach deren Maßstab wir nur noch mangelhafter und unvollkommener wirkten als sonst. Klüger wäre es wohl, sich auf das zu konzentrieren, was wir in jedem Augenblick unseres Lebens wirklich seien.

Für mich bedeutet „Vollkommenheit", daß ich mich immer mehr auf den Ausdruck dessen zubewege, was meinen Lebenssinn ausmacht. Daher ist alles, was wir tun, um in diese Richtung zu gehen, vollkommen. Diese Vorstellung nimmt den Begriff „Vollkommenheit" aus den Händen der anderen Menschen und legt ihn direkt dorthin zurück, wo er hingehört: in Ihr eigenes Innerstes. Nur Sie kennen Ihr Ziel. Nur Sie wissen, wie Sie dorthin gelangen. So kann es geschehen, daß Sie eines Morgens aufwachen und feststellen, daß Sie sich nun so akzeptieren können, wie Sie sind. Und Sie werden entdecken, daß Ihr Weg der richtige war, wie lang die Reise auch immer dauern mag.

Ich glaube, daß in jedem von uns etwas steckt, das uns unerbittlich antreibt, unseren Lebenssinn zu verwirklichen und die Aufgabe zu erfüllen, deretwegen wir auf die Erde gekommen sind. Manchmal finden wir diesen Sinn schon recht früh im Leben. Die meisten von uns aber entdecken ihn erst, wenn sie Ende dreißig, Anfang vierzig sind. Bis dahin haben wir bereits eine Menge innerer Blockierungen abgebaut. Wenn Sie Ihren Lebenssinn gefunden haben, dann scheint plötzlich alles an seinen Platz zu rücken. Mit anderen Worten: Haben Sie ihn noch nicht entdeckt und können Sie ihn nicht leben, dann wursteln Sie sich durch ein Leben voller Unzufriedenheit, Ärger und Traurigkeit.

Ihre Seele will die vollen 100 Prozent geben. Doch ein maximales Engagement in Ihrer Arbeit (das kann Ihr Beruf sein, aber auch Ihre Arbeit an sich selbst) ist schwierig, wenn ein Großteil Ihrer Energie in alten Ängsten, Abhängigkeiten, Glaubenssätzen und Verhaltensmustern gebunden ist.

Das Ausmaß, in dem Sie von solchen Ängsten und negativen Erfahrungen gesteuert werden, zeigt Ihnen, wieviel Macht Ihre Vergangenheit über Sie hat. Sie bestimmt, wie Sie denken, handeln und auf die Welt reagieren. Es fällt uns schwer zu glauben, daß die Zukunft anders sein kann als die Gegenwart – und doch ist es möglich. Ihre alten Denkmuster halten Ihren Geist und Ihren Körper in Fesseln. Diese Programmierungen haben eine Gegenwart geschaffen, die Ihnen unveränderlich scheint, weil sie die Verbindung zu Ihrer eigenen Göttlichkeit, zur höheren Weisheit und Liebe Ihres Selbst, durchtrennt haben.

Sie sind keineswegs auf der Welt, um sinnlos zu leiden (wie manche vielleicht glauben). Ihre Aufgabe ist es, sich von alten, zerstörerischen Denkmustern zu befreien und so zu Liebe und Frieden zu gelangen. Um Ihres eigenen Wachstums willen müssen Sie Ihre Energie aus diesen Fesseln lösen. Jetzt erhalten Sie Ihre Chance: Sie können genau das tun. Sie müssen nur Ihre Vergangenheit umwandeln.

Jedesmal wenn Sie eine Erinnerung verändern, wird gleichzeitig auf jeder Ebene Ihres Seins gebundene Energie freigesetzt. Es ist wie bei einem Abszeß. Zuerst spüren Sie einen stechenden Schmerz, wenn er geöffnet wird und ausheilt (z.B. Ärger oder Traurigkeit). Doch schließlich erfüllt Sie eine wunderbare Erleichterung, weil durch den Abszeß Giftstoffe ausgeschieden wurden (die Erinnerung wurde umgewandelt). Jedesmal, wenn so etwas geschieht, läuft positive Energie in kleinen Wellen durch Ihr gesamtes Sein – von Ihrem Herzen, Ihrem Geist hin zu Ihrem Körper oder Ihrer Seele. Ihr Sieg über die Konditionierungen der Vergangenheit ist sogar meßbar: Sie gewinnen an Weisheit und Selbstliebe, und Sie sind mit jedem Mal mehr in der Lage, Ihren höheren Zielen gerecht zu werden.

Jede Erinnerung, die Sie klären können, läßt in Ihnen mehr Raum entstehen, Raum für etwas, was Sie vielleicht gar nicht zu verdienen glaubten – heilsame Freude und Liebe. Zu Anfang müssen Sie diese Energien vielleicht noch von höheren Wesenheiten erhalten, von Engeln beispielsweise oder Ihrem Höheren Selbst. Früher oder später werden Sie aber in der Lage sein, Ihr Bad in diesem Gefühl der Liebe ganz aus sich selbst zu nehmen.

Wie verändert man aber die Vergangenheit? Nun, dazu muß die Wurzel von unangemessenem oder unreifem Verhalten entfernt werden. Doch wie soll man etwas ändern, was bereits geschehen ist? Die Vergangenheit ist nun einmal *vergangen*, d.h. vorüber. Um zurückzugehen und alles anders zu machen, bräuchten wir eine Zeitmaschine. Das stimmt schon – aber nur in gewissem Sinne. Wenn Ihr Vater Sie als Kind geschlagen hat, dann können Sie an dieser Erfahrung nichts mehr ändern. Aber – und das ist ein enormes Aber – Sie können den *Einfluß* verändern, den diese Erfahrung auf Sie hatte.

Damit es allerdings dazu kommen kann, brauchen Sie eine absolut positive Umgebung. Sie müssen sich in Ihrem Umfeld wohl fühlen. Es sollte Sie so zum Wachstum anregen, daß Sie in Ihrem persönlichen Tempo und nach Ihren Vorstellungen vorangehen können. Kritik, Urteile anderer Menschen oder Druck sind in dieser Situation völlig fehl am Platze. Wenn Sie Ihre Wandlung unter Zwang angehen, dann mag auch dies zu bestimmten Ergebnissen führen, doch Unglück und Angst sind schlechte Begleiter in diesem Prozeß, da sie das Ziel der Umwandlung verhindern: das Aufkommen von Liebe und Freude. Kummer und Furcht haben Sie bereits genug erlebt. Schluß damit! Ich möchte

Sie auf eine Reise einladen, in der schlimme Erfahrungen sich in Freude und Glück auflösen.

Unser Heilungsprozeß setzt bei unseren Kindheitserfahrungen an. Das hat zwei Gründe: Zum einen ist hier der Zugang zu unserer Erinnerungswelt am leichtesten, und zum anderen binden diese Erfahrungen die meiste Energie. Als Kind mußten Sie sich, um zu überleben, Ihrer Familie anpassen. Sie haben dabei Vorstellungen und Glaubenssätze entwickelt, die von Ihrer Umgebung anerkannt wurden. Diejenigen Ideen, die vielleicht dazu geführt hätten, daß man Sie weniger lieben, emotional oder körperlich verletzen oder gar verlassen würde, legten Sie tunlichst ab. Unter Umständen bedeutete das für Sie sogar, daß Sie schreckliche Übergriffe erdulden mußten, nur weil Sie einfach keine andere Möglichkeit hatten, am Leben zu bleiben und das zu bekommen, was Sie dazu brauchten.

Nachdem Sie als Kind in dieser Form Traumata oder Mißbrauch durchlebten, gaben Sie – unabsichtlich – Ihre Verbindung zu Ihrem Höheren Selbst auf. Sie verschlossen „gefährdete" Teile Ihrer Person (ob dies nun Ihr Herz, Ihr Kopf oder Ihre innere Stimme war) in sich selbst. Doch dies kostetete Sie einen großen Teil Ihrer Energie. Es blieb gerade noch genug davon übrig, daß Sie Ihr Überleben sicherstellen konnten. Sie selbst zu sein kam überhaupt nicht in Frage.

Nun sind Sie erwachsen, und der Schmerz dieser Kindheitserfahrungen und unerfüllten Bedürfnisse ist immer noch in Ihrem Emotionalkörper (siehe Kapitel 2 und 8) eingebettet. Er ruht dort, bis irgendein Ereignis ihn wieder zum Leben erweckt. Das könnte z.B. geschehen, wenn Sie einen Alkoholiker heiraten oder einen Mann, der Sie vernachlässigt, von Ihnen abhängig ist oder Sie verprügelt. Ihr Kindheitsschmerz ist immer da. Wenn diese negativen Erfahrungen wachgerüttelt werden, überflutet Sie dieselbe Angst, die Sie als Kind hatten – in genau derselben Stärke. Und Sie werden auf genau dieselbe Art und Weise darauf reagieren. Fort ist alles, was Sie sich als Erwachsener an Schutzmechanismen aufgebaut haben. Die Situation Ihrer Vergangenheit hat

Sie voll im Griff. Manchmal kommt es sogar zu Regressionserfahrungen, d.h. zum Rückfall in kindliche Verhaltensmuster. Das geschieht vor allem dann, wenn die plötzlich auftauchenden Erinnerungen Grausamkeiten wie z.B. sexuellen Mißbrauch zutage fördern.

Um sich dieses Muster zu vergegenwärtigen, überlegen Sie einmal, wie die Besuche bei Ihren Eltern ablaufen: Mitunter ist nichts schwieriger als der Umgang mit den eigenen Eltern, auch wenn er nur auf einen kurzen Besuch beschränkt ist. Es gibt nur sehr wenige Menschen, die „erwachsen" bleiben können, wenn sie dem Ansturm elterlicher Verhaltensweisen und entsprechenden Konditionierungen aus der Kinderzeit ausgesetzt sind – gleichgültig, wie alt sie sind. Sie fallen geradewegs zurück in Ihre Kinderzeit, ob Ihnen das nun gefällt oder nicht. Und danach sind Sie wütend, vor allem auf sich selbst, weil Sie sich in den altbekannten Fallstricken verfangen haben – genau wie Sie es als Kind taten.

Der älteste Teil Ihres Gehirns, das Rückenmark, ist verantwortlich für Ihre Überlebensinstinkte und daher auch für den Impuls zur Flucht oder zum Kampf. Er arbeitet unablässig für Ihr inneres Kind (im Alter von zwei bis elf), ob Sie sich als Erwachsener nun dessen bewußt sind oder nicht. Das innere Kind fühlt sich niemals völlig sicher und ist daher immer auf der Hut. Jedes Ereignis, das Ihnen begegnet, wird im Hinblick auf die Bedürfnisse des inneren Kindes betrachtet, sei es nun wichtig oder völlig unbedeutend. So kontrolliert Ihr inneres Kind Sie. Wenn es nun eine Situation als gefährlich einstuft, läuft sofort das Überlebensprogramm ab. In diesem Moment hören Sie auf, ein Erwachsener zu sein, und verlieren die entsprechende Perspektive.

Dieses Programm, das Ihr inneres Kind entwickelt hat, half Ihnen während der Kindheit zu überleben. Für Ihr augenblickliches Leben ist es meist nicht unbedingt passend. Es ist an der Zeit, daß Sie sich angemessene Verhaltensweisen zulegen und die emotionalen Bedürfnisse, Ängste und

Glaubenssätze, die Sie einschränken, loslassen. Um sich eine Alternative zu diesen frühen Verhaltensweisen zu schaffen, muß Ihnen ganz klar werden, daß Sie die Wahl haben.

Ihr inneres Kind hat nicht die entsprechenden psychologischen Fähigkeiten, um eine Alternative in Betracht ziehen zu können. Das wäre viel zu gefährlich. Nur Sie als Erwachsener mit all Ihren ausgebildeten Fähigkeiten können das. Wenn Sie sich durch Liebe und emotionale Wiedergeburt vom Überlebensprogramm Ihres inneren Kindes lösen, werden Sie künftig solche Entscheidungen treffen, die auf Ihrem Wertesystem als Erwachsener beruhen. Ihr aktuelles Verständnis der Situation bestimmt dann Ihr Handeln, nicht die Ängste und Bedürfnisse eines Kindes. Wenn Sie also das nächste Mal zu Ihren Eltern fahren, werden Sie mehr innere Quellen zur Verfügung haben, aus denen Sie schöpfen können. Sie werden auch dabei die Wahl haben.

Jede Lebenserfahrung legt einen neuen neuronalen Pfad in Ihrem Gehirn und Ihrem Zentralnervensystem. Je stärker die Emotionen rund um dieses Ereignis sind, um so mehr Hormone überfluten Ihren Körper. Das verstärkt wiederum den neuen oder bereits bestehenden neuronalen Pfad. Dabei läuft in etwa dasselbe ab wie beim Erlernen einer neuen Fähigkeit: Am Anfang sind Sie noch langsam und unbeholfen, weil Ihre Nervenzellen sich den entsprechenden Pfad erst schaffen. Doch je öfter Sie nun diese Tätigkeit üben, um so geschickter werden Sie, weil der Pfad sozusagen „ausgetreten" wird.

Ähnlich funktioniert auch Ihr Gedächtnis. Jedesmal wenn Sie sich an ein bestimmtes Erlebnis erinnern, wird der Pfad dorthin verstärkt, vor allem, wenn es sich dabei um eine emotional stark aufgeladene Erinnerung handelt. Gehen Sie jedoch den Weg zur emotionalen Wiedergeburt (d.h. arbeiten Sie bewußt an Ihrer Veränderung), so lösen Sie den bestehenden neuronalen Pfad auf und schaffen einen neuen. So können Sie sich durch Arbeit an der Vergangenheit Ihren negativen Erfahrungen stellen, das darin enthaltene Gift loswerden und Ihre Selbstliebe zum Erwachen bringen.

Die rekonstruierte Erinnerung ruft nun keine Emotionen wie Angst, Verlassenheits- und Verlustgefühle, Wut oder Scham mehr hervor. Sie löst sich in Liebe auf, in Verzeihen, Entspannung und Frieden. So beginnt der Heilungsprozeß. Dieser ganz einfache Vorgang befreit Ihr Leben Stück für Stück von den Gespenstern und Ängsten der Vergangenheit. Ihr Körper wird sich allmählich auf diese neuen Gefühle einstellen, so daß auch Ihr Energiepegel steigt. Wenn dies geschieht, sind Sie bereit für einen weiteren Schritt auf dem Weg der Wandlung.

Der Schlüssel zu diesem Weg ist Liebe. Liebe ist unvereinbar mit Haß oder Selbstbeschimpfungen. Liebe akzeptiert. Bedingunslos. Ganz einfach: Liebe ist. Wenn Sie voller Angst, Wut und Traumata stecken, entwickeln Sie ganz automatisch eine Art Schutzhaltung. In diesem Zustand ist es ziemlich schwierig, sich für Neues zu öffnen. Der heilsame Weg der emotionalen Wiedergeburt hingegen, den ich Ihnen hier aufzeigen möchte, ist auf Erweiterung ausgerichtet. Je weiter Sie auf Ihrem Weg fortschreiten, um so einfacher wird es für Sie werden, alte Ängste und Verhaltensmuster abzulegen und Ihre Heilkraft fließen zu lassen.

Alles beginnt mit Verzeihen. Zuerst werden Sie lernen, sich selbst zu verzeihen, dann – mit der Zeit – auch anderen Menschen. Wenn Sie sich selbst Ihre „Fehler“ vergeben können, schaffen Sie den nötigen Raum in sich, damit die Liebe sich in Ihnen ausbreiten kann. Je umfassender Sie sich Ihre Haltung, Gefühle, Handlungen und Urteile vergeben können, um so stärker sind Sie in der Lage, sich selbst zu akzeptieren. Diese Selbstannahme führt zu mehr Toleranz und mehr Liebe. Mit der Liebe aber verschwinden die letzten inneren Widerstände und Ihr Haß auf sich selbst. Haben Sie durch die Arbeit mit diesem Buch auch nur ein bißchen mehr Selbstvertrauen gewonnen, so haben Sie damit eine enorme Offenheit geschaffen. Und in dieser Offenheit wird sich Ihre Entwicklung hin zur vollkommenen Erfüllung Ihres Lebenssinns vollziehen.

Sie können schon einmal damit anfangen, sich selbst zu verzeihen, daß Sie nicht perfekt sind, daß Sie – nach Meinung Ihrer Eltern – nicht alles richtig machen. Jedesmal wenn es Ihnen gelingt, sich selbst zu vergeben, tun Sie mehr für sich als mit jeder Gegenbeschuldigung, die Sie je erhoben haben. (Denken Sie daran: Veränderung kommt nur durch Akzeptieren zustande, niemals durch Furcht.) Das erste Mal mag noch ein wenig schwierig sein, aber Sie werden erstaunt sein, wie einfach es Ihnen mit der Zeit fällt, Ihre „Mängel" zu akzeptieren und so Ihr Leben zu verändern. Übung macht den Meister.

Manchmal werden Sie sich fragen, ob Sie auf Ihrem Weg der Wandlung fortschreiten wollen, da die Folgen wirklich umwerfend sind. Dieser Prozeß wird Sie zu einem völlig anderen Menschen machen. Sie werden immer mehr der Person gleichen, die Sie in Ihren innersten Visionen wahrnehmen.

Hin und wieder werden Sie sich sogar wünschen, Sie könnten zu Ihrem alten Leben zurückkehren. Da wußten Sie wenigstens, was Sie erwartete, gleichgültig wie schlimm das auch war. Aber wenn Sie einmal den Weg der emotionalen Wiedergeburt betreten haben, dann wird es für Sie fast unmöglich sein, umzukehren. Sie können versuchen, Ihren Wandlungsprozeß aufzuhalten, indem Sie krank werden oder einen Unfall haben, doch auch dies wird Ihr Wachstum nicht zum Stillstand bringen. Sie werden weiterhin wachsen, einfach weil Ihre Seele das verzweifelte Bedürfnis hat, aus ihrem emotionalen und geistigen Gefängnis auszubrechen.

Bisher habe ich vom Auflösen von Kindheitstraumata gesprochen. Lassen Sie uns diesen Gedankengang doch noch einen Schritt weiter führen. Denn viele unserer Verhaltens- oder Denkmuster, viele unserer Ängste stammen nicht aus diesem Leben. Das bedeutet, daß Sie auf Ihrer spirituellen Reise zurückgehen müssen bis zu dem Leben, in dem Sie jene Handlungen ausgeführt haben, die Sie heute beeinflussen: Sei es, daß Sie sich durch Ihre Reinkarnation in Umstände begeben haben, die Sie mit familiären Schwierigkeiten oder gar Grausamkeiten konfrontieren. Sei es durch Blockierungen, die Sie von dem Wissen und der Liebe abschneiden, die Sie brauchen, um zu wachsen. Gewöhnlich finden Sie in diesen früheren Leben dann Erlebnisse, die zu Ihrer aktuellen Lebensgeschichte parallel oder komplementär verlaufen: Wenn Sie in einem früheren Leben eine Person mißbraucht haben, tut diese Person das heute mit Ihnen usw. Möglicherweise machen Sie aber auch Leben für Leben einfach dasselbe und kommen von Ihren schädlichen Verhaltensweisen nicht los, als seien Sie in immer demselben Trott gefangen.

Wenden Sie sich hingegen Ihren früheren Leben bewußt zu, dann können Sie vermeiden, in jedem Leben immer und immer wieder dieselben Fehler zu machen. Sie gehen zurück und lösen die alten Eindrücke auf. So können Sie die Fallstricke, die Sie mit anderen verbinden und zu einer gegenseitigen Verstrickung in immer neuen Mißbrauchserfahrungen führen, auflösen. Wenn Sie tief in Ihrer Seele für Heilung sorgen, dann betreffen die positiven Auswirkungen nicht nur Sie, sie erstrecken sich auf alle Menschen, die in diesen karmischen Knoten verwickelt sind.

Das ist eine der großen Belohnungen, die wir für die harte Arbeit an uns selbst erhalten: Indem wir bewußt unsere Erinnerungen verändern, heilen wir nicht nur uns selbst, sondern alle anderen, die diese Erfahrung mit uns teilten, auch wenn wir nicht immer wissen, wie die Heilung aussieht, die diesen Menschen geschieht.

Veränderungen kommen nicht über Nacht. In der traditionellen Psychotherapie bewirken die Gespräche über die entsprechenden Probleme, daß der Patient Millimeter für Millimeter der Lösung näherkommt. Das ist, als würden Sie eine Mauer einreißen, indem Sie Ziegel für Ziegel herausnehmen. Auf dem Weg der emotionalen Wiedergeburt werden die Ziegel sozusagen schubkarrenweise entfernt. Die

Mauer unserer Widerstände und überlebten Verhaltensmuster kippt unter dem Einfluß und der Führung unseres Höheren Selbst etwas früher. Doch vor allem erfordern Veränderungen Hartnäckigkeit von uns – angesichts der unangenehmen, traurigen und zornigen Gefühle, die in uns und anderen aufsteigen. Aber wenn wir einmal damit angefangen haben, dann geht dieser Prozeß immer weiter. Es ist tatsächlich ziemlich schwierig, diesen Weg wieder zu verlassen und erneut einzutauchen in den Sumpf alter Gefühle und Verhaltensprogramme.

In diesem Buch stelle ich Ihnen viele Methoden vor, Techniken der Transformation, die ich selbst als nützliche Instrumente auf dem Weg der Veränderung empfunden habe. Es geht dabei vor allem um das Freisetzen gebundener Energien und die Umwandlung der eigenen Person durch die heilenden Schwingungen der Liebe.

Auf dem Weg der inneren Wandlung öffnen Sie Ihr Herz für eine neue Auffassung von sich selbst, Ihren Ängsten und Bedürfnissen. Sie lernen, sich selbst und anderen Fehler zu verzeihen. Dadurch erfahren Sie göttliche Liebe und die damit verbundene Freude, welche Ihre Zellen durchströmt und nicht nur Ihr aktuelles Leben, sondern auch alle zukünftigen positiv beeinflußt.

Dieser Selbstheilungsprozeß bringt Ihnen Ihre verlorene innere Kraft zurück, Ihre Weisheit und Ihr Vertrauen in sich selbst. Ihr Lebenssinn wird sich ganz von selbst entfalten. Sie brauchen nur dem erfüllenden Gefühl nachzugehen, das Ihre Arbeit begleitet.

## 2

# Die fünf Elemente des Selbst

Soll Ihr persönlicher Wandlungsprozeß erfolgreich verlaufen, brauchen Sie zunächst ein gewisses Verständnis dafür, wie die menschliche Persönlichkeit aufgebaut ist. Da ist zunächst einmal die Seele (der unsterbliche Teil Ihres Selbst).

Bevor Sie sich auf dieser Erde wiederverkörperten, hat Ihre Seele die Bedingungen für Ihr jetziges Leben festgelegt. Sie suchte sich die Familie aus, in der sie wiedergeboren werden wollte, die Art Ihrer Kindheits- und aller weiteren Lebenserfahrungen, die sie Ihnen zuteil werden lassen wollte. Sie wählte den Teil Ihres Karmas aus, der mit diesem Leben abgegolten werden sollte, und die Lektionen, die Ihnen in diesem Leben zu lernen aufgetragen sind. Aber Sie versah Sie auch mit den entsprechenden Hilfsmitteln, die Sie bei der Erfüllung Ihres Lebenssinns unterstützen sollten. Und Ihre Seele entschied auch, welche Eigenschaften sie Ihnen mitgeben sollte, damit diese Lektionen, karmischen Wiedergutmachungen und spirituellen Wachstumsvorgänge sich tatsächlich ereignen können. Diese Eigenschaften und Hilfsquellen manifestieren sich als die vier sterblichen Elemente Ihres Selbst: Aura, Körper, Geist und Emotionen.

In vielen spirituelle Traditionen findet sich die Vorstellung, daß alles, was auf dieser Erde existiert, aus vier Elementen besteht: Erde und Luft, Wasser und Feuer. Diese vier Elemente beschreiben in diesem Sinn nicht die wissenschaftlich meßbare Struktur von Objekten. Sie beziehen sich vielmehr auf deren innere Natur, die mit den vier sterblichen Teilen unseres Selbst, unseren vier Körpern, eng verbunden ist.

Die Qualität Erde beschreibt etwas Materielles, Tastbares und Festes – ihr entspricht der menschliche *Körper*. Luft hingegen hat etwas Leichtes, Unsichtbares. Sie können sie nicht greifen – wie Ihre *Aura*. Wasser ist flüssig, veränderlich und tief – was Ihren *Emotionen* entsprechen würde. Feuer dagegen ist heiß. Es brennt und bahnt sich unaufhaltsam seinen Weg – was ziemlich genau dem *Geist* entspricht. Das fünfte Element ist die reine Essenz der anderen vier Elemente – die Seele oder Ihr *Höheres Selbst*.

Wenn diese fünf Teile gut zusammenarbeiten (was nur in dem kurzen Augenblick unserer Geburt der Fall ist), leben Sie im Einklang mit sich selbst. Eines paßt zum anderen, und zwischen der Seele und den vier anderen Elementen des Selbst kommt es zu einem harmonischen Austausch. Sie fühlen sich mit der Gottheit verbunden, deren unbegrenzte Liebe und Freude wie ein Bad für Ihre Seele ist. Ihre Lebensaufgabe umzusetzen ist in diesem Zustand ungeheuer einfach.

Die Probleme Ihres Alltagslebens können Sie aus diesem Einklang herausreißen. Plötzlich tauchen Zweifel auf. Sie empfinden Ärger, Scham, Frustrationen, Schuldgefühle. Sie verstricken sich in die unterschiedlichen Anforderungen der vier sterblichen Elemente Ihres Selbst. Es ist, als würden Sie einen vierspännigen Wagen lenken, der völlig außer Kontrolle geraten ist. Ein Pferd zieht in diese Richtung, der Rest in eine andere. Das führt zu inneren Konflikten und Störungen, vor allem, wenn einer der Teile versucht, die anderen unter seine Kontrolle zu bringen. Das geschieht beispielsweise, wenn Ihr Verstand jede Verbindung zu Körper und Gefühl abschneidet. Oder wenn Ihre Gefühle versuchen, den Rest zu manipulieren, um die erste Geige zu spielen.

Wenn es zu dieser Art von Zersplitterung kommt, können Ihre Energien und Ihr Lebenssinn nicht mehr harmonisch zusammenfließen. Es kommt zu inneren Konflikten, Enttäuschungen und Streß. Einige dieser Probleme entstehen erst in der Kindheit, andere schleppen Sie schon seit mehreren Leben mit sich herum. Was dabei herauskommt, ist ein endloses Kettengerassel und Gefechte zwischen den vier Elementen Ihres Selbst. Dieser innere Krieg vertieft Ihre Zersplitterung. Sie verlieren die Konzentration, so daß Ihre innere Stimme nicht mehr zu Ihnen durchdringt. Schließlich vergessen Sie, daß sie eine Verbindung zu Ihrer unsterblichen Seele haben, die Ihnen von neuem Gleichgewicht geben könnte und würde – wenn Sie sich nur daran erinnern könnten, daß es sie gibt! Daher müssen Sie dringend wieder ins Gleichgewicht gebracht werden.

Der sicherste Weg zur Heilung ist die Liebe. Nicht diese Form der Liebe, wie sie die meisten von uns kennen – eine Liebe, die von Ängsten, Bedürfnissen und fixen Vorstellungen (seien es nun Ihre eigenen oder die von anderen Menschen) gesteuert wird. Nein, hier geht es um wachsende transzendente, göttliche Liebe, die uns mit Freude und Entzücken erfüllt. Liebe, die uns glücklich sein läßt, daß wir so sind, wie wir sind. Diese Liebe kann uns nur dann durchdringen, wenn wir in vollkommenem Einklang mit uns selbst leben. Sie ist die goldene Schwingung, die sich einstellt, wenn die vier sterblichen Elemente unseres Selbst sich harmonisch verbinden (siehe Kapitel 5).

Die meisten von uns leben auf einem Energieniveau, das weit unterhalb dieser goldenen Schwingung liegt. Unsere Blockaden bremsen unsere Energien aus und bringen uns aus der Balance. Je länger sie wirksam sind, um so zerstörerischer werden sie. Mit der Zeit beeinträchtigen sie nicht nur unser Energiefeld, sondern schlagen sich im Körper nieder. Sie manifestieren sich als Krankheiten – wie Krebs, der gesundes Gewebe befällt.

Da die vier Elemente unseres Selbst, unsere vier Körper, mehr oder weniger denselben Raum einnehmen und als Einheit funktionieren, wirkt sich die energetische Veränderung, die entsteht, wenn Sie in einem der Elemente alte Muster auflösen, auch auf die anderen aus. Gleichzeitig erneuert sich dadurch die Verbindung zwischen den Körpern, die jahrelang verloren war.

Wenden wir uns nun einer genaueren Betrachtung der fünf Körper zu.

## Der Ätherkörper

Der Ätherkörper, auch Aura genannt, ist eine dicke, flexible Hülle, die dem bloßen Auge unsichtbar ist. Sie umgibt den physischen Körper im Abstand von etwa 50 Zentimetern. Viele für feinstoffliche Einflüsse sensible Menschen können sie jedoch sehen. Ist die Aura normal und gesund, dann ist sie klar und in ständiger Bewegung wie Wolken, die über den Himmel ziehen. Dieses Kraftfeld dehnt sich aus und zieht sich zusammen, je nachdem, in welcher Situation Sie sich befinden oder in welcher Stimmung Sie sind. Ihre Seele hat die Aura als Puffer geschaffen, der Ihren Körper vor dem direkten Kontakt mit der Außenwelt bewahrt.

Ihre Aura ist der „scharfsinnigste" von den vier sterblichen Körpern. Da sie aus sehr leichter Energie besteht, dringt sie sofort durch alle verdunkelnden Worte und Emotionen bis zur inneren Wahrheit einer Person vor. Sind Sie je einer Person begegnet, die Sie auf Anhieb nicht mochten, und später stellte sich heraus, daß Sie damit völlig richtig lagen? Die Erklärung dafür ist ganz einfach: Unsere Aura mischt sich mit der anderer Menschen. Offensichtlich gefiel in diesem Fall Ihrer Aura nicht, was sie von der anderen Aura wahrnahm.

Ihre Aura versucht, Ihnen ihre Wahrnehmung mitzuteilen – durch ein spontanes Gefühl des Wohl- oder Mißbehagens. Wenn Sie auf eine andere Person plötzlich stark emotional reagieren, d.h. sich in Gegenwart dieses Menschen entweder sehr unwohl fühlen oder ihn als besonders angenehm empfinden, dann hat Ihre Aura zu Ihnen „gesprochen". Leider achten die meisten von uns nur selten auf die ziemlich deutlichen Kommentare ihrer Aura.

Wie Sie Ihren Körper reinigen, wenn er schmutzig ist, so muß auch Ihre Aura gereinigt werden. Da sie unsichtbar ist, werden wir uns nur selten der Tatsache bewußt, daß sie verunreinigt wird, wenn sie in Kontakt mit der Aura anderer Personen kommt. Stellen Sie sich einmal folgende Situation vor: Sie sitzen neben jemandem, der gerade voller Appetit an einen Hamburger denkt. Wenn Ihre Aura nun die seine berührt, nehmen Sie ein bißchen von diesem Wunsch auf, und obwohl Sie weder Hunger haben noch gerne Fleisch essen, überfällt Sie plötzlich das unstillbare Verlangen nach einem Hamburger. Die Aura eines anderen Menschen hat die Ihre beeinflußt.

Früher erlebte ich es oft, daß ich, wenn einer meiner Freunde oder Partner sehr wütend war, kurze Zeit später selbst zornig wurde, während der Freund sich längst wieder beruhigt hatte. Als ich schließlich bemerkte, daß ich ihren Ärger über meine Aura in mich aufnahm, reinigte ich sofort mein Energiefeld und sorgte dafür, daß es nicht mehr mit den Emotionen anderer infiziert wurde, indem ich ein schützendes Feld um mich aufbaute.

Jede Person, die Ihren persönlichen Raum betritt, beeinflußt Ihre Aura. Manchmal ist das ja auch erwünscht. Sie laden Menschen ein, Ihren persönlichen Raum mit Ihnen zu teilen (Partner, Familienmitglieder, Freunde). Manchmal dringen aber auch Menschen einfach ohne ihre Erlaubnis in diesen Raum ein (alle vorher Genannten, dazu noch Arbeitskollegen, Chefs, Passanten auf der Straße).

Dieses gegenseitige Durchdringen hinterläßt – mitunter auch beabsichtigt – Spuren in Ihrer Aura. Auf diese Weise bleiben Sie oft für Jahre, manchmal sogar Ihr ganzes Leben lang, energetisch mit diesen Menschen verbunden. Diese Energie kann liebevoll oder neutral sein. Weit häufiger besteht sie allerdings aus kritischen Stimmen, die Sie verurteilen und Ihnen Schuld- bzw. Schamgefühle einflößen.

Hier nur ein Beispiel: Wenn jemand bedrohlich die Faust gegen Sie erhebt, dann hebt er auch die Faust seines Ätherkörpers und läßt sie auf Ihre Aura niedersausen. Sie spüren den Schlag und zucken zurück, obwohl er Sie körperlich vielleicht gar nicht geschlagen hat. Seine negative Energie hat sich nun in Ihrer Aura als Druckstelle verewigt und bleibt dort, bis Sie sie entfernen. Ohne es zu wissen, schleppen Sie viele solcher emotionaler Energien mit sich herum. Wenn Ihre Aura aber von solchen Energien durchzogen ist,

ist es nicht gerade einfach, Raum für Selbstbewußtsein, Selbstachtung und Selbstliebe zu finden.

Reinigen Sie jedoch Ihre Aura (siehe Kapitel 4), dann befreien Sie sie von all den unerwünschten Fremdenergien. Tun Sie das nicht, so bleiben Ihnen diese erhalten und beeinflussen oder blockieren Sie.

Je mehr Sie sich auf die Wahrnehmungen Ihrer Aura einlassen, um so stärker können Sie sich auf die Informationen verlassen, die Sie erhalten. Viele von uns haben diese Kommunikationsfähigkeit schon als Kind verloren. Auch Sie mußten Dinge leugnen, von denen Sie wußten, daß sie richtig waren. Sie akzeptierten, was andere Ihnen sagten, und unterdrückten Ihre Wahrheit, um den Zusammenhalt der Familie und/oder Ihr Überleben nicht zu gefährden. Als Beispiel betrachten wir hier die Kinder aus Alkoholikerfamilien. Viele dieser Kinder erinnern sich, daß sie ihren Vater betrunken oder gar völlig bewußtlos gesehen haben. Gleichzeitig aber sagte ihre Mutter ihnen, ihr Vater sei gar nicht betrunken. Wem also hätten sie Glauben schenken sollen – ihren Augen oder der Autorität der Mutter? Solche Situationen lösen in Kindern die Vorstellung aus, sie seien dumm und zu nichts zu gebrauchen, da sie letztlich die Wahrheit zurückweisen müssen. Sie sind gezwungen, die Interpretation der Autorität als Wahrheit zu akzeptieren, damit sie innerhalb der Gemeinschaft weiterleben können. Die Folge? Sie wagen nicht mehr, ihrer inneren Weisheit zu vertrauen. Der Weg zur emotionalen Wiedergeburt hilft Ihnen, diese Fähigkeit für sich neu zu entdecken.

## Der materielle Körper

Ihr Körper ist eine sehr dichte Form der Energie, die man auch „Materie“ nennt. Sie ist wesentlich dichter, als Gedanken, Emotionen oder die Aura es sein können. Sie können durch Ihren materiellen Körper nicht hindurchsehen. Er hat seinen Platz in Raum und Zeit und ist den physikalischen

Gesetzen unseres Planeten unterworfen (kann z.B. nicht teleportiert werden). Diese fühlbare Hülle für unsere Gedanken, Gefühle und unsere Seele ist der „Ton“, aus dem die Menschen geformt sind. Wenn Sie sterben, kehrt Ihr Körper zur Erde zurück. (Zumindest würde er das tun, wenn wir ihn in manchen Ländern der Erde nicht einbalsamieren und in unverrottbaren Plastiksärgen einsperren würden.)

Die Aura erschafft den materiellen Körper nach den Vorgaben der Seele. Stellen Sie sich die Aura wie eine sehr bewegliche Rüstung vor. Sie wirkt wie eine Schablone. In ihrem Inneren wird, Zelle für Zelle, der Körper geschaffen, und zwar nach ebendieser Schablone – wie ein Schmuckstück, das in einer Gußform entsteht. Wenn Sie also körperlich behindert sind, dann hat Ihre Seele in Ihrer Aura ein Muster entworfen, das ebendiese Merkmale zeigt.

Wie Ihre Aura so kann auch Ihr materieller Körper eine ungeheure Menge an Energie aufnehmen und speichern. Gewöhnlich handelt es sich dabei um negative Energien. Als Kind litten Sie vielleicht unter körperlichen Übergriffen oder gar sexuellem Mißbrauch von seiten anderer Menschen. Da die Verletzungen, die Ihr Körper dabei davontrug, mittlerweile abgeheilt sind, glauben Sie vielleicht, daß die schreckliche Zeit damit vorbei sei. In Wirklichkeit bleibt sie aber in den betroffenen körperlichen Organen gespeichert. Außerdem leidet Ihr materieller Körper auch unter der Negativität, die ihm entgegengebracht wird, gleichgültig, ob Sie nun selbst dafür verantwortlich sind oder ob sie von anderen Menschen ausgeht: „Wie kannst du nur so fett sein?“, „Wärst du doch nur ein bißchen größer!“, „Warum habe ich bloß so einen kleinen Busen?“ Und dergleichen mehr.

**Fallbeispiel:**

Lucy* nahm während der Wechseljahre zu. Es gelang ihr in den folgenden fünfzehn Jahre nicht, diese Pfunde wieder loszuwerden,

---

* Alle Beispiele in diesem Buch sind den Geschichten mehrerer Patienten nachempfunden. Die Namen wurden jeweils abgeändert.

obwohl sie sämtliche Diäten, Pillen und Sportpläne ausprobierte, deren sie habhaft werden konnte. In dieser Zeit machte sie ihren Körper ständig wegen der überflüssigen Pfunde nieder. Das Ergebnis war, daß sie häufig krank war, wofür sie ihren Körper nur noch mehr haßte.

Haben Sie genügend derartige Verletzungen in Ihrem Körper aufgespeichert, dann wird diese Erfahrung so schmerzlich, daß er versucht, sie loszuwerden (oder stirbt): Die erlittenen Schocks manifestieren sich als Schmerzen und Krankheiten. Statt aber nun Ihre Krankheit als das zu erkennen, was sie wirklich ist, nämlich ein Hilfeschrei des Körpers, der sich von seelischen Verletzungen befreien will, beginnen Sie, Ihren Körper als Feind zu betrachten. Aber wenn Sie keine Möglichkeit finden, diese gespeicherten negativen Energien wieder loszuwerden, kommt der Zeitpunkt, an dem der Körper sie nicht mehr ertragen kann. Sie vergiften ihn langsam. Möglicherweise manifestieren sie sich sogar als lebensbedrohende Krankheit. Das bekannteste Beispiel für einen solchen Vorgang ist in unseren Tagen der Krebs.

Um Ihren materiellen Körper zu heilen, müssen die jetzt unsichtbaren, aber nichtsdestotrotz vorhandenen Wunden von allen angesammelten negativen Energien gereinigt werden. Das bedeutet jedoch, daß Sie Ihre Haltung gegenüber Ihrem Körper vollständig ändern müssen. Akzeptieren Sie ihn, so wie er ist. In anderen Worten: Lassen Sie ihn eintauchen in einen Strom heilender Selbstachtung.

In vielen Religionen gilt der Körper als etwas Böses, Anstößiges, Wertloses, das man am besten hinter sich läßt. Jahrhundertelang hielt man es für sinnvoll, das „Fleisch zu kasteien“, indem man seinen Körper, in härenen Bußgewändern, mit endlosem Fasten, Geißelungen und ähnlichen Grausamkeiten traktierte. Diese Einstellung ist heute noch lebendig, auch wenn die Methoden nicht mehr ganz so qualvoll sind. Viele Menschen wünschen sich, sie könnten ohne Körper leben. Sie würden sich lieber um andere

Dinge kümmern, um den Geist, die Aura, Spiritualität – aber bloß nicht um ihren Körper.

Am liebsten würden sie sich überhaupt nicht in ihrem Körper aufhalten, was nicht überrascht. Wir lassen unseren Körper gerne über „Autopilot“ laufen. Wenn Sie beispielsweise eine lange Autofahrt hinter sich haben, kann es vorkommen, daß Sie sich an nichts erinnern, was Ihnen auf der Strecke begegnet ist. Sie haben sich aus Ihrem Körper verabschiedet – Sie ließen ihn automatisch laufen und verbrachten Ihre Zeit derweil mit einem anderen Teil Ihrer selbst.

Wenn Sie Ihren Körper auf diese Weise zurücklassen, fehlt Ihnen das Bewußtsein, was in Ihnen und um Sie herum vorgeht. Wenn Sie über etwas stolpern, dann nur deshalb, weil Sie nicht „da“ sind, um Ihren Körper richtig zu steuern. In diesen Augenblicken ist die Gefahr, daß Sie einen Unfall erleiden oder „blind“ Entscheidungen treffen, die Ihnen emotional oder körperlich schaden, besonders groß.

Angesichts dieser Tatsachen ist es weiter nicht überraschend, daß von all den Elementen unseres Selbst unser Körper die größte Zuwendung braucht. Er vor allem hat Heilung nötig und all unsere Liebe, die wir ihm geben können. Machen Sie sich klar, daß Ihr Höheres Selbst diesen Körper für Sie ausgewählt hat. Vielleicht fällt es Ihnen dann leichter, ihm die nötige Aufmerksamkeit zu widmen, damit auch er an Ihrer Harmonisierung teilhaben kann.

## Das emotionale Selbst

Mit einem gesunden Emotionalkörper bleiben Sie immer zentriert, so daß Sie mit allem, was auf Sie zukommt, gut umgehen können. Unsere Gefühle finden ihre symbolische Entsprechung im wunderbaren Bild des Wassers, seiner Veränderlichkeit und Beweglichkeit. Es löst alle gestauten Energien, wandelt sich von Eis in fließendes Wasser und schwemmt unsere Blockaden, Ängste und alten Schmerzen fort, so daß Raum frei wird in uns für die Energie der Liebe und die höheren Schwingungen der inneren Wandlung.

Das Zentrum des emotionalen Selbst liegt im Herzen. Das heißt: Es folgt nicht den Gesetzen der Logik oder dem Buchstaben. Es ist auch nicht besonders durchorganisiert, aber es verleiht Ihnen Tiefe, Mitgefühl und Liebe. Vom ersten Atemzug Ihres Lebens an empfinden Sie die ganze Bandbreite der Gefühle: Angst, Wut, Einsamkeit, Zufriedenheit und Liebe.

Die grundlegende Energie des emotionalen Selbst ist Liebe. Liebe, die man für sich selbst und für andere empfindet. Wenn Liebe Sie erfüllt, öffnen Sie sich wie eine aufblühende Blume. Andere Gefühle wie Angst, Trauer und Zorn veranlassen Sie zum „Zumachen". Die beste Form der Liebe kommt aus Ihrem Innersten. Sie sagt Ihnen, daß Sie nun sicher und geborgen sind. Werden Ihre Bedürfnisse in dieser Hinsicht jedoch nicht erfüllt, sind Sie gezwungen, sich in der Außenwelt umzusehen und nach Menschen oder Situationen zu suchen, die Ihnen diese Liebe vermitteln können.

Wenn ich das emotionale Selbst in ein Bild fassen müßte, so würde ich mich für das innere Kind entscheiden, den Teil unserer Persönlichkeit, der ständig und verzweifelt auf der Suche nach emotionaler Erfüllung ist. Es kontrolliert unsere Handlungen und Verhaltensweisen, wenn auch auf unbewußte Weise. Die emotionalen Bedürfnisse Ihres inneren Kindes bestimmen, wie Sie mit anderen Menschen umgehen. Ob Sie ihnen offen und positiv begegnen oder ob Sie von Angst, Verzweiflung, Haß und Aggression geleitet werden.

Am emotionalen Selbst erkennen wir sehr deutlich, daß die Vergangenheit unser Leben bestimmt. In Ihrem emotionalen Körper bleiben die negativen Erfahrungen, die Sie als Kind machten, in Form seelischer Traumata gespeichert. Wenn Sie Ihr emotionales Selbst sehen könnten, so würde es Ihnen vielleicht mit schmerzverzerrtem Gesicht, blauen Flecken, gebrochenen, gequetschten oder sonstwie beschädigten Gliedmaßen erscheinen, mit blutigem Mund, gebrochener Nase oder verletzten inneren Organen. Ein Wesen jedenfalls, das augenblicklich Erste Hilfe benötigt. Dieses Bild unterscheidet sich wahrscheinlich erheblich von dem, was Sie sehen, wenn Sie in einen Spiegel blicken. (Falls Sie nicht mit einem ewig betrunkenen Schläger verheiratet sind.) Die körperliche Hülle um dieses emotionale Selbst scheint völlig intakt und gesund zu sein. Werden die Wunden des emotionalen Selbst aber nicht versorgt, so beginnen sie früher oder später auch den materiellen Körper zu verletzen und eine – mitunter lebensbedrohende – Krankheit auszulösen.

Wenn Sie im harten Griff Ihrer emotionalen Bedürfnisse gefangen sind, reagieren Sie wie ein pubertierender Teenager: Ihr Herz bestimmt über Ihren Verstand. Zuviel essen ist ein wunderbares Beispiel dafür. Nahrung hat für uns eine enorme emotionale Bedeutung, eine Tatsache, der sich die meisten Diätsysteme nicht bewußt zu sein scheinen. Dabei ist es völlig gleichgültig, wie oft Sie sich mit Argumenten zu überzeugen versuchen, daß es nicht gut für Sie ist, soviel zu essen. Und wenn Sie sich hundert Mal sagen: „Ich werde kein Schokoladeneis essen. Ich will abnehmen, und außerdem tut es mir nicht gut" – am Ende finden Sie sich doch wieder mit dem Löffel in der Hand und stellen fest, daß gerade die letzte Portion in Ihrem Mund verschwunden ist. Und was nun? Sie strafen sich selbst, weil Sie so wenig Selbstdisziplin haben. Und Sie hämmern sich all die wohlbekannten Sätze ein, die Ihnen sagen, wie wenig Sie wert sind: „Du kannst aber auch gar nichts richtig machen." „Du wirst so fett bleiben." „Du taugst auch zu gar nichts." „Kein Mensch wird dich mögen, wenn du so dick bist." Und so weiter, und so fort.

Mit Logik läßt das innere Kind sich nicht beruhigen, gleichgültig wie zwingend und überzeugend Ihre Argumentation auch sein mag. Die emotionalen Bedürfnisse Ihres inneren Kinds sind weit stärker als alles, was Ihr Verstand dagegen vorbringen kann. Wenn Sie nach einem schmerzlichen Gespräch mit Ihrem Ex-Lover den Hörer aufhängen und sich so richtig unglücklich fühlen (oder einsam oder ungeliebt), dann lindert Schokoladeneis den Schmerz einfach ein wenig. Der Schrei des Kindes nach emotionaler (bzw. materieller) Nahrung übertönt in diesem Moment die Stimme des Verstandes (der sich aber am Ende rächt, indem er Sie seinem unaufhörlichen geistigen Kummer aussetzt).

Wenn Ihr inneres Kind vor Kummer völlig außer Kontrolle gerät, dann braucht es eine Liebe, die so stark ist, daß sie das Kind völlig ausfüllt. Wenn es in diese tiefe Liebe eintaucht, werden auch Sie von dieser Liebe überschwemmt. Genau das geschieht, wenn Sie die schmerzlichen Programme auflösen, die Sie in einem derart lieblosen Umgang mit sich selbst gefangenhalten. Auf diese Weise lösen Sie die Fesseln des inneren Kindes, die es an seine Ängste ketteten. Und Sie öffnen sich selbst der seelischen Nahrung, die die Liebe für Sie bereithält.

## Das geistige Selbst

Unser Geist wird symbolisch dargestellt durch Feuer. Feuer ist strahlend, brennend und unaufhaltsam zugleich. Im Tarot verkörpert sich der Geist im Bild des Schwertes. Lassen Sie uns kurz über den Zweck eines Schwertes nachdenken: Es ist scharf. Es kann Menschen oder Dinge in Stücke hauen, d.h. zerlegen. Beide Merkmale beschreiben bildhaft auch die wesentlichen Qualitäten des Verstandes.

Man könnte sagen, daß der Geist einem Schwert vergleichbar ist, weil er wie dieses seine armen Opfer unbarmherzig niedermacht. Körperliche Wunden können heilen, heißt es, doch Worte, die uns lächerlich machen oder uns durch ihre Härte verletzten, wirken meist lange in uns fort. Sie können die Selbstachtung einer Person für immer zerstören.

In Amerika gibt es ein Kinderlied, das etwa so geht: „Stock und Stein mag brechen mein Gebein, doch böse Worte sollen fern von mir sein." Worte sind weit destruktiver, als Stock und Stein es je sein könnten. Als Kind haßte ich es, wenn jemand mich lächerlich machte. Damals wußte ich bereits, wie verletzend Worte sein können.

Mit Ihrem geistigen Selbst denken Sie. Sie analysieren Ihre Umwelt und drücken sich selbst aus. Es bewahrt Sie davor, im Sumpf der Gefühle zu ersticken. Die Materie des Geistes sind Konzepte, Ideen und Wahrnehmungen. Er zieht seine Schlüsse aus Fakten oder sucht Fakten, die seine Thesen untermauern können. Der Geist funktioniert nach den Gesetzen der Logik. Sein Metier sind Anschauungen und Meinungen. Sie können ihn auch als „Ego“ oder „Persönlichkeit“ bezeichnen. Häufig neigt er zu Engstirnigkeit und fixen Ideen, zu „unlogischer Logik“, vor allem wenn er noch an bestimmten Ideen festhält, obwohl längst bewiesen ist, daß sie trügerisch und destruktiv sind. Wenn jemand zu Ihnen sagt: „Sei doch nicht so emotional!“, dann verlangt man von Ihnen, daß Sie in Ihren geistigen Körper zurückkehren sollen. Der Geist verfügt in der öffentlichen Meinung über ein gewisses Prestige. Jeder hält es für gut, so rational zu sein wie Mr. Spock von *Raumschiff Enterprise.* Zeig Verstand, Verstand über alles – aber möglichst kein Herz.

In seiner sagenhaften Überheblichkeit glaubt Ihr Geist, daß er Sie steuert. In Wirklichkeit wird er jedoch von unseren Kindheitserfahrungen kontrolliert und geprägt. Ihr Geist formt Ihr Weltbild, und zwar nach den Erfahrungen Ihrer frühen Kindheit – also je nachdem, ob die Menschen und Ereignisse, mit denen Sie damals konfrontiert wurden, Ihre emotionalen Bedürfnisse erfüllen konnten oder nicht. Das heißt, daß Sie mit Ihrer Sicht der Dinge vielleicht daneben liegen. Ob dem allerdings so ist, können Sie erst sagen, wenn Sie sich diesem Problem leidenschaftslos und ohne vorgefaßte Meinungen zuwenden. Denn fixe Ideen können sowohl bei religiösen Fanatikern als auch bei angeblich so rationalen Wissenschaftlern auftauchen. Ihr Weltbild kann Sie umbringen. Es kann Sie aber auch glücklich machen.

Welche Vorstellungen prägen nun Ihr Weltbild? Hier sind nur zwei der vielen Möglichkeiten, die vielleicht auch auf Sie zutreffen:

- Die Welt ist gefährlich.
- Sie verdienen es nicht, daß jemand Sie liebt. Sie werden niemals wert sein, geliebt zu werden. Natürlich tun Sie alles, um das zu beweisen.

In diesem Fall wird Ihr Geist auch die Liebe nicht akzeptieren, die von Ihrem Höheren Selbst ausströmt. Doch bei diesen Dingen handelt es sich um Glaubenssätze, nicht um Realität. Sie werden nur Wirklichkeit, wenn Sie *entscheiden*, sie wahr zu machen.

Und wenn Sie all Ihre fixen Ideen nun verändern könnten? Keine Sorge, das geht tatsächlich. Der Geist ist mit Sicherheit stärker als die Materie, doch es braucht einiges an Zeit und Energie, um Ihre Umprogrammierung zu einem Erfolg werden zu lassen. Doch das Wichtigste: Sie müssen wirklich dazu bereit sein!

Wenn Ihr Weltbild erst einmal steht, ist es meist gar nicht mehr so einfach, mit Worten die Schäden zu reparieren, die Worte ursprünglich angerichtet haben. Doch genau darum geht es bei der Arbeit an sich selbst. Je flexibler Ihr Geist ist, um so leichter fällt es ihm, seine Glaubenssätze zu verändern. Wenn Sie erst einmal feststellen, daß eine Ihrer unerschütterlichen Vorstellungen falsch ist, und Ihr Geist diese Lektion in sich aufnimmt, werden Sie stärker. Und weiser! Jede Veränderung in Ihrer Einstellung lockert weitere Barrieren, die Ihren Geist gefangenhalten – ob diese nun von Ihnen selbst errichtet wurden oder von anderen Menschen übernommen sind.

## Ihr spirituelles Selbst

Ihr unsterbliches spirituelles Selbst hat Ihr Leben in dieser Welt geschaffen. Ich nenne es das „Höhere Selbst“. Da dieser weise Teil Ihres Selbst sich außerhalb Ihres Körpers befindet (etwa 1,8 bis 2,4 Meter über Ihrem Kopf), hat es den besseren Überblick. Seine Sicht auf Ihr Leben ist höherer Natur. Es sieht über die fixen Vorstellungen des Geistes hinaus und verfängt sich nicht in den Leidenschaften und Ängsten des emotionalen Selbst. Es steht auch über den Schmerzen, die Ihr materieller Körper empfinden mag. Alle intuitiv empfangenen Botschaften sind Nachrichten von unserem Höheren Selbst oder – wenn Sie so wollen – von der inneren Gottheit.

Ihr spirituelles Selbst ist der Magnet, der Sie zusammenhält, um den sich alles dreht. Denn dieser Teil Ihres Selbst kennt jederzeit das richtige Wort oder Bild, das Sie brauchen, um auf Ihrem spirituellen Weg vorwärtszukommen. Wenn Sie tatsächlich eine emotionale Wiedergeburt anstreben, dann sollten Sie bei Ihrer Reise durch dieses Leben in ganz engem Kontakt mit Ihrem spirituellen Selbst bleiben. Schließlich hat es jederzeit nur Ihr Wohlergehen im Sinn.

## Liebe

Wenn Ihr Selbst aus dem Gleichgewicht geraten ist, können Sie keine Liebe empfinden. Oder Sie empfinden sie auf eine seltsam verdrehte Weise, da sie nicht direkt zu Ihnen kommen kann. Wenn Sie sich von Ihrer Vergangenheit befreien und Ihre Blockaden auflösen, öffnen Sie in sich einen Raum, in den die Liebe – stark und unverfälscht – einfließen kann.

Auch wenn die vier verschiedenen Elemente Ihres Selbst Liebe nicht so leicht erfahren können, weil jedes für sich mit besonderen Ablenkungen oder Blockaden zu kämpfen hat, so hält Ihr Höheres Selbst seine Liebe und die Liebe der Gottheit für Sie bereit. Es bewahrt sie auf, bis Sie bereit sind, sie zu empfangen. Es liebt Sie bedingungslos. Sie müssen sich selbst nur erlauben, diese Liebe anzunehmen, um sie spüren zu können.

Wenn die vier Elemente (Erde, Luft, Feuer und Wasser) harmonisch zusammenklingen, kommt es zur Ausbildung einer ganz besonderen Qualität: einer Schwingung von reinem Gold. So sollten Sie sich auch den Zusammenklang der vier sterblichen Elemente Ihres Selbst vorstellen. Wenn Sie diese vier Körper zu harmonischem Zusammenspiel bringen, strahlen Sie eine goldene Schwingung aus, die Ihr ganzes Sein durchzieht und sich auf alle Menschen Ihrer Umgebung ausdehnt. Sie fühlt sich wunderbar an, voller Freude, ja geradezu göttlich.

Der Weg der emotionalen Wiedergeburt will Ihnen helfen, die fünf Elemente Ihres Selbst in Einklang zu bringen. Sie können die unterschiedlichen Bereiche von alten Mustern und Blockaden reinigen, Ihre verlorene Energie zurückgewinnen und diese Bereiche schließlich so gleichmäßig zusammenklingen lassen, daß sie gemeinsam eine harmonische Schwingung erzeugen (siehe Kapitel 5). Wenn das geschieht, werden Sie von neuem die große Freude erfahren, die der wiederhergestellte Kontakt mit Ihrem Höheren Selbst und seinen kosmischen Energien mit sich bringt. Dann steht Ihr höheres Potential Ihnen voll zu Verfügung.

3

# Helfer auf dem Weg

Jeder Weg hat einen Anfang, so auch der spirituelle Weg. Am Anfang unseres Pfades steht die Überseele, der unsterbliche Teil unseres Selbst, der sich vor Abermillionen Jahren von der Gottheit getrennt hat, ohne Schuld auf sich zu laden.* Während ihrer langen Geschichte hat die Überseele bereits alle möglichen Lebensformen angenommen. Sie hat sich in verschiedenen Kulturen, Rassen oder Ländern inkarniert. Dies war Teil ihrer Suche nach den Lektionen, die ihr ermöglichte, mehr Weisheit und Menschlichkeit zu entwickeln, um schließlich zur Gottheit zurückzukehren. Doch wir täuschen uns, wenn wir glauben, daß dieser Weg immer einfach und gerade verläuft. Seine Windungen und Kurven umfassen jeden nur möglichen Aspekt des Lebens als Mensch – und sehr oft sind die Lektionen, die wir lernen müssen, auch schmerzhaft.

In jedem dieser Leben haben wir in unserem Kampf um mehr Weisheit und Verständnis bestimmte Entscheidungen getroffen. Wir vollbrachten Taten, die Karma schufen, eine kosmische Schuld, die abgetragen werden muß – in diesem oder in späteren Leben. Manchmal ist es ganz leicht, eine dieser Lektionen zu lernen. Man wendet sich danach einfach der nächsten zu. Aber viel häufiger bleiben wir eben

---

* Auf dem Weg zur emotionalen Wiedergeburt, den ich in diesem Buch beschreibe, werden immer wieder die verschiedensten Wesenheiten zu Hilfe gerufen. Wenn Sie mit der Vorstellung, daß es solche Wesen gibt, Probleme haben, dann sollten Sie diese Wesen und die mit ihnen in Zusammenhang stehenden Prozesse einfach als sprachliche Bilder betrachten, sozusagen als Metaphern. Sie werden damit dieselben Resultate erzielen wie die Menschen, die an diese Wesen glauben.

an einem Thema kleben und wiederholen es wieder und wieder, Leben für Leben, wie eine Platte, die einen Sprung hat. Solche Lektionen kommen dann ständig von neuem auf uns zu.

Manchmal nehmen sie die Form sich immer wiederholenden Ärgers an. Ihr Höheres Selbst legt sie Ihnen sozusagen auf den Präsentierteller, damit Sie sie *dieses* Mal endlich lösen. Wie wäre es denn, wenn Sie versuchen würden, das Problem bei der Wurzel zu packen, statt wütend zu werden oder auszuweichen? Wie wäre es, wenn Sie sich Ihren unbewußten oder ungelösten Fehlern und Schwierigkeiten stellen würden – Ihrer Gier, Ihrer Ungeduld, Eifersucht, Furcht oder Wut? Lösen Sie doch endlich den aus einem früheren Leben stammenden Haken, der immer noch in Ihrem Fleisch sitzt.

So könnten Sie beispielsweise versuchen, sich klarzumachen, daß jemand, der Sie wütend macht, Ihnen eine unschätzbare Gelegenheit gibt, der Ursache für diese Wut auf den Grund zu gehen, statt einfach feindselig zu reagieren. Diese Person dient Ihnen als Spiegel und hilft Ihnen so, die Bürde loszuwerden, die Sie sonst in Zukunft miteinander verbinden würde. So können Sie das Problem gleich jetzt klären, in diesem Leben. Und schon haben Sie einen weiteren Schritt auf Ihrem Weg zu Ausgeglichenheit und Heilung getan.

Andererseits sind karmische Schwierigkeiten natürlich keine Nadelstiche, die zwar unangenehm, jedoch weiter nicht tragisch sind. Probleme dieser Größenordnung verlangen nach ernsthafter innerer Wandlung, wenn sie gelöst werden sollen. Häufig muß dazu die Wunde geheilt werden, die aus einem früheren Leben stammt und nun die karmische Reaktion verursacht. Schulden müssen bezahlt werden (siehe Kapitel 9). Um diese Aufgabe angehen zu können, brauchen Sie Hilfe. Allein ist dies kaum zu schaffen. Glücklicherweise stehen uns auf höheren Ebenen viele Helfer zu Verfügung, die nur darauf warten, uns auf unserem Weg zu begleiten.

## Das Höhere Selbst

An erster Stelle steht dabei natürlich unser Höheres Selbst. Seine Hilfe ist auf dem Weg der inneren Wandlung absolut unverzichtbar.

In Kapitel 1 habe ich das innere Kind erwähnt, das ebenfalls ein Teil Ihres Selbst ist (etwa im Alter von zwei bis elf). Das innere Kind symbolisiert Ihr emotionales Selbst (hilflos, ängstlich und voll verzweifeltem Verlangen nach Liebe). Das Höhere Selbst, Ihre weise und unsterbliche Seele, die über Ihr Leben wacht, ist von ganz anderem Charakter. Es sieht völlig klar (auch Ihre Warzen etc.) und weiß alles über Sie. Ihm liegt nichts mehr am Herzen als Ihr Wohlergehen. In jedem Leben wird ein neues Höheres Selbst ausgebildet. Sie alle sind Teile der Überseele und haben direkten Kontakt mit ihr und der Gottheit.

Ihr Höheres Selbst hält sich oberhalb Ihres Kopfes auf, weit genug vom materiellen Körper entfernt, um die Stimme der göttlichen Weisheit klar zu vernehmen. Es dient als Brücke zwischen der Gottheit und den anderen Elementen Ihres Selbst, zumindest soweit Sie diese Botschaften vernehmen können. Denn häufig werden sie überlagert von den störenden Einflüsterungen Ihres Verstandes, der ständig urteilt, analysiert, argumentiert, kommentiert und einfach nie ruhig ist. Meditation oder andere Methoden, die das unaufhörliche Geplapper des eigenen Geistes zum Schweigen bringen, sind gute Möglichkeiten, die ruhige, klare Stimme unseres Höheren Selbst hörbar werden zu lassen.

Manchmal erhalten Sie dabei wichtige Einsichten über Dinge, die Sie eigentlich nicht wissen können, weil Ihnen nicht genügend Informationen zur Verfügung stehen. In diesen Augenblicken hat Ihr Höheres Selbst es geschafft, eine Intuition an den immer wachsamen Augen Ihres Verstandes vorbeizuschmuggeln, die Sie mit den Informationen versorgt, welche Sie für eine kluge, wenn auch nicht auf problemlos nachprüfbaren Kenntnissen beruhende

Entscheidung brauchen. (Gut informiert und klug ist *nicht* das gleiche!)

Stellt sich etwas oder jemand zwischen Sie und Ihr Höheres Selbst – beispielsweise durch Herumpfuschen an Ihrem siebten Chakra (dem Scheitelchakra, dessen Öffnung dem Höheren Selbst zugewandt ist) –, so wird dadurch Ihre Verbindung zum Höheren Selbst unterbrochen. Eltern tun so etwas mitunter. Sie blockierten möglicherweise Ihr siebtes Chakra, als Sie noch ein Kind waren, um Sie besser unter Kontrolle zu haben. Obwohl sie dies vermutlich nicht in böser Absicht tun, lösen sie damit unwissentlich ein gravierendes Problem aus: Künftig glauben Sie, daß Ihre Eltern der einzig wahre Quell von Wissen und Weisheit sind. Sie vergessen Ihre Verbindung zu Ihrem Höheren Selbst und vernachlässigen Ihre ureigene Weisheit.

Gefährlicher für Ihr Karma sind jedoch spirituelle Eindringlinge – Gurus und angebliche Weisheitslehrer, die Macht über ihre Schüler erlangen wollen. Dazu gehören Begründer von Sekten und mysteriösen Kulten, Fundamentalisten und andere religiöse Fanatiker. Höher entwickelte Lehrer ermutigen Sie zu eigenständigem Denken. Sie eröffnen Ihnen eine neue Sicht der Dinge. Oft nutzen sie als Mittel dazu ihren Witz, der Sie aus Ihrem mentalen Trott reißen soll. Sie verhelfen Ihnen zu mehr Erfahrung und lassen Ihnen gleichzeitig genügend Zeit, damit Sie aufgrund dieser Erfahrungen Ihre Entscheidungen treffen können. Diese Art von Lehrern hilft Ihnen, Zugang zu Ihrer eigenen Weisheit zu finden. Sie stellen den verlorenen Kontakt zwischen Ihnen und Ihrem Höheren Selbst wieder her.

Andere geistige Lehrer agieren häufig weniger erleuchtet. Sie suchen vielmehr nach Jüngern. So ermutigen sie keineswegs zu selbständigem Denken und der Suche nach höherer Weisheit. Und vor allem haben diese sogenannten „Lehrer" keineswegs Ihr Bestes im Sinn. Ihr Ziel ist Macht. Und der einfachste Weg, sie zu erreichen, ist es, Sie von Ihrem Höheren Selbst abzuschneiden. Sie schaffen ein energetisches Band zu Ihrem siebten Chakra, so daß Sie nur die

Informationen erhalten, die sie Ihnen zukommen lassen wollen. Ihre Schüler bzw. Opfer erhalten tatsächlich und buchstäblich eine „Gehirnwäsche“.

Bevor Sie dieses energetische Band nicht durchtrennen, werden Sie keinen Zugang zu Ihrem Höheren Selbst finden. Das ist einer der Gründe, warum sämtliche anderen Perspektiven Ihnen verschlossen sind. Sie sind regelrecht „blind“. Sie sehen nur, was Ihr „Lehrer“ Ihnen vorgibt.

Andererseits gibt es auch Menschen, die die Stimme Ihres inneren Wissens gar nicht hören wollen. Sie verlassen sich lieber auf die Weisheit anderer Leute und übergeben die Kontrolle über ihr Leben willig jedem, der sie haben will.

Wenn andere Kontrolle über Ihr siebtes Chakra erlangen oder Ihre Verbindung zum Höheren Selbst unterbrechen, ist es möglich, daß sie Sie auch davon überzeugen, daß Sie göttlicher Liebe gar nicht würdig sind oder zumindest nur in der von diesen Menschen erlaubten Form. Diese Vorstellung ist *vollkommen* falsch. Ihr Höheres Selbst und die Gottheit lieben Sie immer. Gleichgültig, welche Argumente Ihr Verstand ausheckt, um Sie zu entmutigen („Niemand wird mich mögen, wenn man erst herausfindet, wie ich wirklich bin“), sie sind durchweg unwahr. All dieses innere Geschwätz dient nur dazu, Sie weiter zu isolieren, so daß Sie mehr denn je Führung und Zuwendung von außen brauchen – die Ihnen dann diverse Sektenführer auch freundlichst anbieten.

Wir neigen dazu, uns für weit schlimmere Sünder zu halten, als wir tatsächlich sind. Wir sind eben Menschen, und zwar im guten wie im schlechten Sinn. Die Vorstellung, der Liebe nicht würdig zu sein, hat sich in uns ausgebildet, als wir noch Kinder waren. Wir versuchten, unsere Bedürfnisse zu erfüllen. Waren wir dabei nicht erfolgreich, wie es wohl den meisten von uns erging, so dachten wir, daß wir es nicht wert seien, Liebe und Vergebung zu erlangen.

Viele von uns schämen sich daher, ihr Höheres Selbst anzurufen. Sie glauben, aufgrund ihrer Mängel unnachsichtig verurteilt zu werden. Das Gegenteil ist jedoch der Fall. Denken Sie daran, daß Ihr Höheres Selbst Sie wirklich in- und auswendig kennt. Wenn Sie ihm nur die Möglichkeit dazu gäben, so würde Ihr Höheres Selbst Sie in einen Mantel aus Liebe hüllen, genauso wie die Gottheit es tun würde.

Ihr Höheres Selbst ist Ihr wichtigster Partner auf dem Weg der inneren Wandlung. Da es von außerhalb nicht beeinflußt werden kann, von den Einflüsterungen Ihres Verstandes unberührt bleibt und weder von Ängsten noch von Sehnsüchten überschwemmt wird, kann es Sie durch die geheimnisvoll gewundenen Wege Ihres Unbewußten geleiten. Es führt Sie haargenau zu jener Erinnerung, an der Sie in diesem Moment arbeiten müssen, und begleitet Sie sicher durch diesen Prozeß, vor allem, wenn Sie sich an dieses schreckliche Kindheitserlebnis gar nicht mehr bewußt erinnern.

Doch auch wenn Sie sich noch klar und deutlich erinnern, kann es für Sie schwierig sein, diese Erfahrungen auf einer höheren Ebene anzugehen. Vielleicht haben Sie auch Angst, daß dabei etwas hochkommt, mit dem Sie am Ende nicht fertig werden. (Dies sind die Befürchtungen des inneren Kindes.) Ihr Höheres Selbst kennt solche Bedenken nicht. Es weiß, wieviel Sie tatsächlich vertragen. (Und meist ist es mehr, als wir denken.) Darüber hinaus weiß es auch, was der Lohn für diese Mühe sein wird – Weisheit, Selbstheilung, Selbstachtung und Liebe.

Diese Liebe ist immer für Sie da. Sie selbst sind es, der sich von ihren Segnungen gelöst hat. Nun haben Sie die Verbindung zu Ihrem Höheren Selbst wiederaufgenommen. Ihre Selbstachtung wird steigen, und Sie beginnen, Ihr unveräußerliches Recht auf bedingungslose, grenzenlose Liebe zu begreifen. Sobald Sie gelernt haben, die Liebe anzunehmen, die Ihr Höheres Selbst für Sie empfindet, wird es einfacher für Sie, die Liebe anderer Wesen zu akzeptieren, seien diese nun göttlich oder menschlich. Mit der Zeit werden Sie sich sicher genug fühlen, die verlorenen Teile

Ihres Selbst wie Selbstbewußtsein und innere Stärke wieder einzusammeln. Und Sie werden sich selbst erlauben, die Liebe anzunehmen, die die Gottheit Ihnen gibt. Sie verdienen es!

## Wie Ihr Höheres Selbst Sie unterstützt

- Das Höhere Selbst ist gelassen, mitfühlend und weise. Es sieht Sie, ohne Sie zu verurteilen.
- Da Ihr Höheres Selbst von Ihrer Persönlichkeit unabhängig ist, kann es Ihnen zu einem klareren Blick für das aktuelle Geschehen verhelfen – wenn Sie das zulassen.
- Ihr Höheres Selbst ist liebender Mittler zwischen der göttlichen Weisheit und Ihnen.
- Da Ihr Höheres Selbst alles weiß, was Ihnen jemals widerfahren ist, kann es Sie zu den Orten geleiten, wo Sie Schmerz und Angst tief in Ihrer Seele versteckt halten.
- Ihr Höheres Selbst hat einzig und allein Ihre Interessen im Blick. Das trifft für keine andere Person auf dieser Welt zu, nicht einmal für Ihre Eltern.
- Ihr Höheres Selbst kann Ihnen helfen, karmische Aufgaben zu erkennen und zu meistern. Mit seiner Hilfe können Sie erfolgreich bisher ungelöste Probleme zu einem Ende führen.
- Wo Ihr Höheres Selbst an Ihrem Heilungsprozeß teilhat, wird es Ihre Arbeit an sich selbst unterstützen und Ihnen Kraft und Beständigkeit verleihen.

**Fallbeispiel:**

Jenny war eßsüchtig. In einer Sitzung bat sie ihr Höheres Selbst, ihr den Grund für diese Sucht mitzuteilen. Plötzlich erinnerte sie sich daran, wie ihre Mutter sie immer ausgeschimpft hatte, wenn sie nicht aufaß. Sie sagte, daß sie sich fast zu Tode arbeite, um ihren undankbaren und lieblosen Kindern genug zu essen geben zu können. Von diesem Augenblick an wurde Essen für Jenny zum Zwang. Sie glaubte, ihre Mutter würde sie nur lieben, wenn sie ihren Teller leer aß. (Der Auslöser für die Sucht erscheint vergleichsweise trivial, doch für Jenny bedeutete Nicht-Essen, daß sie ihre Liebe zurückhielt.)

Mit Hilfe ihres Höheren Selbst begann Jenny nun mit der Umprogrammierung ihres Geistes. Sie bat um göttliche Verzeihung dafür, daß sie ihren Teller nicht leer aß. Die Folge war, daß ihr Zwang zu essen vollkommen verschwand. Ihr innerer Stachel piekste sie einfach nicht mehr, wenn sie etwas auf dem Teller zurückließ. Später erfuhr Jenny dann, daß ihre Mutter, die während der großen wirtschaftlichen Depression in den 30er Jahren aufgewachsen war, den damals herrschenden Mangel an Nahrungsmitteln immer mit einem Mangel an Liebe gleichsetzte. Ihre Mutter hatte sich damals geschworen, daß ihre Kinder niemals zu wenig zu essen haben sollten. (Ist es nicht erstaunlich, wie sich so eine Fehlinterpretation der Motive über ganze Generationen hinziehen kann?)

Ihr Höheres Selbst ist auch während Ihrer Arbeit an früheren Leben ein unverzichtbarer Begleiter. Sie machen sich vielleicht Ihre Gedanken über das, was Sie dabei sehen werden. Vielleicht fragen Sie sich auch, ob Sie überhaupt etwas wahrnehmen. Doch alles, was Sie tun müssen, ist loslassen, empfangsbereit sein. Dann wird Ihr Höheres Selbst Sie genau zu den Situationen führen, die für Sie jetzt wichtig sind. Ihr Höheres Selbst kann Ihnen auch zeigen, welche Lehren Sie aus Ihren früheren Leben ziehen (oder nicht ziehen) können. Es führt Ihnen auch die karmischen Schulden vor, die noch abzuzahlen sind.

Ihr Höheres Selbst ist Ihnen in jedem Moment Ihrer Reise zur Wandlung Ihrer Emotionen ein liebevoller und weiser Führer, auf den Sie vertrauen können. Ohne seine Hilfe wird Ihre Arbeit sehr viel härter und manchmal auch angstvoller sein. Mit seiner Hilfe aber entdecken Sie, daß Sie nicht allein auf dieser Welt sind.

Doch es gibt noch weitere Helfer auf dem Weg.

## Der Schutzengel

Viele religiöse und spirituelle Traditionen kennen die Vorstellung vom Schutzengel oder von anderen geistigen Beschützern. Auch wenn Sie nicht aus einer solchen Tradition kommen, kann der Glaube an einen wie auch immer gearteten Beschützer recht hilfreich sein.

Ihr Schutzengel ist ein Wesen, das beschlossen hat, Ihnen als unsichtbarer Begleiter zur Seite zu stehen. Jeder von uns hat zumindest einen, wenn nicht mehrere, Schutzengel, je nachdem, was wir uns wünschen und brauchen. Wie das Höhere Selbst so hat auch Ihr Schutzengel nur Ihr Bestes im Sinn, doch anders als das Höhere Selbst ist er nicht Teil der Überseele.

Manchmal kennen wir unsere Schutzengel – vor allem, wenn es Wesen sind, die uns liebten, als sie noch lebten. Auf diese Weise wachen manchmal z.B. Großeltern weiter über uns, allerdings in einer nicht-materiellen Form. Im Normalfall sind dies Seelen wie wir auch, nur eben körperlos. Durch ihre Hilfe bei unserem Lebenswerk erarbeiten sie sich karmische „Pluspunkte".

Wie Ihr Höheres Selbst so hält auch Ihr Schutzengel weise Ratschläge für Sie bereit, doch seine Hauptaufgabe ist es, Sie zu beschützen und Ihnen auf dem Weg weiterzuhelfen. (Und ähnlich wie Ihr Höheres Selbst manchmal verschlungene Wege gehen muß, um zu Ihnen durchzudringen, so hat auch Ihr Schutzengel es nicht immer leicht.) Einen Schutzengel zu haben ist fast ebenso wertvoll, wie über einen guten Kontakt zum Höheren Selbst zu verfügen, aber eben nur fast. Aus Ihrem Höheren Selbst spricht Ihre ureigene Weisheit, während Ihr Schutzengel Ihnen immer nur mit seiner Weisheit dienen kann. Und Ihr eigenes Wissen hilft eben am besten.

Kinder befremdet die Idee eines Schutzengels am wenigsten. Sie stellen sich häufig ein Wesen vor, das ihnen hilft, mit ihrem jungen Leben zurechtzukommen, und ihnen ein liebevoller Kamerad ist. Diese unsichtbaren Freunde, mit denen Kinder so häufig sprechen, sind meist ihre Schutzengel.

## ENGEL

Schließlich gibt es auch noch Engel, die man zu Hilfe rufen kann. Engel sind Lichtwesen einer höheren Ordnung. Sie sind Teil der Gottheit und gehorchen völlig deren Willen. Es gibt eine Unzahl von Engeln, die gerne eine helfende Hand ausstrecken, wenn man sie ruft. Sie bleiben meist nicht lange, außer wenn es wirklich nötig sein sollte. Aber sie kommen immer, wenn man sie braucht. Haben Sie auf Ihrem Weg zur emotionalen Wiedergeburt einmal wirklich Hilfe einer höheren Ordnung nötig, dann werden Engel Ihren Wandlungsprozeß mit der Macht und dem Segen der Gottheit fruchtbar machen.

Es ist tröstlich zu wissen, daß Sie jederzeit einen Engel rufen können, wenn Sie Hilfe bei der Lösung Ihrer Probleme benötigen. Doch manchmal beschleicht Sie vielleicht auch das – selbstauferlegte – Gefühl, daß Sie es nicht wert sind, ein solches Wesen anzurufen. Unsinn! Engel wollen helfen. Sie urteilen dabei nicht über Ihren Wert. Das ist nicht ihre Aufgabe und ihrem Wesen außerdem völlig fremd. Das Urteilen findet auf einer sehr viel niedrigeren Energieebene statt, die weit unter dem Schwingungsniveau von Engeln liegt. In Ihrer Anwesenheit schmilzt diese niedrige Energie wie Butter in der Sonne. Da Sie aber soviel Neigung zur unnachsichtigen Aburteilung Ihrer Person in sich tragen, kann es sein, daß diese sich noch stärker manifestiert, nachdem die Engel wieder verschwunden sind. Doch wenn Sie weiterhin unbeirrbar daran arbeiten, die Liebe der Engelwesen zu erkennen und zu akzeptieren, wird sich all Ihre negative Energie, mit der Sie sich gewöhnlich verurteilen, in Nichts auflösen.

Wir können die Erzengel ebenso anrufen wie die „einfachen“ aus dem Reich der Engel. Das ist wichtig zu wissen, wenn irgend etwas geschieht, was Sie wirklich zutiefst erschreckt. Jemanden wie den Erzengel Michael mit seiner mächtigen Statur an seiner Seite zu wissen, der Sie gegen Menschen beschützt, die in der Kindheit Ihren Willen gebrochen und Sie mißbraucht haben, kann sehr tröstlich sein. Der Erzengel Michael führt ein scharfes Schwert, das negative Energien ebenso zielsicher durchtrennt wie es böse oder auch nur unerwünschte Menschen vertreibt. Er und seine Brüder aus der Familie der Erzengel stehen jederzeit zur Verfügung, wenn sie für spezielle Heilaufgaben gebraucht werden.

Engel sind weder ein Teil Ihrer Person wie das Höhere Selbst noch gehören sie zu den nicht-materiellen Seelen wie Ihr Schutzengel. Die Kraft der Engel fließt ihnen direkt aus der göttlichen Macht zu. Daher können sie karmische Probleme augenblicklich heilen, wenn sie den Eindruck bekommen, daß Sie genug „bezahlt" haben. Oder sie können bestimmen, daß Ihnen die Lösung dieses Problems noch in diesem Leben gelingen wird.

**Fallbeispiel:**

Leon entdeckte, daß er in seiner Kindheit unter besonders schweren Mißhandlungen zu leiden hatte, weil er in einem früheren Leben eine Knabenschule geleitet hatte, in der er seine jungen Schützlinge brutal geschlagen hatte und sie fast verhungern ließ. Er entschied sich dafür, in diesem Leben dafür zu bezahlen. Leon bat sein Höheres Selbst um Rat, was er tun könne, um diese karmische Schuld zu begleichen, doch sein Höheres Selbst konnte ihm in diesem Fall nicht helfen. Es empfahl ihm, sich an einen Engel zu wenden. Der Engel wiederum meinte, daß Leon für diese früheren Taten bereits genug gelitten hatte und erließ ihm die Buße, die ihm noch auferlegt war.

Die folgenden Schritte sollen Ihnen helfen, Kontakt zu Ihrem Höheren Selbst herzustellen. Statt Ihres Höheren Selbst können Sie auf diese Weise natürlich auch Ihren Schutzengel anrufen und dieses Wort entsprechend einsetzen. Die einzelnen Schritte sind dabei die gleichen.

## Übung

### Wie Sie Verbindung mit Ihrem Höheren Selbst oder Ihrem Schutzengel aufnehmen können

1. Stellen Sie sich einen besonderen Raum oder Ort vor – ein Zimmer, das so eingerichtet ist, wie Sie es gerne hätten, ein lichtdurchfluteter Wald, eine strahlend grüne Wiese, ein Plätzchen auf dem Gipfel eines Berges oder am Meeresufer. In Ihrer Phantasie sind Sie ja nicht an Zeit und Raum gebunden. Sie können sich vorstellen, was immer Sie wollen.

2. Bitten Sie Ihr Höheres Selbst, sich an diesem Ort mit Ihnen zu treffen. Achten Sie darauf, wie es aussieht. Es kann alle möglichen Formen, Größen und Dimensionen annehmen. Bei manchen Menschen sieht es aus wie ein Gott oder eine Göttin, bei anderen ist es das Abbild der eigenen Person. Wieder andere Menschen sehen es einfach als Energieform oder als unsichtbare, aber deutlich fühlbare Präsenz. Es gibt hier keine richtige oder falsche Form. Ihr Höheres Selbst ist das, was Sie wahrnehmen. Es kann sogar von einer Sitzung zur anderen die Form und Erscheinung ändern. Wenn Sie Ihr Höheres Selbst jetzt nicht fühlen oder sehen, dann klappt es vielleicht bei der nächsten Sitzung, wenn Sie offener und vertrauensvoller geworden sind.

3. Fragen Sie Ihr Höheres Selbst, was es Ihnen sagen möchte und ob es ein Geschenk für Sie hat. Ihr Höheres Selbst hat sonst nur selten Gelegenheit, direkt zu Ihnen zu sprechen, ohne daß sich Ihr Verstand einmischt. Danken Sie ihm für alles, was es Ihnen gibt oder sagt, so seltsam es auch sein mag. Wenn Sie ein Geschenk erhalten, sollten Sie Ihr Höheres Selbst fragen, wie Sie es einsetzen sollen. Wenn Sie in die äußere Wirklichkeit zurückkehren, sind Sie vielleicht

überrascht, welch tiefe Einsichten diese Botschaft für Sie bereit hält.

4. Wenn Sie fertig sind, sollten Sie zurückkommen und langsam die Augen öffnen. Vergessen Sie niemals, daß Sie immer zurückkehren können. Ihr Höheres Selbst ist immer da, um Ihnen zu helfen.

Jetzt, wo Sie Ihr Höheres Selbst und/oder Ihren Schutzengel kennengelernt haben, können Sie sich den Unwägbarkeiten und Schrecken Ihrer inneren Welt in dem Wissen zuwenden, daß Sie nicht allein sind. Der Weg der inneren Wandlung wird einen Kanal zwischen Ihnen und Ihrem Höheren Selbst schaffen, der frei ist von den Einflüsterungen Ihres Verstandes. Auf diese Weise werden Sie Einsichten erlangen, die Ihnen auf dem Weg zur goldenen Schwingung der Ausgeglichenheit und Harmonie weiterhelfen.

4

# Die Gegenwart

Wenn wir die Vergangenheit umwandeln wollen, müssen wir fest in der Gegenwart verankert sein. So als wären wir Bergsteiger, die sich, bevor sie einen steilen Hang hinuntersteigen, mit einem dicken Seil sichern. Um dies tun zu können, müssen wir zuerst in der Gegenwart ankommen.

Für viele von uns ist die Gegenwart weitgehend Neuland. Denn meistens verbringen wir eher wenig Zeit darin. Wir sitzen in der Vergangenheit fest. Unsere Zweifel, Ängste und Sorgen halten uns dort gefangen. Wenn wir uns bewußt in die Gegenwart begeben, werden diese Einflüsse geringer. Wir können sie vielleicht sogar ganz loslassen.

Die Gegenwart war für uns schon immer ein eher unangenehmer Ort – zumindest ab dem Zeitpunkt in unserer Kindheit, als wir lernten, unser Bedürfnis nach Liebe, Aufmerksamkeit und Zuwendung auszudrücken. Wurden wir daraufhin umsorgt, gehegt und gehätschelt, so fühlten wir uns glücklich und zufrieden. Doch wenn nicht, erfüllte unser Leben sich mit Angst und Sorge. Auch später, als wir langsam älter wurden, beanspruchte die Erfüllung dieser Bedürfnisse unsere ganze Aufmerksamkeit. Sogar jetzt, wo wir erwachsen sind, prägt sie jeden Aspekt unseres Lebens.

Nehmen wir einmal an, Sie müßten eine Entscheidung treffen. Obwohl Ihr Verstand alle möglichen logischen Argumente für oder gegen eine bestimmte Lösung liefert, ist es Ihr Herz, Ihr emotionales Selbst, das diese Entscheidung trifft. Dieser Teil unserer Persönlichkeit, das innere Kind, faßt aber seine Entschlüsse ausschließlich nach folgendem Kriterium: ob er mit seiner Entscheidung mehr Sicherheit und Liebe erlangt. Die Entscheidung eines Erwachsenen setzt aber ein harmonisches Gleichgewicht zwischen Herz und Verstand voraus. Der gefühlsbezogene Teil unseres Selbst, unser Herz, braucht den Scharfblick, die Übersicht und Intelligenz des Geistes, die wiederum von der Weisheit des Höheren Selbst geleitet werden. Es ist also eine gute Kommunikation zwischen allen Elementen nötig, die nicht von den Ängsten des inneren Kindes gestört wird. Dies kann aber nur geschehen, wenn Sie sich von Ihrer Vergangenheit lösen und Ihr Leben als Erwachsener führen – mit all den Quellen, die Ihnen zur Verfügung stehen. Begeben Sie sich bewußt in die Gegenwart, so wird es Ihnen sehr viel leichter fallen, die Blockierungen aufzulösen, die Sie daran hindern, Ihr gesamtes Potential zu entfalten.

## Das Zeitfeld der Gegenwart

Sehen wir uns die Gegenwart doch einmal genauer an: Sind Sie in diesem Moment ganz in der Gegenwart? Oder sitzen Teile von Ihnen irgendwo anders fest? Wenn Ihre Kindheitserfahrungen heute noch Macht über Sie haben, wenn Sie irgendwelche festen Vorstellungen haben oder wenn Ihr Leben von Angst geprägt ist, dann leben Sie nicht in der Gegenwart. Ihre Vergangenheit oder Ihre Zukunft (die auf früheren Ängsten basieren) üben Kontrolle über Sie aus.

Viele von uns bleiben an bestimmten Ereignissen „hängen", die uns in der Vergangenheit widerfahren sind. Vielleicht wissen Sie auch sofort, was damit gemeint ist: Ereignisse beispielsweise, die Ihr Leben verändert haben. Einige waren toll, andere ziemlich schrecklich – manchmal auch unfaßbar. Das könnte ein Überfall sein, eine Vergewaltigung, sexueller Mißbrauch oder auch eine andere Form von extremer Gefährdung. Alles, was Sie nach diesem Ereignis noch erlebten, ist von dieser Erfahrung geprägt, von diesem einen Moment. Die Folgen können Sie nicht einfach beiseite schieben, denn jedesmal, wenn Sie daran denken, verfängt

Ihre Energie sich von neuem in dieser Erinnerung. Sie können diese Energie nicht mehr für andere Zwecke einsetzen. Sie beeinträchtigt sogar Ihre Schwingungen. So entsteht aus einem Maulwurfshügel ein ganzer Berg. Und nun stellen Sie sich einmal vor, wie erleichtert Sie im Normalfall schon sind, wenn Sie entdecken, daß ein Problem weit einfacher zu lösen ist, als Sie ursprünglich dachten.

Um diese Energie zurückzubekommen, müssen Sie sich nur von Ihren Erinnerungen lösen. Der Weg der emotionalen Wiedergeburt setzt alle Energien frei, die in negativen Erinnerungen gefangen sind. (Das ist wie eine Erbschaft, die endlich freigegeben wird.)

Bevor das geschehen kann, ist es gut, wenn Sie sich – d.h. Ihre Aura, Ihren Körper, Ihr Herz und Ihren Geist – ganz in die Gegenwart bringen. Zu diesem Zweck schaffen wir uns etwas, das ich das „Zeitfeld der Gegenwart" nenne. Die Fesseln der Vergangenheit zu sprengen erfordert nämlich harte Arbeit. Und die fällt uns leichter, wenn wir uns in diesem Zeitfeld aufhalten, da dieses die Energie vergangener Ereignisse in die Gegenwart mit hineinnimmt und Ihre Schwingungen erhöht (siehe Kapitel 5).

Wurden Sie beispielsweise als Kind von Ihrem Vater geschlagen, dann halten Sie eine Menge Energie in diesen Erinnerungen fest. Und jedesmal, wenn Sie wieder daran denken, kommt Ihnen ein wenig Energie abhanden. Das ist so ähnlich wie bei einer Auster: Ein Sandkorn dringt ein und reizt beständig deren weichen Körper. Um sich zu schützen, legt die Auster eine Schicht aus Perlmutt um das Sandkorn. Dadurch wird die Reibung geringer. Da das Sandkorn aber nicht abgestoßen werden kann, wird es mit jeder Perlmuttschicht, die sich darumlegt, größer und seine Gegenwart im Innern der Auster immer fühlbarer. Genau dasselbe geschieht, wenn Sie häufig über einen erlittenen emotionalen Schock nachdenken. Das Narbengewebe in Ihrem energetischen Fluß wird immer stärker, aber weil Sie keine Auster sind, die am Ende eine wunderschöne Perle hervorbringt, verliert Ihre Energie sich einfach nur im Nichts.

Wenn Sie diese Narben in die Gegenwart bringen können, verschwinden sie ganz einfach, da sie mit dem vergangenen Ereignis nur lose verbunden sind, als würden Sie den Schlamm von Ihren Stiefeln spülen, nachdem Sie durch eine Pfütze gewatet sind. Ihre Stiefel stünden für das Ereignis, der Schmutz wäre die gedankliche und emotionale Verhärtung. Obwohl das Ereignis in seinem Kern unverändert bleibt, schwindet doch die Furcht, die sich angesammelt hat, zumindest für den Augenblick. Sie kann auch für immer verschwinden, wenn Sie erst einmal genügend Kraft getankt haben, um sie ein für allemal gehen zu lassen.

**Fallbeispiel:**

Desirée empfand ihre familiäre Verantwortung wie ein Gebirge auf ihrem Rücken. Je mehr sie über ihre Verantwortung nachdachte, um so schlechter fühlte sie sich. So war sie auch nicht in der Lage, sich damit auseinanderzusetzen, geschweige denn, diese Verantwortung anzunehmen. Innerhalb kürzester Zeit konnte sie an dieses Thema nicht einmal mehr denken. Sie entschloß sich, das Problem in die Gegenwart zu bringen. Sobald sie das getan hatte, konnte sie spüren, wie die schwere Bürde von ihrem Rücken glitt und am Boden in tausend Stücke zerschellte.

Als Desirée ihr Bild in die Gegenwart gebracht hatte, wurde auch die Energie frei, die darin gebunden war (durch Schuldgefühle, Ärger, Frustration). Sie mußte zwar weiter an diesem Thema arbeiten, doch war es nun nicht mehr mit all den Verhärtungen beladen, die es an seinem Platz festgehalten hatten. Als die darin gefangene Energie frei wurde, schrumpfte dieses für Desirée angstbesetzte Thema zu einer angemessenen Größe zusammen, und sie erkannte, daß diese Verantwortung für ein Kind vielleicht zuviel gewesen war, daß sie als Erwachsene jedoch leicht damit fertig werden konnte.

Sobald die Narben verschwinden (die häufigsten sind durch Schuldzuweisungen der Eltern, eigene Schuldgefühle und harsche Urteile entstanden, denen wir – auch und gerade durch uns selbst – ausgesetzt sind), können Sie sich auf den Kern des Problems konzentrieren. Wählen Sie jedoch eine andere Methode, so müssen Sie sich mühselig, in langen Sitzungen durch diese Blockaden hindurcharbeiten, bis Sie endlich zum entscheidenden Punkt vorstoßen.

Das Zeitfeld der Gegenwart enthüllt uns auch, welche fremden Energien wir mit uns herumschleppen. Meist sind das die Energien unserer Eltern. Wenn Sie sich ganz in die Gegenwart begeben, fällt alles, was nicht wirklich zu Ihnen gehört, einfach ab. Es ist manchmal schockierend zu entdecken, wieviel von dem emotionalen Ballast, den man so mit sich herumträgt, eigentlich anderen Menschen gehört. Nun ist es Zeit, ihn seinen Eigentümern zurückzugeben.

## Der Weg zur emotionalen Wiedergeburt

Bevor Sie den Weg der emotionalen Wiedergeburt tatsächlich beschreiten können, sollten Sie zwei vorbereitende Übungen durchführen – die Übungen „Wie Sie Ihren Raum abstecken" und „Wie Sie Ihre Energie zurückholen". Beide zielen auf eine grundlegende Reinigung ab. Sie sind wichtig für alle weiteren Prozesse, da sie Ihre Arbeit wesentlich erleichtern.

### Wie Sie Ihren eigenen Raum abstecken

Indem Sie sich der Grenzen Ihrer Aura bewußt werden (die in etwa 50 Zentimetern Abstand um Ihren Körper liegen), schaffen Sie eine persönliche Grenze, die eindeutig sagt: „Dies ist mein Raum. Ich gehöre hierher. Alle anderen nicht." Natürlich ist dies keine sichtbare Linie, die Sie irgendwo im Sand ziehen. Es handelt sich vielmehr um ein bewegliches und veränderliches Energiefeld, das sozusagen Ihr Territorium begrenzt. Es schafft keine unüberwindlichen Barrieren zwischen Ihnen und anderen Menschen, da Sie ja immer beschließen können, es für gute Freunde zu öffnen – was Sie schon seit jeher tun. Sie schaffen sich ein geistiges Heim, in dem Sie ganz Sie selbst sein und an sich arbeiten können. Ohne dieses wird das Zeitfeld der Gegenwart völlig wirkungslos sein. Möglicherweise entdecken Sie beim Erschaffen dieses Zeitfelds, daß Sie einen 3 mal 3 Meter großen Raum mit allen Personen teilen, die Sie kennen, daß für Sie selbst aber in diesem Raum kein Platz mehr ist. Gegen einige dieser Menschen haben Sie möglicherweise gar nichts, aber sie möchten doch bitteschön nur kommen, wenn sie eingeladen sind. Aber es gibt sicher auch Personen, die Sie keinesfalls innerhalb Ihrer Grenzen haben wollen. Möglicherweise sind dies alte Freunde, mit denen Sie früher gerne einen getrunken oder sonstige Drogen zu sich genommen haben. Mittlerweile haben Sie diese Gewohnheit abgelegt, doch Ihre früheren Kumpels sind immer noch da und versuchen, Sie mit dem nächsten Schluck oder Schuß oder der nächsten Prise Kokain zu ködern. Jedesmal wenn Sie gegen die Sucht ankämpfen müssen, setzt die Gegenwart dieser Personen Ihr Energieniveau herab. Vielleicht haben Sie in Ihrem Raum aber auch alle Menschen versammelt, die Sie je verurteilt oder kritisiert haben. Oder die Menschen, in deren Gegenwart Sie sich unwohl fühlen.

Dieser Party sollten Sie ein Ende setzen. Werfen Sie die Gäste hinaus, die auf Ihrem Bett eingeschlafen sind oder in Ihrem Wohnzimmer plaudern. Reichen Sie denjenigen, die in Ihrem Kühlschrank herumstöbern, den Mantel und zeigen Sie ihnen die Tür. Schicken Sie sie nach Hause oder sonstwohin, jedenfalls hinaus aus Ihrem Raum. Viele Menschen fühlen sich seltsam, wenn sie das getan haben. Nach Jahren, in denen sie ihren Raum unwissentlich mit vielen anderen Leuten geteilt haben, fühlen sie sich nun plötzlich allein.

Der wichtigste Grund, weshalb Sie jetzt Ihren Raum für sich beanspruchen sollten, ist Ihre Liebe zu sich selbst. Solange Sie sich nicht sicher genug fühlen, um sich selbst zu lieben, können Sie auch andere nicht lieben. Und nur in Ihrem Raum können Sie die Liebe, die Ihnen entgegengebracht wird, wirklich annehmen. Stellen Sie sich vor, ein Freund riefe Sie an, um Ihnen zu sagen, daß er Sie mag. Wenn Sie nicht zu Hause sind, um den Anruf entgegenzunehmen, würden Sie diese Botschaft nicht erhalten. Erst wenn Sie heimgekehrt sind, könnten Sie sie genießen. Wie herrlich es ist, diese Worte zu hören. Wenn Sie irgendwo in der Vergangenheit festkleben oder Ihren Körper verlassen haben, können Sie dieses Geschenk nicht entgegennehmen.

Außerdem wird der Weg der Wandlung schwieriger, wenn Sie nicht in Ihrem Körper präsent sind. Es ist zwar nicht unmöglich, doch es wird Ihnen sicher wesentlich schwerer fallen, Ihre Hilfsquellen zu erschließen, da Ihre Blockierungen Ihnen den Kontakt mit Ihrem Höheren Selbst erschweren. Das Zeitfeld der Gegenwart befreit Sie von fremden Energien und geistigen Blockaden. So können Sie von neuem in Verbindung mit Ihrem Höheren Selbst treten.

## Übungen

### Wie Sie Ihren Raum abstecken

Bevor Sie fremde Energien aus Ihrem Raum verbannen können, müssen Sie diesen erst einmal genau definieren. Das bedeutet, daß Sie zwischen sich selbst und der Welt Grenzen ziehen. Dabei geht es nicht nur um einen Schutzraum für Sie selbst. Es bedeutet auch, daß Sie Ihre Anwesenheit auf diesem Planeten kundtun.

1. Richten Sie Ihre Aufmerksamkeit auf Ihre Aura – Ihr unsichtbares Energiefeld. Bitten Sie darum, daß es Ihnen einen Raum schafft, der oberhalb Ihres Kopfes beginnt und erst unterhalb Ihrer Füße endet. Bitten Sie es, sich etwa 50 Zentimeter um Sie herum auszudehnen und Sie zu beschützen. Fühlen Sie nun, wie es ist, sich in seinem ureigenen Raum zu befinden.

2. Nun geht es darum, unerwünschte Energien aus Ihrem Raum hinauszubefördern. Stellen Sie sich einen großen,

goldenen Kamm mit etwa 50 Zentimeter langen Zähnen vor. Kämmen Sie damit Ihre Aura so aus, als würden Sie Ihr Haar kämmen, vom Kopf bis zu den Füßen. Bewegen Sie dabei Ihre Hände, als hielten Sie tatsächlich einen Kamm in Ihren Händen. Konzentrieren Sie sich dabei auf Ihren feinstofflichen Kamm.

3. Entfernen Sie sämtliche fremden Energien aus Ihrem Raum, so daß sich nur Ihre eigene Energie innerhalb Ihres Raumes befindet. Lassen Sie die „ausgekämmten" Energien zur Erde fallen, und sehen Sie zu, wie die Erde sie aufnimmt. Vielleicht fühlen Sie sich während oder nach dieser Übung ein bißchen seltsam. Nun, schließlich ist es eine ungewöhnliche Erfahrung, nur mit der eigenen Energie in seinem Raum zu sein.

4. Stellen Sie sich nun einen sehr großen goldenen Lichtball über Ihrem Kopf vor. Lassen Sie dieses Licht in Ihren Körper fließen, und achten Sie darauf, wie es seine heilenden Schwingungen bis an die Grenzen Ihrer Aura ausdehnt. Diese goldene Energie bestimmt nun Ihre Grenzen und hebt Ihr Schwingungsniveau an, so daß niemand mit einer niedrigeren Schwingung in Ihren Raum eindringen (siehe Kapitel 5) oder Sie gar daraus vertreiben kann. Ohne Ihre Erlaubnis können nun weder Eltern noch Liebhaber oder andere Personen Ihnen Ihren Raum streitig machen.

## ■ Wie Sie Ihre Energie zurückholen

Wie wir gesehen haben, haben verschiedene Ereignisse während Ihres ganzen Lebens Spuren fremder Energie in Ihrem Raum hinterlassen. Es ist daher logisch, anzunehmen, daß auch Ihre Energien in anderen Räumen festsitzen.

Tatsächlich ist Ihre Energie über die ganze Welt verteilt – Sie steckt in der Aura anderer Menschen und an Orten, wo

Sie früher einmal gelebt und gearbeitet haben. Mit einem Wort: Sie steckt in der Vergangenheit fest. Die nächste Übung bringt Ihnen ein wenig von Ihrer Energie zurück.

1. Schließen Sie Ihre Augen, und stellen Sie sich vor, Sie hätten eine kleine Energiepfeife. So wie eine Hundepfeife mit einem sehr hohen Ton. Lassen Sie nun diese Pfeife ertönen, um all Ihre verstreuten Energien heimzurufen (nur Ihre eigenen natürlich).

2. Nach ein paar Minuten kommen diese energetischen Puzzlestücke zurück zu Ihnen. Vielleicht sehen Sie aus wie Schneeflocken oder Tropfen, vielleicht mehr wie ein Energie- oder Lichtstrom. Welche Form sie in Ihrer Vorstellung auch immer haben, Ihr Körper und Ihre Aura nehmen Ihre zurückkehrende Energie auf. Vielleicht haben Sie sogar ein Gefühl, als würden Sie plötzlich mehr Form besitzen. Oder Sie fühlen sich einfach mehr „da".

3. Machen Sie diese Übung etwa 5 Minuten lang. Erlauben Sie Ihrer Energie, zu Ihnen zurückzukehren. Wenn Sie sie zum ersten Mal machen, kommen vielleicht Energien zu Ihnen, die viele Jahre alt sind. Dann werden Ihnen plötzlich längst vergessene Dinge wieder einfallen.

Sie sollten diese beiden Übungen einmal täglich machen. Wenn Sie sie regelmäßig ausführen, werden Sie feststellen, daß Energien aus Ihrer frühesten Kindheit zu Ihnen zurückkehren. Sie werden sich ganzheitlicher fühlen als je in den Jahren zuvor. Sobald Sie Ihre Energien zu sich zurückgerufen haben, sind Sie bereit für den nächsten Schritt.

## ■ Wie Sie das Zeitfeld der Gegenwart schaffen

Das Zeitfeld der Gegenwart zu erschaffen ist nicht besonders schwer. Sie brauchen dazu nur ein bißchen Vorstellungsgabe.

Außerdem müssen Sie als gegeben voraussetzen (noch nicht einmal glauben!), daß diese Methode funktioniert. Denn gleichgültig, ob Sie nun Veränderungen im Körper spüren oder nicht, wenn Sie die entsprechenden Übungen machen, Ihre Energie verändert sich auf jeden Fall. Wenn Sie jedoch etwas wie einen Ruck oder Schock spüren, dann liegt das daran, daß ihre vier sterblichen Körper sich aufeinander und auf die jetzt wieder verfügbaren Energien einstellen.

Schaffen Sie sich das Zeitfeld der Gegenwart jedesmal, wenn Sie auf dem Weg der emotionalen Wiedergeburt an sich arbeiten möchten. Es vereinfacht Ihre Arbeit ganz enorm. Sie können dazu die weiter unten beschriebenen Methoden anwenden. Beide Übungen funktionieren gleich gut.

### *Der Zauberstab*

1. Stellen Sie sich einen goldenen Zauberstab vor. Welche Form Sie dafür wählen, bleibt Ihrer Phantasie überlassen. Nehmen Sie ihn in die Hand, und halten Sie ihn. (Sie sehen jetzt, wie der Stab in Ihrer Hand liegt; fühlen, wie Ihre Finger sich darum schließen.) Dies ist der „Zauberstab der Gegenwart". (Bei dieser Übung können Sie die Augen offen oder geschlossen halten, je nachdem was Ihnen besser liegt.)

2. Berühren Sie nun jeden Teil Ihres Körpers mit dem Stab. Alles, was Sie berühren, tritt nun in die Gegenwart ein.

3. Berühren Sie auch Ihre Aura mit dem Stab. Da sie aus sieben Schichten besteht, sollten Sie Ihre Aura mindestens siebenmal an verschiedenen Stellen mit dem Stab berühren.

4. Richten Sie den Stab nun nacheinander auf die sieben wichtigsten Chakras. (Mehr Informationen über das System der Chakras finden Sie auf Seite 125 ff.)

5. Berühren Sie nun Ihre Füße und Hände. (An den Fußsohlen und Handinnenflächen befinden sich weitere Chakras, die sich vor allem positiv auf den Energiefluß in Ihrem Körper auswirken.)

6. Am Ende richten Sie den Zauberstab auf Ihr Höheres Selbst, das sich ca. 2 Meter über Ihrem Kopf befindet. Nun haben Sie alle Elemente Ihres Selbst in die Gegenwart gebracht.

*Der Schleier*

1. Stellen Sie sich einen goldschimmernden Schleier vor. Er befindet sich unmittelbar vor Ihnen, genau zwischen Ihnen und Ihrer Bestimmung.

2. Stehen Sie nun sehr langsam auf, und gehen Sie ganz bewußt durch diesen Schleier. So als würden Sie durch einen Wasserfall hindurchgehen. Spüren Sie, wie seine Energie Sie durchströmt. Da sein Energiefeld sehr stark ist, wird es von Ihrem materiellen Körper nicht verdrängt. Während Sie durch den goldenen Schleier hindurchgehen, dringt die Gegenwart in jede einzelne Zelle Ihres Körpers ein. Alle Elemente Ihres Selbst, alle Erinnerungen werden in die Gegenwart gebracht. Ihre Energie, die bislang in alten Verletzungen festsaß, wird wieder frei. Sie baden in Energie.

Diese beiden Übungen können Sie jederzeit durchführen. Je öfter Sie sie machen, um so mehr Ihrer Anteile können Sie dauerhaft in die Gegenwart bringen. Gehen Sie Ihren Weg nun weiter, so werden Sie feststellen, daß sich die Themenbereiche, mit denen Sie konfrontiert werden, in drei Kategorien einteilen lassen. Dies sind die wesentlichen Themen Ihres Lebens. (In Kapitel 15 gehen wir genauer darauf ein.)

## 5

# Energieschwingungen

Bisher haben Sie auf einem vergleichsweise niedrigen energetischen Niveau gelebt, da alle Teile Ihrer Person aus dem Gleichgewicht geraten sind und Sie den Kontakt mit sich selbst verloren haben. Irgendwann einmal haben Sie sich entschieden, auf diesem Planeten zu leben. Und während Ihres Lebens hier haben Sie Erfahrungen gemacht, die Sie noch weiter aus der Bahn warfen. Und doch war dies Teil Ihrer großen Aufgabe – die Erfahrungen und Lektionen zu nutzen, die auf diesem Planeten auf Sie warten, um von neuem in Einklang mit sich selbst zu kommen. Um diese Aufgabe erfüllen zu können, müssen Sie sich mit den Besonderheiten des Themas „Energie" vertraut machen.

Energie ist durch zwei Elemente charakterisiert: durch Schwingungen und deren Frequenz.

## Schwingungen: Klang und Klarheit

Schwingungen zeigen uns, wie klar unsere Energie ist. Sie erzeugen Klänge und Töne. Ein dumpfer Ton weist auf eine energetische Blockierung hin, ein heller, klarer Klang hingegen zeigt, daß die Energie freier fließt und nicht durch Blockaden gebremst wird. Dieser Klang wird auch beeinflußt von der Art der Blockaden, da diese die Art der Energie bestimmen, die Sie ausstrahlen. Andere Menschen spüren, ob Sie gute oder schlechte Energie ausstrahlen, und auch Sie fühlen die Energie anderer Menschen.

Was haben energetische Schwingungen mit dem Weg der inneren Wandlung zu tun? Nun, alle Elemente in uns stehen miteinander in Verbindung. Wenn Sie Ihre Schwingungen klären oder deren Frequenz steigern, dann wirkt sich das auf alle Teile Ihres Selbst aus, die nicht auf diesem Niveau arbeiten. Sie müssen sich das vorstellen wie Ultraschallwellen, die auf einen Nierenstein einwirken. Die Schallwellen bringen den Stein zum Schwingen, so daß er schließlich auseinanderbricht und aus Ihrem Körper ausgeschieden werden kann. Genau das ist die Aufgabe von Schwingungen.

Ihre Schwingungsenergie steigt mit zunehmender Gefühlsintensität. Je stärker Sie Ihre Gefühle ausdrücken, um so stärker sind auch Ihre Schwingungen. Viele Menschen glauben, daß diese Intensität nachläßt, je mehr ein Mensch auf seinem Weg zur Erleuchtung vorankommt. Dies ist nicht richtig. Nicht die Intensität der Schwingungen ist entscheidend, wichtig ist ihre Klarheit.

Ein Mensch, der etwas oder jemanden leidenschaftlich liebt, hat sehr starke Empfindungen. Wenn er nun Freude ausdrückt, dann sind auch wir plötzlich „gehobener Stimmung". Wir fühlen uns lebendiger. Energie durchströmt uns und regt uns an. Wenn uns andererseits jemand Haß und Wut entgegenbringt, dann drückt diese Person ebenso intensive Gefühle aus, doch diese Empfindungen lassen ein unangenehmes Gefühl in uns zurück, so als wären wir bespuckt oder beschmutzt worden. Aus diesem Grund kann ich beispielsweise keine Rap-Musik hören. Die Energie dieser Musikstücke ist so voller Zorn, daß ich es als regelrechte Verletzung meines Körpers erlebe. Diese Art von Schwingung möchte ich nicht in meinem Raum haben.

Wenn Sie ein so starkes, schmerzhaftes Gefühl in sich tragen, dann ist Ihre Energie damit blockiert. Sie kann nicht mehr frei fließen. Das ist, als wären Sie in einem Druckkochtopf eingesperrt. Je wütender Sie werden, um so mehr steigt der Druck. Da Ihre Schwingungen jedoch keine Möglichkeit haben, nach außen zu gelangen, bleibt Ihnen nur eine Möglichkeit – die Explosion. Das dadurch entstehende Gefühl ist ungeheuer schmerzhaft, ja fast unerträglich – wie

Messer, die auf Sie einstechen. Über einen längeren Zeitraum gesehen, ist dies auch sehr schädlich für Ihre Gesundheit.

## Die Schwingungen der verschiedenen Teile Ihres Selbst

Von Ihrer Grundschwingung einmal abgesehen, hat jeder Ihrer fünf Körper zusätzlich eine Eigenschwingung. Der materielle Körper hat dabei die niedrigste Frequenz, die Seele die höchste. Diese fünf verschiedenen Töne formen zusammen einen musikalischen Akkord, einen tiefen, reichen Klang, der die verschiedenen Frequenzen in eine wunderbare, vielfältige und ausgeglichene harmonische Schwingung zusammenführt.

Wenn Sie die Schwingungen Ihrer verschiedenen Körper hören könnten, würden Sie auch wahrnehmen, ob die einzelnen Töne klar oder dumpf erklingen. Ihr Höheres Selbst hat immer einen lieblichen Ton, doch der Klang Ihrer anderen Körper kann durchaus gestört sein, wenn viele Blockaden ihn hemmen. Sobald die Verhärtungen beseitigt sind, werden die reinen Energien dieses Körpers in einer klaren Schwingung zusammenklingen. Nur wenige Teile unseres Selbst haben diesen Zustand bereits erreicht. Doch für kurze Momente können wir ihn immer wieder erlangen. Vielleicht kommt auch einmal die Zeit, da dieser Zustand Sie für immer begleitet. Doch schon wenn wir uns dieser Harmonie nur annähern, spüren wir einen deutlichen Unterschied zu unserem normalen Dasein.

Wenn Sie diesen so schwer herzustellenden Gleichklang aller Körper in einem vollkommenden Akkord erlangen, dann fühlt sich das wundervoll an – voll überströmender Freude und heilender Energie. Sie spüren es sofort, wenn Sie aus diesem Zustand der Harmonie wieder herausfallen.

In diesem vollkommenen Gleichklang läuft alles ohne Schwierigkeiten. Ihre Bewußtheit nimmt zu. Sie fühlen sich leichter, freudvoller. Sie selbst und die Welt erscheinen Ihnen in einem klareren, freundlicheren Licht. Sie empfinden mehr Mitgefühl für andere Menschen. Und neue Perspektiven tun sich für Sie auf. (Wenn mehr Menschen diese Ebene der goldenen Schwingung erreicht hätten, sähe es auf dieser Welt anders aus.)

## Frequenzunterschiede

Wenn Sie unter Depressionen leiden, haben Sie weit weniger Energie zur Verfügung als im Normalfall. Ihr Energieniveau nimmt ab, weil Ihre Energie unbeweglich wird und festsitzt. Haben Sie gar chronische Depressionen, dann leiden Sie nicht nur unter einem niedrigen Energieniveau, sondern haben auch noch mit einem Übermaß an negativen Gefühlen zu kämpfen, die Sie wiederum „runterziehen". Diese Gefühle binden Ihre Energie – Sie fühlen sich schlechter, was Ihren Energiepegel noch weiter sinken läßt. Dies ist ein wahrer Teufelskreis.

Ihre Arbeit, Ihre Einstellung und die Menschen in Ihrem Leben (gleichgültig, ob es sich dabei um private oder berufliche Kontakte handelt) beeinflussen sowohl Ihr energetisches Niveau als auch die Qualität Ihrer Energie. Als Sie geboren wurden, erreichten Ihre Schwingungen eine sehr hohe Ebene. (Schließlich sind Sie ein kosmisches Wesen, das einen physischen Körper bewohnt.) Während Ihrer Kindheit wurden Sie dann von Ihrer Umgebung mit Ablehnung, Wut, Tadel und abwertenden Urteilen überfrachtet, so daß Sie eine Menge Schuldgefühle entwickelten. Darüber hinaus wurden Sie manipuliert oder einfach vernachlässigt. Ihre eigenen Gefühle wurden blockiert und verfälscht. Die Energien der anderen fingen an, Ihre Aura zu verdunkeln. Je stärker die Emotionen der anderen Menschen und je jünger Sie selbst waren, um so weniger Chancen hatten Sie, diese Energien wieder loszuwerden. Langsam, aber sicher zogen diese Fremdenergien Ihr Energieniveau herab. Das Energieniveau, das Ihre

Schwingungen heute haben, spiegelt wider, welchen Wert Sie sich selbst zuordnen (oder nicht zuordnen). Und Ihre Umwelt verstärkt diese Vorstellung noch – damals wie heute.

Wenn Sie glauben, daß Sie zu nichts taugen, dann ist das, als trügen Sie einen Schild vor sich her, auf dem groß die Botschaft geschrieben steht: „Ich verdiene nur Erfahrungen, die beweisen, daß ich zu nichts nütze bin.“ Damit schaffen Sie aber genau die Situationen, welche imstande sind, diese Botschaft zu verstärken. Wenn Sie in einer von Übergriffen und Brutalitäten geprägten Partnerschaft leben, dann haben Ihre Schwingungen genau diese Person angezogen. Und je niedriger Ihr energetisches Niveau ist, um so schlimmer werden die Erfahrungen, Partnerschaften oder Energien, die Sie für sich schaffen.

Nehmen wir beispielsweise einmal das Phänomen der Co-Abhängigkeit. Wenn Sie zu den Menschen gehören, die co-abhängig sind, dann haben Sie ein negatives Selbstwertgefühl und ein unerfülltes Bedürfnis nach Liebe. Beides versuchen Sie auszugleichen, indem Sie anderen helfen (obwohl auch das niemals genug ist). Die Folge davon ist, daß Sie sich ständig bemühen, Ihre Energie anderen zur Verfügung zu stellen und zu wenig für Sie selbst übrig bleibt. Ihre Schwingungsenergie wird trübe.

Wenn Sie wollen, daß sich daran etwas ändert, müssen Sie die alten Strukturen zerschlagen. Stellen Sie sich ein Zelt mit acht Haltepunkten (Heringen) vor. Wenn einer dieser Heringe herausgezogen wird, müssen die anderen einen stärkeren Zug ausüben, um das Zelt noch zu halten. Ziehen Sie aber einen Hering nach dem anderen heraus, dann hat das Zelt immer mehr Mühe, aufrecht stehen zu bleiben. Und schließlich fällt es in sich zusammen, weil die übrigen Heringe der immensen Zugkraft nicht mehr standhalten können. Genau dasselbe geschieht auf dem Weg der emotionalen Wiedergeburt. Mit den Übungen in diesem Buch ziehen Sie immer neue „Heringe“ heraus, die Sie an die Vergangenheit binden. (Obwohl anzunehmen ist, daß Sie davon etwas mehr haben als nur acht Stück.)

Manchmal mögen Sie vielleicht das Gefühl haben, daß Sie ein bestimmtes Thema einfach nie vollständig erledigen können. Doch keine Bange, wenn Sie genügend daran arbeiten, werden auch solche Probleme schließlich gelöst. Das ist wie beim Aufwischen einer ziemlich großen Pfütze. Anfangs wischen Sie an einem Ende, nur um festzustellen, daß die Flüssigkeit in diesen gerade gewischten Bereich sofort wieder hineinfließt. Und doch ist die Pfütze etwas kleiner geworden. Jedesmal, wenn Sie mit Ihrem Wischlappen aufwischen, verliert die Pfütze an Tiefe, Stück für Stück, so lange, bis sie endlich ganz verschwunden ist.

Jedesmal wenn Sie Ihre Schwingungsenergie auf ein höheres Niveau anheben, wird ein Teil der toxischen Energien in Ihrem Inneren beseitigt. Jedesmal wenn Sie das hinter Ihrer Co-Abhängigkeit stehende Bedürfnis, anderen nützlich zu sein, durchbrechen, wächst Ihr Energieniveau zusammen mit Ihrer Schwingungsfrequenz. Daraus entsteht soviel Energie, Freude und Liebe, daß Sie sie problemlos mit anderen teilen können – nicht aus dem Gefühl eines Mangels, der Sie immer darauf hoffen läßt, etwas dafür zurückzubekommen, sondern aus dem Gefühl des Überflusses und der Fülle heraus.

## Höhere Frequenz

Wenn Sie die Frequenz Ihrer Schwingung steigern, dann führt das in der Regel dazu, daß sich die Persönlichkeitsstrukturen, die mit dieser neuen Energie nicht zurechtkommen, ebenfalls verändern müssen. Das ist so ähnlich, als würden Sie mit einem Rennrad fahren. Sie schalten einen Gang höher, und das Ritzel an Ihrem Hinterrad muß sich darauf einstellen und sich ebenfalls umstellen. Sie haben keinerlei Wahlmöglichkeit: Entweder sie gehen mit, oder sie gehen kaputt.

Aus diesem Grund ist der Weg der inneren Wiedergeburt auch nicht umkehrbar. Das kann ein wenig furchterregend sein, denn manchmal ist unser Wunsch nach Veränderung mit einer gewissen Furcht der vier nicht-spirituellen Körper verbunden, die Wandel als etwas sehr Bedrohliches erleben. Gewöhnen Sie Ihre vier sterblichen Körper langsam an den Verlust alter Muster. Lassen Sie die vier sich allmählich auf das höhere Niveau beim Freiwerden alter Energien einstellen. Das bedeutet, daß der Prozeß der Wandlung sich über einen längeren Zeitraum erstrecken kann. Keinesfalls sollte man versuchen, alles auf einmal einzureißen und neu aufzubauen. In meiner eigenen Arbeit muß ich häufig innehalten, so daß all die Veränderungen von meinen vier Körpern auf- und angenommen werden können. Danach fahre ich fort.

Machen Sie sich bitte klar, daß Sie mit all den auftauchenden Wandlungen und den negativen Energien, die auf diese Weise aus Ihrem Leben verschwinden, auf einem immer höheren Energieniveau schwingen werden. Dies bewirkt, daß alles (auch Menschen), was auf einem niedrigeren Niveau schwingt, dann nicht mehr um Sie herum sein kann. Es ist, als würden Sie einfach von deren Radar verschwinden – Sie sind für diese Wesen unsichtbar. Statt dessen werden Sie neue Bekanntschaften schließen. Sie werden andere Verhaltensweisen als vorher annehmen und lernen, diese bei sich und anderen zu akzeptieren. Manchmal sind diese Unterschiede zu vorher recht erheblich. Das ist mitunter nicht ganz einfach, denn die neuen Bekanntschaften sind Ihnen noch nicht vertraut. Doch je höher die Schwingung ist, die Sie ausstrahlen, um so mehr haben Sie von Ihrem Selbst verwirklicht und um so mehr Energie steht Ihnen für die eigene Heilung zur Verfügung.

Die höchste Schwingung ist die goldene Energie der Liebe. Danach kommt gleich Silber. Das bedeutet, daß jedesmal, wenn Sie sich von dieser goldenen Energie durchströmen lassen, alles, was auf einer niedrigeren Ebene schwingt, weggeschwemmt wird.

## Krankheit

Die Energiereserven, die Sie im Normalfall nutzen, sind nur etwa die Hälfte von dem, was Sie bei Ihrer Geburt mitbekamen. (Der andere Teil steckt in Ihren negativen Erfahrungen fest.) Wenn Sie krank sind, sinkt dieser Energiepegel noch weiter, da Ihr Körper eine Menge Energie braucht, um gegen die Krankheit anzukämpfen. Jegliche Aktivität läßt Ihren Pegel sofort gegen Null sinken. Aus diesem Grund brauchen Sie in diesem Zustand soviel Ruhe – Sie müssen „auftanken".

Mit kurzfristigen Krankheiten wie einer Erkältung oder einer leichten Grippe reinigt der Körper sich sehr effektiv von gestauten Energien, was Ihre Schwingungshöhe ansteigen läßt. (Die Art der Krankheit sagt uns, wo unsere Hauptblockaden sitzen: Herz = Bronchitis oder Erkältungskrankheiten des Brustraums; Kommunikation = Erkältungskrankheiten im Kopfbereich, Husten, Halsweh.)

In den 70er Jahren sagte ich meinen Freunden ganz offen, daß ich immer dann eine Erkältung bekomme, wenn mein Energiesystem gereinigt werden müsse. Sie lachten mich aus und meinten, das sei ja wohl purer Zufall. Doch als ich ihre eigenen Krankheiten mit ihren energetischen Blockaden verglich, gaben sie bereitwillig zu, daß ich vielleicht doch recht haben könnte. Mittlerweile ist dies eine allgemein verbreitete und akzeptierte Vorstellung.

Auch die Arbeit mit höheren Wesen hebt Ihr Energieniveau. Öffnen Sie Ihren Körper für die Energie Ihres Höheren Selbst oder eines Engels, und Sie werden merken, daß Sie auf einem wesentlich höheren Niveau schwingen. Manchmal fällt es uns nicht schwer, dies zu akzeptieren, aber mitunter schafft es auch enorme Probleme, vor allem dann, wenn unser Energiepegel vorher sehr niedrig war. Je mehr Sie von diesen höheren Schwingungsenergien in Ihren Körper einlassen können, um so stärker wird Ihre Schwingungshöhe ansteigen.

## Die Skala der Schwingungen

Stellen Sie sich eine Skala vor, auf der die Energie mit Werten zwischen 0 und 10 gemessen wird (siehe unten). 0 bedeutet negative Energie – die schlimmste Art und Weise, sein Leben zu führen. Man überläßt es quasi bösen Geistern und den Urgewalten – das ist Ihre persönliche „Hölle auf Erden". 10 hingegen steht für absolute Transzendenz. Ein göttlicher Ort, an dem man sich aber nicht länger als ein paar Minuten aufhalten sollte. Ihr Körper ist nicht darauf eingestellt, mit Energien fertigzuwerden, die so weit über seinem eigenen Niveau liegen. Wenn er diesen zu lange ausgesetzt wird, kann das selbstzerstörerische Kräfte wecken. Glücklicherweise sinkt Ihre eigene Schwingung nach dem Kontakt mit diesem Niveau sofort wieder auf ein erträgliches Maß ab.

| 0 | 1 | 2 | 3 | 4 | 5 | 6 | 7 | 8 | 9 | 10 |
|---|---|---|---|---|---|---|---|---|---|---|
| Tod – Hölle | Schrecklich | Eher schlecht | Wenig Energie | Normal | Angenehm | Gut | Besser | Super | Unglaublich | Tod – Segen |

Ihren Energiepegel anzuheben, ohne gleichzeitig Blockaden auszuräumen, kann zu körperlichen Problemen führen. Häufig kommt es dann zu einer blitzartig einsetzenden Erkältung, weil Ihr Körper versucht, sein Energieniveau ebenfalls zu heben, um mit der neuen Energie gleichzuziehen. Sie sollten Ihre feinstofflichen „Poren" säubern, bevor Sie auf der Skala weitergehen. Das Zeitfeld der Gegenwart wird Ihnen dabei helfen, da es eine Menge dieser negativen Energien auflöst.

Auf jeden Fall sollten Sie Ihr Energieniveau nur ganz langsam steigen lassen, so ähnlich wie Sie auch verfahren, wenn Sie abnehmen wollen. Eine Crash-Diät läßt die Pfunde schmelzen wie Butter in der Sonne, doch genauso schnell sind sie wieder „drauf“, wenn die Diät vorbei ist. Eine langfristige Gewichtsreduktion gelingt meist nur, wenn langsam und methodisch daran gearbeitet wird. Dabei gewöhnen Sie sich selbst und Ihren Körper allmählich um. Und genauso ist es mit unseren Schwingungen. Aus diesem Grund empfehle ich, auf der Skala immer nur um einen Wert zu steigern, so lange, bis Sie ein angenehmes Niveau gefunden haben.

Auch wenn Sie selbst Ihre Energien schon weitgehend gereinigt haben und einem Einpendeln auf einem eher hohen Niveau nichts im Wege stehen würde, sollten Sie bedenken, daß nur sehr wenige Menschen mit einer so hohen Ebene zurechtkommen. Je höher Ihr eigenes Schwingungsniveau ist, um so schwieriger wird es für Menschen, die darunter liegen, mit Ihnen zu kommunizieren. Da Sie ja nur das anziehen können, was oberhalb Ihres Niveaus oder auf demselben ist, läßt Ihnen das ziemlich wenig Auswahl. (Wie viele Menschen kennen Sie denn, die auf der 10. Stufe leben?) Wenn Sie ein bißchen Glückseligkeit brauchen, können Sie es ja mal mit der 8 versuchen. Auch für sehr gute Freunde ist das eine passende Lösung. Doch wenn Sie Ihr Familienleben und Ihren Bekanntenkreis behalten wollen, sollten Sie sich vielleicht auf 5–6 einpendeln. Von dieser Ebene aus können Sie mit den meisten Menschen kommunizieren. Und auch für persönliche Heilungsvorgänge ist das eine gute und sichere Ebene. Sie können damit sogar die Schwingungen anderer Menschen verbessern.

Und niemand, der unterhalb dieser Stufe lebt, kann Sie stören oder verletzen. Ihre Schwingung ist einfach zu hoch für diese Wesen – außer Sie haben eine karmische Schuld, die Sie zurückzahlen müssen.

## ÜBUNGEN

### Wie Sie Ihre fünf Körper in Einklang bringen

Diese Übung sorgt dafür, daß Ihre vier nicht-spirituellen Körper sich auf Ihr Höheres Selbst einstellen, so daß alle fünf – und sei es nur für ein paar Augenblicke – mit derselben Frequenz schwingen. Diese Übung ist nicht als geistige Übung gedacht. Sie sollten dabei wirklich Ihren Platz im Raum verändern.

1. Sie benötigen vier Sitzplätze, zwei Objekte wie Kissen oder Plüschtiere, eine weiche Decke oder einen langen Schal. Nehmen Sie als erstes die beiden Objekte, um sie auf zwei der vorgesehenen Plätze zu setzen.

2. Setzen Sie sich – eingehüllt in Ihren Schal – auf einen noch freien Platz. Reinigen Sie Ihre Aura, und bauen Sie um sich herum ein Zeitfeld der Gegenwart auf.

3. Die Decke oder der Schal symbolisiert Ihre Aura, die Sie nun ablegen. Sagen Sie laut: „Ich lege meine Aura ab und lasse sie hier zurück." Lassen Sie gleichzeitig den Schal auf den Sitzplatz fallen. Tun Sie dies langsam und voller Achtsamkeit.

4. Gehen Sie nun zu einem der Kissen (Plüschtier), nehmen Sie es auf, und setzen Sie sich. Sagen Sie laut: „Ich lasse meinen Emotionalkörper hier zurück."
   Stellen Sie sich vor, wie er das Kissen füllt. Stehen Sie auf. Legen Sie das Kissen zurück auf seinen Platz.

5. Gehen Sie zum nächsten Kissen. Auch dieses nehmen Sie auf, und setzen sich dann. Laut sagen Sie: „Ich lasse meinen geistigen Körper hier zurück." Stellen Sie sich bildlich vor, wie er ins Kissen eindringt. Stehen Sie wieder auf, und legen Sie das Kissen an seinen Platz zurück.

6. Gehen Sie nun zu dem noch freien Sitzplatz (kein Kissen). Dort setzen Sie sich hin. Dies ist Ihr materieller Körper.

7. Bitten Sie nun Ihr Höheres Selbst, seine Energie mit der Ihres materiellen Körpers zu verschmelzen. Stellen Sie sich vor, wie Ihr Höheres Selbst von Ihrem Scheitel her in Ihren Körper eindringt und ihn ganz mit seiner Gegenwart erfüllt. *Sie müssen dabei überhaupt nichts tun. Lassen Sie einfach zu, daß Ihr Höheres Selbst tut, worum Sie es gebeten haben.* Ihr Körper wird nun auf einem Niveau zu schwingen anfangen, das Sie seit mehreren Jahren nicht erlebt haben. Wenn Sie irgendwo Schmerzen verspüren, so zeigt Ihr Körper Ihnen nun an, wo er blockiert ist. (Diese Übung hilft Ihnen auch, herauszufinden, wo Sie mit der Arbeit an sich selbst, wie sie in Kapitel 7 beschrieben wird, ansetzen können.)

8. Nach einigen Minuten stehen Sie auf. Ihr Höheres Selbst und Ihr materieller Körper stehen nun in harmonischem Einklang miteinander. Begeben Sie sich jetzt zu dem Platz, an dem Sie Ihren Geist-Körper gelassen haben. Nehmen Sie das Kissen auf und setzen Sie sich. Halten Sie das Kissen fest umarmt. Rufen Sie Ihren geistigen Körper zurück, damit Ihr Höheres Selbst ihn mit seiner Energie harmonisieren kann.

9. Vielleicht gibt Ihr geistiges Selbst eine Menge Kommentare ab, während Ihr Höheres Selbst seine Arbeit tut. Nehmen Sie sie einfach zur Kenntnis (indem Sie dafür „danke" sagen), und machen Sie weiter, ob Sie nun an die Wirksamkeit dieser Übung glauben oder nicht.

10. Das gleiche Vorgehen wiederholen Sie nun für Ihren Emotionalkörper. Ihr Höheres Selbst stimmt ihn auf seine Schwingung ein.

11. Setzen Sie sich jetzt dorthin, wo Sie Ihre Aura abgelegt haben. Ziehen Sie Schal oder Decke eng um Ihren Körper, während Ihr Höheres Selbst dafür sorgt, daß seine Energie sich auf die Aura einschwingt. (Vielleicht finden Sie es ungeheuer schwierig, diesen Einklang mehr als ein paar Minuten lang aufrechtzuerhalten. Dies zeigt nur, wie blockiert Sie sind. Vielleicht finden Sie es aber auch ganz angenehm, weil Sie bereits ein wenig an sich gearbeitet haben.)

12. Schließen Sie nun die Augen. Um diesen Vorgang zu verstärken und ihm heilende Energie zukommen zu lassen, sollten Sie sich nun vorstellen, daß ein goldener Ball aus Sonnenlicht von Ihrem Scheitel aus in Ihren Körper und Ihre Aura wandert. Diese goldene Energie programmiert all Ihre Körperzellen um. Sie richtet sie auf Liebe und Freude aus und nimmt Ihnen die niedrigen Schwingungen, die Sie in der Vergangenheit angesammelt haben.

13. Öffnen Sie Ihre Augen erst, wenn Sie das Gefühl haben, die Übung sei nun zu Ende.

Jedesmal wenn Sie diese Übung machen, heben Sie Ihre Schwingungen auf das Niveau Ihres Höheren Selbst an. Alle Teile Ihrer selbst – Ihr Körper, Ihr Geist, Ihre Seele und Ihr Herz – verschmelzen zu der Energie, die Ihnen zugedacht ist, während Sie auf diesem Planeten leben.

## ■ Ihre energetische Rüstung

Als Sie geboren wurden, kamen Sie völlig rein auf diesen Planeten, frei von allen Blockaden und Verhärtungen, die Sie nun als Erwachsener mit sich herumtragen. Diese Blockaden bilden eine Art feinstofflichen Panzer, der Ihre Schwingungsfrequenz herabsetzt. Zur Veranschaulichung können Sie sich ein Schiff vorstellen, das gerade vom Stapel gelassen wird – strahlend rein und sauber. Und daneben eines, das zur Überholung eben ins Trockendock geschleppt wird – alt, kaputt, rostig und über und über mit Muscheln besetzt. So ähnlich sieht Ihr unsichtbares erwachsenes Ich aus – mit einer harten Schale wie eine Auster. Wäre es nicht schön, das alles loszuwerden und ganz von vorn anzufangen – ohne Panzer, Rost und Beengtheit? Einen gewissen Schutz für Ihre Person brauchen Sie natürlich, aber das kann auch etwas mit einem weit höheren Energieniveau sein als Ihr Panzer.

1. Stellen Sie sich vor, Sie tragen eine Rüstung – schwer, undurchdringlich und hart. Darin herumzulaufen fällt schwer. Genau so etwas tragen Sie ständig mit sich herum. Dieser Panzer gibt Ihnen zwar Schutz, behindert Sie aber auch in Ihren Bewegungen.

2. Berühren Sie Ihren Körper mit dem Zauberstab der Gegenwart. Damit bringen Sie Ihren Panzer in die Gegenwart.

3. Nehmen Sie nun Ihre Rüstung Stück für Stück ab, und lassen Sie sie mit lautem Krachen zu Boden fallen. Treten Sie dann einen Schritt zurück. Diesen Schritt tatsächlich körperlich auszuführen ist sehr wichtig, da dadurch die Übung für Sie greifbarer wird. Drehen Sie sich um. Sie können Ihre ehemalige Rüstung nun auf dem Boden liegen sehen (oder fühlen).

4. Der warme Mantel aus pulsierender Energie, in den Sie gehüllt waren, als Sie als Baby in diese Welt eintraten, existiert immer noch – tief in Ihrem Herzen. Nehmen Sie diesen Mantel jetzt aus Ihrem Herzen heraus.

5. Es handelt sich dabei um ein äußerst dehnfähiges Kleidungsstück, das im Moment noch die Größe eines

Babystramplers hat. Ziehen Sie es jetzt über. Es dehnt und dehnt sich. Streifen Sie es über Ihre Füße und Beine, über Hände und Arme, Ihren Oberkörper hinauf bis zu den Schultern und darüber hinaus, so daß es Sie schließlich ganz bedeckt, auch Ihren Kopf und Ihr Gesicht.

6. Kümmern Sie sich nun um Ihre alte Rüstung. Sie können Sie mit einem Hammer regelrecht zerschmettern. Lassen Sie sie in ein Gefäß mit goldener Flüssigkeit fallen oder von einem kosmischen Müllwagen abholen. Sie brauchen Sie nun nicht mehr.

Ihr neuer Mantel wird Sie mit seinen hochenergetischen kosmischen Schwingungen beschützen, die absolut frei von allen persönlichen Einflüssen sind.

## ■ Steigern Sie Ihre Schwingungsenergie

1. Stellen Sich sich ein Zifferblatt vor, auf dem die Zahlen von 0 bis 10 stehen. Wenn Sie möchten, können Sie auch kleinere Schritte einzeichnen. Bitten Sie nun Ihr Höheres Selbst, es möge Ihnen zeigen, wo der Zeiger für Ihr Energieniveau steht.

2. Strecken Sie nun die Hand aus, und schieben Sie den Zeiger um eine Einheit weiter vor. Das heißt: Steht Ihr Zeiger aktuell auf der 4, schieben Sie ihn auf die 5. Wenn Sie das als unangenehm empfinden, dann schieben Sie ihn eben nur halb so weit nach vorne, z.B. bis 4,5.

3. Prüfen Sie hin und wieder nach, ob der Zeiger noch dort steht, wo Sie ihn plaziert haben. Wenn Sie sich mit dem neuen Energieniveau wohl fühlen, schieben Sie ihn wieder etwas weiter. Gehen Sie dabei aber nicht

über die 6 hinaus, bevor Sie nicht auf dem Weg zur emotionalen Wiedergeburt größere Fortschritte gemacht haben.

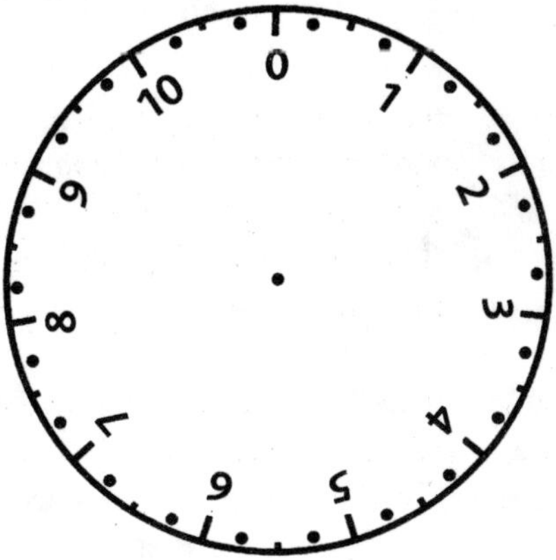


Nachdem Sie nun sämtliche vorbereitenden Übungen aus den ersten fünf Kapiteln abgeschlossen haben, wenden wir uns nun dem Weg der emotionalen Wiedergeburt und damit der Heilung der Wunden Ihrer Vergangenheit zu.

## 6

# Glaubenssystem und Selbstbild

Das System Ihrer Glaubenssätze können Sie sich in etwa vorstellen wie die Stahlträger eines großen Gebäudes. Innerhalb Ihres Geistes kontrolliert und trägt es Ihre Meinungen, die wiederum Ihre Wahrnehmung von sich selbst und der Welt bestimmen. Was Sie glauben, wirkt sich auf Ihr ganzes Leben aus. Einige dieser Glaubenssysteme stellen moralische oder ethische Regeln auf wie z.B. die Zehn Gebote oder die Regel, nach der man andere Menschen genauso behandeln sollte, wie man selbst behandelt werden möchte. Dazu gehören auch die Lehrsätze der religiösen Gruppierungen, die wir als Juden, Christen oder Muslime bezeichnen und die wir noch weiter unterscheiden können z.B. in orthodoxe, reformerische bzw. konservative Juden. Andere Glaubenssysteme sind länderspezifisch oder basieren auf bestimmten Verhaltensweisen oder Weltanschauungen. (Hier wären beispielsweise zu nennen: der „American way of life", Demokratie, Intellektualismus oder Feminismus.)

Zu Problemen mit Glaubenssystemen kommt es dann, wenn beide Seiten sich weigern, ihre spezifische Sicht der Dinge aufzugeben und andere Denkformen zuzulassen. (Ein Beispiel dafür wäre das Aufeinanderprallen von Umweltschützern und Verfechtern wirtschaftlichen Wachstums um jeden Preis.) Je strenger Ihr Glaubenssystem ist, um so weniger Möglichkeiten haben Sie, flexibel zu denken, sich in andere einzufühlen und sie zu verstehen. Alle Menschen mit fundamentalistischer Weltanschauung können die Welt nur in Schwarz-Weiß-Tönen sehen. Andere Menschen bevorzugen die vielfachen Schattierungen von Grau.

## Glaubenssysteme

Wir können unsere Glaubenssysteme in zwei Gruppen einteilen, in Mikro- und Makrosysteme. Die Makrosysteme umfassen überpersönliche Werte moralischer, politischer, geistig-religiöser oder philosophischer Natur. Wir alle kennen die Geschichte des Mannes, der ohne sein Wissen von einem Hexer mit einem Fluch belegt worden war. Der Mann erfuhr erst Jahre später von diesem Fluch und starb dann innerhalb von drei Tagen. Warum? Das betreffende Glaubenssystem seines Stammes (sein Makrosystem) sagte aus, daß man an einem Fluch stirbt. Verstandesmäßige Argumentationen, die das Gegenteil besagten, hatten dabei nicht die geringste Chance.

Unsere Mikrosysteme beziehen sich ausschließlich auf das Individuum. Sie entstehen aus den Glaubensvorstellungen unserer Familie und unserer persönlichen Erfahrung. Auf dieselbe Weise wie Sie Ihre Verhaltensweisen schon in frühester Kindheit so ausrichteten, daß Sie Ihnen die Liebe und Sicherheit einbrachten, die Sie brauchten, lernten Sie auch Ihre Glaubensvorstellungen auf die Familie hin auszurichten. Sie begriffen, welche Werte in Ihrer Familie und Ihrer unmittelbaren Umgebung akzeptiert wurden, und bauten Sie dann in Ihre persönliche Glaubenswelt ein.

Hat Ihr Vater Sie beispielsweise geschlagen, so glauben Sie vielleicht heute noch, daß diese Grausamkeit ein annehmbarer Weg ist, mit familiären Problemen umzugehen. Möglicherweise denken Sie gar, daß Prügel ein Ausdruck von Liebe sein können. Oder ein Erwachsener befahl Ihnen als Kind, Ihre Spielsachen mit den anderen Kindern zu teilen (ob Sie das nun wollten oder nicht). Diese Maßnahme sollte Ihnen zeigen, daß es wichtig ist, mit anderen zu teilen. Doch so ganz nebenbei erhielten Sie auch noch die Botschaft, daß Sie bestimmte Dinge (Besitz beispielsweise) nicht verdienen. Solche Vorstellungen können sehr schädlich sein, da wir sie als Kinder einfach hinnehmen müssen, ohne groß darüber nachdenken zu können. Zu diesem Zeitpunkt sind das schließlich die einzigen Erfahrungen, über die wir verfügen.

Manche unserer Glaubenssysteme (häufig die Makrosysteme) sind ziemlich offenkundig. Die Mikrosysteme hingegen wirken meist unbewußt und daher wesentlich subtiler. Oft merken Sie gar nicht, daß Sie diesen Vorstellungen entsprechend handeln, bis irgendein Ereignis sie Ihnen ins Bewußtsein bringt – z.B. wenn Sie im Gefängnis landen, weil Sie ständig Ihre Frau verprügeln.

Wenn Sie in eine Welt hineingeboren wurden, die Ihnen äußerst unsicher erschien, dann wurde Ihnen dadurch eine Botschaft übermittelt, nämlich: „Ich habe kein Recht zu leben." Wenn Sie vernachlässigt wurden, lernten Sie: „Ich verdiene es nicht, geliebt zu werden." Hatten Sie hingegen mit einem Elternteil zu tun, der Sie mit seinen Liebesbeweisen geradezu erstickte, so mußten Sie folgende Erfahrung machen: „Ich habe kein Recht, ich selbst zu sein." All diese unbewußten Botschaften schufen in Ihnen ein Grundgefühl, das besagte: „Ich bin nichts wert." Alles, was sich in Ihrem Leben danach noch abspielte, diente nur dazu, diese Vorstellung zu bestätigen.

Diese Glaubensvorstellungen werden fest in unserer Sicht der Dinge verankert. Zunächst geschieht das durch die Familie, später kommen religiöse Unterweisung dazu, die Schule und vor allem das Fernsehen. Ja, auch das Fernsehen bestärkt uns ständig in unseren Glaubenssystemen. So prägte beispielsweise das Bild der Familie in *Leave it to Beaver*, einer amerikanischen Familienserie aus den 50er Jahren, damals das Wertesystem der weißen Mittelschicht Amerikas: Die Frau – angetan mit Perlenkette und eleganten Kleidern – hütet das Haus, der Mann hingegen fährt zur Arbeit. Dieses spezielle Bild landete erst im Mülleimer, als andere Werte (gute und schlechte) es ersetzten.

Normalerweise übernehmen wir das Glaubenssystem unserer Eltern. Zumindest geben sie uns einen Rahmen vor, innerhalb dessen wir unser eigenes System ausbilden können. Doch ganz gleichgültig, ob wir das System unserer Eltern nun unbesehen übernehmen oder es in Bausch und Bogen verwerfen: Bevor wir ihre Weltanschauung nicht einer gründlichen Überprüfung unterzogen und herausgefunden haben, was davon für uns paßt, können wir uns selbst nicht treu bleiben. Wenn unsere Eltern ihre Sache gut gemacht haben, dann fällt uns leicht zu erkennen, was gut für uns ist, was sich richtig anfühlt und was für uns nicht mehr taugt.

Jede einzelne Entscheidung, die Sie treffen, spiegelt Ihr Glaubenssystem wider. Wenn Sie glauben, daß Sie so und so aussehen oder handeln müssen, dann werden Sie genau das auch tun. Wenn Sie glauben, daß Sie Ihrem Geist und Ihrem Körper hilflos ausgeliefert sind, dann sind Sie das wirklich. Wenn Sie sich selbst für wertlos halten, dann werden Sie in Ihrem Leben auch Gelegenheiten schaffen, bei denen Sie das beweisen können. Wenn Sie glauben, Erfolg nicht zu verdienen, werden Sie auch keine Erfolge haben. Jedes Argument, das versucht, Sie vom Gegenteil zu überzeugen, wird wirkungslos an Ihnen abprallen oder mit (offenen oder unausgesprochenen) Kommentaren wieder entkräftet: „Wenn Sie mich wirklich kennen würden ..." Wenn Sie einen Partner haben, der Ihre Persönlichkeitsrechte mißachtet, dann bestärken Sie damit nur weiter Ihr negatives Selbstbild.

## Wie man fixe Vorstellungen ändert

Stellen Sie sich Ihre Glaubensvorstellungen wie eine Mustersammlung vor. Diese Muster erlauben Ihnen, die Welt auf eine bestimmte Weise wahrzunehmen. Gleichzeitig schränken sie Ihre Sicht ein. So als gäbe es zwischen Ihnen und der Welt eine Reihe von Filtern. Wenn Sie durch so einen Filter sehen, dann erhalten Sie kein klares Bild von der Welt. Ihre Sicht wird durch die Linse ein klein wenig verändert. Obwohl Sie sich bewußt sind, daß Sie durch einen Filter schauen, achten Sie nicht sonderlich darauf. Hätten Sie jetzt zehn verschiedene Linsen in zehn verschiedenen Farben oder Formen vor sich, dann wäre es schon sehr viel schwieriger, etwas klar auszumachen. So ähnlich arbeitet Ihr Glaubenssystem. Es verdeckt manche Bereiche ganz, auf andere hingegen läßt es eine – wenn auch nur begrenzte – Sicht zu.

Wenn Sie ein Glaubenssystem für sich annehmen, dann bedeutet dies, daß Sie eine Reihe von Bedingungen akzeptieren, die die Möglichkeiten in Ihrem Leben begrenzen. Ist dieses System sehr streng, so fällt es uns schwer, daneben noch andere Sichtweisen wahrzunehmen oder unser eigenes System in seiner ganzen Tragweite zu überschauen. Je stärker unsere Überzeugung ist, um so mehr Energie brauchen wir, diesen Glauben aufrechtzuerhalten und alle anderen Systeme aus unserem Blickfeld zu verscheuchen.

Da diese Überzeugungen unsere Wahrnehmung kontrollieren, lassen sie sich nur mit ernsthafter und engagierter Arbeit verändern. Wir müssen unsere Filter Stück für Stück fallenlassen, damit wir wieder vermehrt Zugang zu anderen Gesichtspunkten bekommen. Wenn dies geschieht, dann wird es Ihnen zunehmend unmöglich, die Dinge zu sehen wie vorher. Dadurch wird wieder mehr gebundene Energie frei und Ihr Schwingungsniveau wird höher.

Manchmal passiert es, daß wir ungewöhnliche Einsichten haben. Wir fühlen uns seltsam, oft regelrecht erschüttert, ohne unsere vertrauten Leuchtfeuer, die uns die Richtung angeben. An diesem Punkt können Sie sich dafür entscheiden, dem Gefühl nachzugehen, da es schließlich eine Botschaft von Ihrem Höheren Selbst ist, die Ihnen eine neue Sichtweise vermittelt. Oder Sie schieben diese Botschaft beiseite und vergessen sie, da sie nicht in Ihr aktuelles Weltbild paßt. Letzteres ist leider die häufigere Reaktion.

In Kapitel 2 habe ich von erleuchteten Lehrern gesprochen, die uns ermutigen, unsere Glaubenssysteme einmal aus einer unerwarteten und ungewöhnlichen Perspektive zu betrachten. Folgen wir ihrem Rat, so erweitern wir damit unseren Horizont. Wir treffen unsere Entscheidungen nicht mehr aufgrund einiger weniger dünner Fakten, sondern auf der Basis einer erweiterten Weltsicht. Lehnen wir diesen Ratschlag aber ab, so bleiben wir geistig immer auf derselben Stufe stehen.

Nehmen wir einmal ein so schwieriges Thema wie Homosexualität. Stellen Sie sich vor, Sie haben etwas gegen Homosexualität und Ihr Sohn erzählt Ihnen, daß er nur Männer liebt. Damit erschüttert er Ihr Glaubenssystem. Nun können Sie reagieren wie die meisten Eltern und ihn verstoßen, weil Sie davon überzeugt sind, daß Homosexualität eine Sünde ist. Das ist die einfachste von allen Möglichkeiten – und noch dazu eine, die Ihr Glaubenssystem unangetastet läßt. Doch gibt es in diesem Fall durchaus noch andere Perspektiven.

1. Sie können beschließen, daß Sie Ihren Sohn aus Ihrem Leben verbannen. 2. Sie nehmen es hin, daß Ihre Liebe zu ihm künftig in ständigem Widerstreit mit Ihrer Ablehnung seines „unmoralischen" Lebenswandels liegt. Sie tragen diesen Kampf entweder offen aus oder machen die Sache mit sich selbst ab. 3. Sie sagen: „Gut, ich billige zwar deinen Lebensstil nicht, aber ich liebe dich trotzdem." 4. Oder Sie akzeptieren Ihren Sohn aus ganzem Herzen, gleichgültig, was er tut oder ist, weil er Ihr Kind ist. Dazu gibt es noch unzählige Variationen.

Werden Sie eine einfache Entscheidung nach dem Schwarz-Weiß-Muster treffen, die Ihren religiösen und moralischen Vorstellungen entspricht? Oder werden Sie Ihre Entscheidung auf Liebe und Mitgefühl gründen, auch wenn dadurch Ihre Grundsätze verletzt werden? Schon wenn Sie sich mit dem Thema auseinandersetzen, erweitern Sie Ihren Horizont, denn dies zwingt Sie, den Filter fallenzulassen, der Homosexuelle (und vielleicht auch andere Gruppierungen) automatisch ablehnt. Ihren Grundsätzen zu folgen mag sich „richtig" anfühlen (zumindest innerhalb Ihres Glaubenssystems), doch wenn Sie sich in

Ihrer Entscheidung nicht von Liebe leiten lassen, dann ist es vielleicht doch nicht ganz das, was Sie im Moment tun sollten.

Jesus hat gelehrt, daß die entscheidende Qualität in unserem Leben Liebe ist. Wenn Sie jemanden aufgrund seiner Anschauungen verurteilen, begehen Sie damit dieselbe Sünde wie jemand, der Sie Ihrer Weltsicht wegen verurteilt. Sagen Sie dagegen „Ich glaube zwar dieses und jenes, aber ...", dann lassen Sie einen der Filter los, die Sie in Ihrer Sicht behindern. Gleichzeitig setzen Sie etwas von der in Ihrem Glaubenssystem gefangenen Energie frei.

Eine bestimmte Vorstellung um jeden Preis aufrechtzuerhalten kostet nämlich eine Menge Energie. Wenn Sie diese Idee loslassen, machen Sie innerlich den Weg für eine große Veränderung frei. Und die Energie, die bisher gebunden war, steht Ihnen nun vollständig zur Verfügung. Außerdem verändern sich Ihre Schwingung und Ihr Selbstbild nahezu augenblicklich, wenn Sie eine Ihrer innerlichen Verkrustungen aufgebrochen haben.

Der Geist reagiert von allen Teilen Ihres Selbst am ängstlichsten, wenn Sie das bequeme Reich Ihrer sicher geglaubten Vorstellungen verlassen. Er entwickelt eine Art wilder Entschlossenheit, diese Glaubenssätze zu verteidigen, und seien sie noch so überholt. Nur unter größten Schwierigkeiten schafft er es, loszulassen. Er möchte nicht, daß Sie sich näher mit diesen ungewohnten Gedanken und Empfindungen auseinandersetzen, die Sie plötzlich haben, denn schließlich könnten Sie ja sein sicheres Reich verlassen und ernsthafte Veränderungen in Ihrem Leben anstreben.

Als Beispiel kann uns hier ein Verhaltensmuster dienen, das häufig in Familien von Alkoholikern auftritt, wenn diese aufhören zu trinken. Dann arbeitet mitunter die ganze Familie eifrig mit, um den Betroffenen wieder zurück zum Alkohol zu bringen, auch wenn sich das Trinken für alle Familienmitglieder als zerstörerisch erweist. Wieso? Nun, wenn ein Mitglied der Familie sein Verhalten ändert, dann müssen all diejenigen, die dem Alkoholiker bisher sein

Trinken ermöglicht haben, sich plötzlich mit sich selbst auseinandersetzen und ihre co-abhängigen Verhaltens- und Gefühlsmuster ändern. Das heißt, daß auch sie aus ihrer „sicheren" Welt herausgerissen werden. Für diese Menschen ist eine zerstörte Familie zwar schlimm, aber immer noch leichter zu ertragen als eine Veränderung.

Ihr Geist ist Ihr co-abhängiger Partner. Er versucht, alle Veränderungen in Ihrer Person zu verhindern. Und er arbeitet hart dafür, daß Sie mit Ihrem zerstörerischen oder suchtgesteuerten Verhalten fortfahren können. Doch wenn Sie zulassen, daß eine neue Idee sich in Ihr Glaubenssystem schleicht und es von innen her aufreißt, werden Ihre Verhaltensweisen, Gefühle und Meinungen sich wahrhaft verändern – und Sie sind nicht mehr dieselbe Person wie vorher. Aus diesem Grund bemühen Ihr Geist, Ihre Familie und Ihre Freunde sich so sehr darum, dies zu verhindern. Sie haben Angst davor, was geschehen könnte.

In religiösen Gruppierungen werden Menschen, die Fragen stellen und dabei zu Schlüssen gelangen, die nicht mehr durch das Glaubenssystem abgedeckt sind, normalerweise exkommuniziert. Gehören Sie einer Gruppe an, die sehr viel Wert auf Anpassung, strenge Befolgung der Regeln und Teamgeist legt, Individualität und selbständiges Denken hingegen weniger oder gar nicht schätzt, könnten Sie gezwungen sein, an diesem Punkt Ihre Wahl zu treffen: Entweder Sie bleiben und passen sich an, oder Sie verlassen die Gruppe und geben deren Glaubensvorstellungen auf. Ihre Entscheidung wird Ihr ganzes Leben beeinflussen. Vor allem wenn Sie auf Ihrem eigenen Weg beharren.

## Unser Selbstbild

Ob wir fähig sind, uns zu verändern, hängt von der Flexibilität unseres Glaubenssystems ab, denn dieses ist für unser Selbstbild verantwortlich. Wenn Sie der Ansicht sind, daß Sie zu nichts taugen, dann haben Sie sich ein

Selbstbild aus all Ihren negativen Glaubenssätzen gewoben. Jedesmal, wenn Sie kritisiert werden (gleichgültig ob zu Recht oder zu Unrecht) oder wenn Sie sich in irgendeiner Weise herabgesetzt fühlen, bestätigen Sie sich dieses negative Selbstbild. Gleichzeitig verschließen Sie sich gegen Ihr Höheres Selbst, wenn Sie davon überzeugt sind, daß Sie nichts wert sind.

Sie formen Ihr Selbstbild aus der Art, wie andere Sie wahrnehmen, aus dem, was Sie über sich selbst glauben, und aus der Weise, wie Sie auf andere Menschen und die Welt im allgemeinen zugehen. Dieses Selbstbild beeinflußt alles, was Sie tun, fühlen, wünschen bzw. fürchten. Und es beeinflußt Ihre Schwingung.

Wenn Ihr inneres Bild Sie wertlos und unglücklich zeigt, werden Sie alles anziehen, was Sie wertlos und unglücklich macht.

Haben Sie vielleicht schon einmal eine Erfahrung wie die folgende gemacht? Sie rufen Ihre Eltern an, um Ihnen von einer tollen Sache zu erzählen, die Sie gerade geschafft oder bekommen haben, und Ihre Eltern sagen: „Nun ja, schön und gut, aber in deiner Ehe hast du trotzdem versagt." Oder: „ ... aber Kinder hast du immer noch nicht." Ihr Selbstwertgefühl verliert durch diese herabsetzenden Bemerkungen an Kraft. Sie fühlen sich plötzlich klein und häßlich. Das, was Sie geschafft haben, erscheint Ihnen nun selbst wertlos. Sie haben nicht die Kraft, diese verletzenden Kommentare zurückzuweisen, weil Sie sich nach Ihrem inneren Bild richten und nicht nach Ihren Leistungen.

In Amerika gibt es eine Comicfigur namens Cathy. Diese Figur muß sich ständig gemeine Seitenhiebe von ihrer Mutter anhören. Hätte Cathy ein stärkeres Selbstwertgefühl, dann würden die Bosheiten ihrer Mutter einfach an ihr abprallen. Doch das schafft sie nie, ganz einfach weil ihre Mutter einen untrüglichen Sinn dafür hat, wo Cathys Achillesferse sitzt, und es daher immer wieder fertigbringt, Cathys Selbstbild zu erschüttern.

Für Frauen ist es ganz besonders schwierig, sich ein gesundes Selbstbild zu schaffen, da sie von Fernsehen und Werbung mit Bildern von extrem dünnen Frauen bombardiert werden. Die meisten Frauen versuchen, sich diesem Ideal anzupassen, und entwickeln dabei alle möglichen Eßstörungen wie Bulimie, Magersucht oder andere Formen zwanghaften Eßverhaltens. Sie schaden damit ihrer Gesundheit und ihrem Wohlbefinden gleichermaßen, nur weil sie ein Bild von sich selbst akzeptiert haben, das sie ständig als wertlos, weil (im Vergleich mit den dünnen Models, die sie täglich sehen) zu dick zeigt.

Ich habe mit vielen Frauen gearbeitet, die meinten, sie seien nicht gut, nicht erfolgreich oder (in anderen Worten) nicht perfekt genug. Ihre Familie, ihr Arbeitgeber, ihre Bekanntschaften verlängern und verstärken dieses Minderwertigkeitsgefühl meist noch. Das Selbstbild, das diese Frauen entdeckten, sobald sie einen Blick in ihr Inneres werfen konnten, war durchweg negativ – und stimmte nicht mehr im geringsten mit ihrer aktuellen Stellung und Entwicklung überein. Es war vollkommen veraltet – und zerstörte ihr inneres Gleichgewicht.

Das Idealbild vieler übergewichtiger Menschen zeigt sie häufig als sehr schlank. Doch es gibt keine bessere Möglichkeit, sein Selbstwertgefühl zu zerstören, als sich selbst ständig mit einem Ideal zu vergleichen, das man einfach nicht erreichen kann. Auf diese Weise prügeln Sie nicht nur geistig auf sich ein, Sie verstärken auch noch Ihre Neigung, zu viel zu essen, denn schließlich brauchen Sie etwas, um Ihren Schmerz und Ihre Verzweiflung zu lindern. Dies wiederum verstärkt Ihr negatives Selbstbild, und so geht der Teufelskreis immer weiter. Jedesmal wenn Sie sich mit diesem inneren Bild vergleichen und sich danach schlecht fühlen, bleibt wieder Energie in Ihren „feinstofflichen" Fettzellen hängen.

Erst wenn Sie länger an sich gearbeitet haben, werden Sie merken, daß Ihr Selbstbild mit der Realität Ihrer Erscheinung nur sehr selten übereinstimmt. Wie sollen Sie es auch richtig wahrnehmen, wenn Ihre Vorstellungen von sich selbst Ihnen noch im Weg sind? Solange Ihre Glaubenssysteme Sie behindern, sehen Sie auch andere Dinge selten richtig.

**Fallbeispiel:**

Alma hatte Übergewicht. Sie litt unter Depressionen und einem sehr schwach ausgeprägten Selbstwertgefühl (obwohl sie eine hochbezahlte Managerin war). Als sie sich auf die Suche nach ihrem Selbstbild machte, entdeckte sie eine sehr schlanke Frau in einem eng anliegenden, schwarzen Kleid, das mit Perlen verziert war. Sie war perfekt frisiert, was in krassem Gegensatz zu Almas schlapp herabhängenden, blonden Haaren stand. „Das ist die Eisprinzessin", sagte Alma. „Sie ist eiskalt. Gefühle kennt sie nicht. Wenn ich sie sehe, fühle ich mich unwohl, weil sie alles hat, was ich nicht habe."

Aus genau diesem Grund bat ich Alma, sich von diesem Bild zu trennen und sich ein neues Bild zu schaffen, das sie selbst zeigen sollte und zwar so, wie sie in drei Monaten aussehen wollte. Sie legte sich ein Selbstbild zu, auf dem sie nur ein bißchen schlanker war, aber wesentlich glücklicher als zu dem fraglichen Zeitpunkt. Sobald Alma sich nun ihrem neuen Selbstbild zuwandte – der Abschied von der Eisprinzessin blieb unbeweint –, führte der Vergleich mit der Gegenwart nicht mehr zu endlosen Scham- und Schuldgefühlen.

Der zeitliche Abstand von drei Monaten gab ihrem Körper die Möglichkeit, sich langsam auf das neue Bild hin zu entwickeln. Ihre Glaubensvorstellungen mußten sich nicht von einem Tag auf den anderen ändern, und so konnte auch ihre Schwingungsenergie langsam ansteigen, ohne die vier nicht-spirituellen Körper allzu großen Schockerfahrungen zu unterwerfen. Drei Monate später paßte sie tatsächlich in ihr neues Bild. Haltung, Frisur und Gewicht hatten sich entsprechend verändert – und dies völlig ohne bewußte Anstrengung.

Es ist daher sehr wichtig, das Bild, das wir von uns selbst haben, genauer zu betrachten. Wenn Sie sich ein neues

Selbstbild schaffen, dann lassen Sie gleichzeitig die bisherige idealisierte oder veraltete Form los. Auch Menschen oder Dinge, die zu diesem Bild gehörten, werden dann aus Ihrem Leben verschwinden, weil sie nicht mehr dazu passen. Da Sie sich selbst ständig unbewußt mit Ihrem inneren Bild vergleichen, werden Sie sich niemals annehmen oder glücklich fühlen, wenn dieses Bild nicht mit Ihrer äußeren Wirklichkeit übereinstimmt.

Indem Sie Ihrem inneren Bild neue Form geben, zerschlagen Sie bereits den Glauben an Ihre eigene Wertlosigkeit. Damit schaffen Sie gleichzeitig den Raum für etwas Neues und Positives, das dieses alte Bild ersetzen wird.

## Übungen

### ■ Ändern Sie Ihr Bild von sich

Machen Sie diese Übung alle paar Monate wieder, um Ihr Bild immer auf dem neuesten Stand zu haben.

1. Reinigen Sie zuerst Ihre Aura. Betreten Sie daraufhin das Zeitfeld der Gegenwart.

2. Schließen Sie jetzt die Augen. Kehren Sie ein in den stillen Raum in Ihrem Kopf, den Sie schon seit langem kennen. Es ist Ihr höchstpersönliches Refugium, Ihr heiliger Raum, in dem Sie ganz Sie selbst sein können. In diesem Raum hängt ein Bild an der Wand. Es zeigt Sie selbst. Gehen Sie nun darauf zu, um es eingehend zu betrachten.

3. Was sehen Sie auf diesem Bild?
   a) Ist es ein aktuelles Bild? Zeigt es Sie, wie Sie *jetzt im Augenblick* sind, nicht vor zehn Tagen, Wochen oder Jahren?

b) Wie sind Sie angezogen? Elegant? Lässig? Tragen Sie etwa Kinderkleidung? Oder häßliche Sachen? Gefällt Ihnen, was Sie anhaben?
c) Wie sehen Sie auf dem Bild aus? Genauso wie jetzt, wo Sie davor stehen? Haben Sie das gleiche Gewicht? Wie sieht Ihre Frisur aus? Sind Sie vielleicht zu dünn oder zu dick?
d) Halten Sie etwas in der Hand? Oder ist auf dem Bild außer Ihrem Porträt vielleicht noch etwas anderes zu sehen?
e) Andere Menschen vielleicht? Ihre Eltern, Ihr spiritueller Lehrer, etc.? Welchen Gesichtsausdruck haben diese Menschen? (Schadenfroh, wütend, verletzt, böse?) Welche Haltung nehmen diese Personen Ihnen gegenüber ein? Unterstützen Sie sie? Oder versuchen sie, Sie zu kontrollieren und zu unterdrücken?
f) Wie *fühlen* Sie sich, wenn Sie dieses Bild betrachten? Glücklich, traurig, deprimiert, wütend, zufrieden oder eher frustriert?
g) Machen Sie sich diesen Augenblick voll bewußt. Akzeptieren Sie sich jetzt so, wie Sie wirklich sind. Wiederholen Sie folgende Affirmation mehrmals: „Ich akzeptiere mich vollkommen. Ich nehme meine Bedürfnisse, Probleme, Fehler und Wünsche ohne Ausnahme an." Diese Affirmation läßt Sie sich vollkommen annehmen, so daß negative Urteile daneben keinen Platz mehr haben. (Vielleicht hat Ihr Geist einige Kommentare auf Lager, die er unbedingt loswerden muß, wenn Sie diese Worte sprechen. Doch gleichgültig, ob sie nun positiv oder negativ sind: Danken Sie Ihrem Geist für seine Anmerkungen, und machen Sie einfach mit Ihrer Affirmation weiter.)

4. Nehmen Sie nun Ihr inneres Selbstbild von der Wand. Stellen Sie sich ein Gefäß mit goldener Flüssigkeit vor. Legen Sie Ihr Bild dort hinein. Egal wie groß das Bild

ist, das Gefäß ist auf jeden Fall groß genug. Lassen Sie Ihr Bild dort ein paar Minuten liegen.

5. Jetzt nehmen Sie das Bild heraus. Hat es sich irgendwie verändert? Achten Sie auf die Unterschiede. (Es hat sich auf jeden Fall verändert, manchmal nur auf ganz subtile, kaum sichtbare Weise. Wenn Sie diese Unterschiede nicht wahrnehmen oder fühlen können, sollten Sie sich keine Sorgen machen. Das ändert nichts an der Tatsache, daß die Veränderung stattgefunden hat.)

6. Wiederholen Sie nun die oben bereits angeführte Affirmation.

7. Jetzt können Sie mit dem Bild machen, was Sie wollen. Sie können es in einen Schrank stellen, in die Luft sprengen, in Fetzen reißen oder in Stücke schlagen. Sie können es verbrennen oder auf den Müll werfen – tun Sie, was immer sich für Sie richtig anfühlt.

8. Mit Hilfe Ihres Höheren Selbst erschaffen Sie sich nämlich ab sofort ein neues Bild. Es zeigt Sie, wie Sie in drei Monaten aussehen möchten. Wenn Sie augenblicklich unter Depressionen leiden, stellen Sie sich vor, daß Sie zu diesem Zeitpunkt ein wenig glücklicher sind. Sind Sie krank, dann wird Ihr Gesundheitszustand sich bis dahin ein wenig gebessert haben. Wenn Sie Übergewicht haben, malen Sie sich aus, wie Sie mit ein paar Pfund weniger aussehen. Befestigen Sie dieses neue Bild nun an der Wand.

9. Wenn Sie nicht genau wissen, wie Ihr neues Bild aussehen soll, bitten Sie Ihr Höheres Selbst um Hilfe. Es wird für Sie ein Bild schaffen, das positive Tendenzen ohne jede Anstrengung zum Vorschein bringt. Eben das Bild, das in diesem Moment für Sie richtig ist.

10. Hüllen Sie das Bild nun in eine goldene Lichtkugel. Spüren Sie, wie dieser goldene Schein sich auch auf Sie selbst und Ihre Aura ausdehnt.

Wenn Sie wahrnehmen, daß die positiven Botschaften, die diese Übung mit sich bringt, bei Ihnen nicht so recht durchdringen, wurden Sie vielleicht als Kind „umgepolt". Unterstützung bei diesem Problem finden Sie in Kapitel 7.

Die nächste Übung wird Ihnen helfen, all die negativen Dinge abzulegen, die Sie je über Ihren Körper gehört oder gedacht haben. Wenn erst das Bild verschwunden ist, in dem sie festgebannt waren, ist es wesentlich einfacher, diese negativen Einstellungen aufzulösen.

## ■ Ändern Sie Ihr Bild von Ihrem Körper

Diese Übung ist äußerst wichtig. Vermutlich ist Ihnen nicht einmal klar, wie viele negative Urteile von anderen Personen wir in uns tragen. Sie betreffen unsere ganze Person, unseren Geist, unseren Körper und unser Selbstbild. Erst wenn wir sie ablegen, wird uns deutlich, was wir alles an überflüssigem Ballast mit uns herumschleppen. Nachdem Sie diese Übung gemacht haben, wird es Ihnen leichter fallen zu akzeptieren, was Ihnen im Spiegel entgegenblickt – ohne den Wust an Urteilen und Beschuldigungen, die sich im Laufe der Jahre angesammelt haben.

1. Reinigen Sie zuerst Ihre Aura. Betreten Sie danach das Zeitfeld der Gegenwart.

2. Nehmen Sie nun alle Vorstellungen, die Sie sich von Ihrem Körper machen, zusammen. Werfen Sie sie in ein riesiges Faß voll goldener Flüssigkeit, das vor Ihnen steht. Es ist so groß, daß eine Person bequem darin Platz hat. Ganz unten sehen Sie einen Zapfhahn. Am einfachsten ist es, Sie stellen sich vor, daß Sie ein Bild

von sich in die Flüssigkeit werfen, wo es sich langsam auflöst.

3. Berühren Sie nun das Faß mit dem Zauberstab der Gegenwart, so daß es vollkommen in die Gegenwart eintritt.

4. Nun geht es darum, die falschen Vorstellungen von Ihrem Körper aufzulösen:
   a) Bitten Sie nun alle Vorstellungen, die Sie von Ihrer Familie haben, zu verschwinden. Öffnen Sie den Hahn und lassen Sie diese Energie in die Erde hinein abfließen. (Diese und alle anderen Energien werden unter Umständen als Farben wahrgenommen. Einzelne Möglichkeiten habe ich aufgeführt, vielleicht finden Sie aber auch eigene Farbgebungen.) Die Familienenergie ist rot.
   b) Bitten Sie nun alle Selbstbilder, die Sie von Lehrern und spirituellen Führern haben, durch den Zapfhahn abzulaufen. (Sie sind orange.)
   c) Lassen Sie nun alle Glaubenssätze aus den Beziehungen zu Freunden und Partnern gehen. (Diese Energie ist dunkelgrün.)
   d) Alle Vorstellungen, die aus Werbung, Fernsehen oder ähnlichen Quellen stammen, werden nun weggeschwemmt. (Diese sind von grauer Farbe.)

   Was nun noch immer in dem Faß ist, stammt ganz allein von Ihnen. Wenn sehr wenig Flüssigkeit übrigbleibt, waren Sie sehr stark von anderen beeinflußt. Ist es dagegen mehr, so haben Sie bereits eigene Methoden entwickelt, sich von äußeren Einflüssen frei zu machen. Sobald nun diese fremden Energien verschwunden sind, können Sie darangehen, sich Ihr Körperbild so zu schaffen, wie Sie es haben wollen.

5. Bitten Sie nun alle Engel, Ihr Faß zu füllen: mit göttlicher Liebe, Glück, angenehmen Gefühlen und Selbstliebe.

Jede einzelne dieser Energien strahlt in einer wunderschön leuchtenden, reinen Farbe.

6. Bitten Sie nun Ihr Höheres Selbst, der Flüssigkeit noch etwas hinzuzufügen, nämlich daß Sie Ihren Körper annehmen, so wie er ist, in seiner jetzigen Größe und Form, ohne negative Urteile. Nun haben Sie Ihren persönlichen „Cocktail“ gemischt, in dem sich Ihr ganzes Selbst ausdrückt. Sie brauchen nur noch umzurühren.

7. Jetzt sind alle Vorbereitungen abgeschlossen. Steigen Sie in das Faß, um all diese farbigen Energien in sich aufzusaugen. Spüren Sie, wie sie Ihren Körper durchdringen. Nun verwöhnen Sie Ihren Körper zum ersten Mal mit einem Selbstbild, das ihm entspricht. Sie sind vollkommen, so wie Sie sind!

8. Wenn Sie das Gefühl haben, genug getankt zu haben, klettern Sie aus Ihrem Faß heraus.

## 7

# Wie Sie eine falsche Polung umkehren

Manche Menschen sind durch und durch positiv eingestellt. Ihre Affirmationen und Autosuggestionen wirken. Ihre Visualisierungen werden Wirklichkeit. Ihre Wandlungsprozesse stellen sich mehr oder weniger von selbst ein. Und dann gibt es die Menschen, denen das alles nicht so leichtfällt. Vielleicht gehören Sie zu den Menschen, denen es eher so ergeht: Was immer Sie sich bewußt wünschen, Sie können sicher sein, daß Ihr Geist und Ihr Körper das Gegenteil hervorbringen. Wenn Sie beispielsweise versuchen, ein paar Pfunde zu verlieren, dann nehmen Sie eher noch zu. Bestenfalls können Sie Ihr Gewicht halten. Wenn Ihnen jemand sagt: „Du machst alles richtig!“, dann ist es nicht nur Ihr Geist, der diesen Worten innerlich widerspricht. Nein, Sie sabotieren Ihre eigenen Anstrengungen, um zu beweisen, daß dies nicht wahr ist. Oder Sie versuchen, positiv zu denken. Innerhalb kürzester Zeit liefert Ihr Verstand Ihnen alle möglichen Gründe, damit Sie sich wieder schlecht fühlen können. Was schließen wir nun daraus? Sie wurden umgepolt.

Wie Sie das feststellen können? Ganz einfach. Wenn Sie genau das Gegenteil von dem sagen oder denken, was man Ihnen gerade gesagt hat, dann leben Sie in einer umgepolten Welt. Bei dieser Umpolung geht es nicht einfach um geistigen Widerstand. Sie haben nämlich gar keine Wahl. Sobald Sie umgepolt sind, leben Sie in einer Welt voller Negativität. Die Umpolung schreibt den einmal gewählten Stand der Dinge so fest, daß Sie jeden Tag damit leben müssen. Es kann sich dabei um ein bestimmtes Thema handeln. Es kann aber auch sein, daß Ihr ganzes Leben davon betroffen ist.

Das bedeutet, daß in Ihrem Kopf ein Programm verankert wurde, das Ihnen nur negative Ideen oder Gedanken erlaubt. Dieses Programm ist so tief in Ihnen verwurzelt, daß es Sie nahezu ausweglos an diese Negativität fesselt. Jedesmal wenn Ihr Geist dieses Programm aktiviert (wenn Sie z.B. etwas Positives über sich hören), dann verkehrt es das Gehörte ins genaue Gegenteil. Auf diese Weise hindert es Sie daran, etwas Positives zu akzeptieren oder zu tun. Es funktioniert auf dieselbe Weise wie eine selbsterfüllende Prophezeiung, doch es erlaubt nur negative Botschaften.

Die Gründe für eine solche Umpolung sind meist wirklich schwerwiegend. Gewöhnlich handelt es sich um irgendeine Form von Übergriffen oder Mißhandlungen. Doch wenn das Programm erst einmal aktiviert wurde, ist es ungeheuer schwierig, es in etwas Positives zu verwandeln. Wenn Sie beispielsweise das Gefühl haben, Zuneigung nicht zu verdienen, dann laufen mit diesem Programm all Ihre Handlungen darauf hinaus, Sie (in Ihrem Aussehen oder Verhalten) so unattraktiv wie nur möglich zu machen, damit Sie tatsächlich keine Zuneigung erfahren. Dies wiederum löst in Ihnen selbst Abneigung gegen die eigene Person aus und verstärkt Ihre negative Einstellung sich selbst gegenüber.

Lassen Sie uns einmal einen Blick auf Ihre Kindheit werfen, in der diese Programmierung wohl entstanden ist. Gehen wir zurück zu Ihrem rebellischen inneren Kind. Es hat bereits die Einschätzung seiner Eltern akzeptiert, die es für böse oder wenig liebenswert halten (worauf es ihm noch schlechter ging als vorher). Nichtsdestotrotz hat es beschlossen, gegen die Tyrannei und Verurteilung seiner Eltern anzukämpfen. Es wählte den einzigen Weg, der ihm zur Verfügung stand: Es beschloß, immer das Gegenteil von dem zu denken oder zu tun, was seine Eltern ihm vorgaben. Trotz seines Kampfgeistes schlug sich Ihr inneres Kind auf verlorenem Posten, denn es kämpfte aus seiner Verzweiflung heraus.

Das Kind in Ihnen kämpft heute noch gegen alle Autoritätsfiguren an, indem es alles zurückweist, was dem alten negativen Programm widerspricht. Und so kommt es, daß Sie in der Negativität haften bleiben, auch wenn Sie versuchen, etwas Positives aus sich zu machen.

Wenn Sie umgepolt sind, dann können Sie so viele Affirmationen vor sich hin sagen, wie Sie wollen, Sie werden damit höchstens eine minimale Wirkung erzielen. (Menschen, die mit ihren Affirmationen großen Erfolg haben, können das meist nicht verstehen.) Es ist, als würden Sie gegen den Strom schwimmen: Sie verbrauchen viele Energien, um gegen die Strömung (die falsche Polung) anzukämpfen. Und so sehr Sie sich auch anstrengen, weit kommen Sie auf diese Weise nicht. Das macht die ganze Erfahrung so entmutigend.

Nehmen wir als Beispiel einmal Frauen und ihren Körper. Fast jede Frau ist mit ihrem Körper unzufrieden und verurteilt ihn in irgendeiner Weise, sei es nun wegen seines Gewichts, seiner Form oder „seiner" Gefräßigkeit. Positive Affirmationen werden sofort umgedreht und verstärken damit nur die alte Polarisierung. Jede positive Aussage über ihren Körper (z.B. „Ich werde schlanker") wird von ihrem Geist sofort gekontert: „Ich werde nicht schlanker! Und damit Schluß!"

**Fallbeispiel:**

Als Lora versuchte, abzunehmen, ging sie zu einem Hypnotherapeuten, der ihr helfen sollte. Doch sogar unter Hypnose drehte sie jede Suggestion, die der Therapeut ihr eingab, in ihr Gegenteil um: „Du nimmst ab" wurde auf diese Weise zu „Du nimmst nicht ab." So bemerkte sie, daß sie nicht wirklich bereit war.

Dieses Problem läßt sich nicht durch einen Frontalangriff lösen. Statt noch mehr Widerstände aufzubauen, sollten Sie versuchen, sich so anzunehmen, wie Sie im Moment sind. Denn je härter Sie sich verurteilen, um so mehr Nahrung geben Sie damit dem alten Programm. Der einzige Weg, wie Sie diesem Teufelskreis entgehen können, ist, daß Sie aufhören, sich selbst zu bekämpfen, indem Sie sich selbst *annehmen*. Beginnen Sie mit dem, was Ihre Eltern über Sie gedacht haben. Das bedeutet, Sie müssen zunächst akzeptieren, daß Sie nichts richtig machen konnten – zumindest in den Augen Ihrer Eltern. (Gut, das stimmt nicht, aber hier müssen Sie beginnen.)

Wenn Sie dieses Negativurteil willkommen heißen, entwaffnen Sie damit die kämpfenden Parteien in Ihrem Innern. Ein Frontalangriff hingegen verstärkt nur Ihren Widerstand. Denken Sie doch an dieses chinesische Geschicklichkeitsspiel, bei dem man seine beiden Zeigefinger in ein kleines Hütchen aus Stoff steckt. Wenn Sie nun die beiden Finger voneinander wegbewegen, zieht sich das Stoffhütchen zusammen und Sie sitzen fest. Je mehr Sie dagegen ankämpfen, um so enger wird die Schlinge. Sie können nur freikommen, wenn Sie den Finger locker in das Hütchen stecken. Eine Umpolung ist wie dieses Spiel.

Wenn Sie sich mit Ihrer Negativprogrammierung herumstreiten, so verleihen Sie ihr damit nur noch mehr Energie. Wenn Sie sich hingegen entspannen und lernen, das zu akzeptieren, was Sie am meisten an sich hassen, dann erkennen Sie diesen ungeliebten Teil Ihres Selbst endlich an. Sie öffnen ihn und sich für die Liebe. Auf diesem Weg löst die Negativität sich schließlich in nichts auf. Dann und nur dann wird sie verschwinden. Umgepolt zu sein bedeutet, daß Sie ein Kreuz mit sich herumtragen, auf dem in großen Lettern geschrieben steht: „So oder so, ich tauge nichts." Übergewicht zu haben ist so eine Art von Kreuz, vor allem wenn Sie gleichzeitig Ihrem Körper gegenüber negativ eingestellt sind.

Viele Frauen, die als Kinder Opfer von sexuellem Mißbrauch wurden, schaffen sich fettleibige Körper, um sich selbst zu schützen. Ihr ureigenster Raum wurde auf schockierende Weise zutiefst verletzt. Indem sie so dick und unattraktiv wie nur irgend möglich werden, hoffen sie, sich den oder die Schänder vom Hals zu halten. Sie wünschen sich, daß man(n) sich vor ihnen ekelt und sie nicht mehr anfaßt. (Leider funktioniert das nur in den seltensten Fällen.)

Sagen Sie hingegen „Ich bin ein guter, liebevoller Mensch, und ich liebe mich, egal wie ich bin“ oder „Mein Körper ist massig, weil er mich beschützt. Ich liebe ihn deshalb“, dann lassen Sie Ihren zwanghaften Widerstand ein bißchen los und akzeptieren sich selbst wieder etwas mehr. (Das ist übrigens eines der großen Ziele des *fat rights movement* in Amerika. Diese Menschen verlangen, daß man sie akzeptiert, wie sie sind, ganz egal, wieviel sie wiegen. Ohne Negativurteile, so daß sie sich in ihrem Körper wieder wohl fühlen können.)

In einem früheren Kapitel habe ich von Lucy erzählt, die Ihren Körper während der Wechseljahre haßte. Dieser wiederum fühlte sich absolut ungeliebt und reagierte darauf mit immer wiederkehrenden Krankheiten. Um hier heilend einzugreifen, müßte sie ihren Körper annehmen, wie er ist, und nicht, wie sie ihn gerne hätte. Das heißt, sie muß verstehen, wie ihr Körper ihr dabei hilft zu überleben. Erst dann wird er seine schützende Fettschicht loslassen können.

Ihr umgepoltes Selbst anzunehmen und willkommen zu heißen ist vielleicht einer der härtesten Schritte auf dem Weg zur emotionalen Wiedergeburt, da Sie die Verhaltensweisen dieses Selbst und deren Folgen meist nicht ausstehen können – zwanghaftes Essen und das daraus folgende Übergewicht beispielsweise. Wenn Sie aber erst verstehen, was dieses Verhalten auslöst und worin Ihre Vorteile dabei liegen (d.h., warum Ihr inneres Kind diese Verhaltensweisen immer noch braucht), wird es Ihnen leichter fallen, sich Ihre „Fehler“ zu vergeben.

Haben Sie einmal erkannt, daß diesen „Fehlern“ nur gute Absichten zugrunde liegen (d.h., daß sie Ihrem Bedürfnis nach Sicherheit entspringen, egal in welch grotesker Weise sie dieses erfüllen), können Sie sich besser verstehen, ja, sich selbst mögen. Denn Ihre falsche Polung können Sie nur dann umkehren, wenn Sie lernen, sich selbst anzunehmen. Einen anderen Weg gibt es nicht.

Der erste Schritt dazu sollen Affirmationen sein, auch wenn sie positive Aussagen über uns selbst enthalten. Sie aktivieren unsere Negativprogrammierung, so daß wir klarer erkennen können, was wir wirklich über uns selbst glauben.

Der zweite wichtige Schritt besteht darin, daß wir das innere Bild, das wir von uns selbst haben, ändern – und die damit zusammenhängenden Negativurteile (siehe Kapitel 6). Die Umwandlung dieses inneren Bildes bringt es auf den neuesten Stand. Dadurch können Sie den Selbsthaß und die Verachtung, die in diesem Bild gebunden sind, loslassen. Ihr neues Selbstbild unterstützt diese Verachtung nämlich nicht mehr. Wenn Sie Ihr inneres Bild in die Gegenwart bringen, so daß es Sie widerspiegelt, wie Sie in diesem Augenblick sind, dann lösen Sie damit gleichzeitig die Verbindung zu den alten Negativurteilen und -energien, in die Sie bisher verstrickt waren. Dies ist ein großer Schritt hin zu mehr Selbstachtung.

Bevor Sie nicht gelernt haben, sich so zu lieben, wie Sie wirklich sind, werden Sie Ihre Umpolung nicht verändern und keine weiteren Fortschritte machen können.

Im nächsten Schritt lernen Sie, sich für die harte Verurteilung Ihrer selbst zu verzeihen. Das ist keine bloß verstandesmäßige Übung. Sie müssen sich selbst von ganzem Herzen vergeben, auch wenn Sie diesen Vorgang immer und immer wiederholen müssen – so lange, bis Sie diese Vergebung wirklich fühlen. (Was am Anfang vielleicht nicht gleich der Fall ist.)

In der Übung zur Änderung Ihres Selbstbildes, die ich in Kapitel 6 vorgestellt habe, haben Sie ein Bild von sich entwickelt, das zeigt, wie Sie in drei Monaten gerne aussehen würden. Wenn sich am Ende dieser drei Monate überhaupt nichts geändert hat oder wenn sogar das Gegenteil von dem eingetreten ist, was Sie sich gewünscht haben, dann ist dafür mit Sicherheit ein Umpolungsprozeß verantwortlich. Die folgende Übung ist der in Kapitel 6 sehr ähnlich. Sie soll dieser Umpolung entgegenwirken, indem Sie Ihnen hilft, sich selbst so anzunehmen, wie Sie wirklich sind.

## Übungen

### Bringen Sie Ihr Selbstbild in die Gegenwart

Das, was Sie im Spiegel wahrnehmen, voll zu akzeptieren, kann eine sehr heilsame Übung auf dem Weg zur emotionalen Wiedergeburt sein. Es verstärkt Ihre Liebe zu sich selbst.

1. Reinigen Sie Ihre Aura, und begeben Sie sich ins Zeitfeld der Gegenwart.

2. Schließen Sie Ihre Augen. Betreten Sie nun Ihren geheiligten Raum. Betrachten Sie das Bild an der Wand. Wie stehen Sie dazu? Mögen Sie es? Hat es sich in den letzten drei Monaten verändert? Unterscheidet es sich sehr von Ihrem gegenwärtigen Spiegelbild? Wenn ja, wie?

3. Jetzt können Sie das Bild von der Wand nehmen und damit machen, was Sie wollen. Sie können es in einen Schrank stellen, in die Luft sprengen, in Fetzen reißen oder in Stücke schlagen. Sie können es verbrennen oder auf den Müll werfen – was immer Ihnen einfällt.

4. Bitten Sie Ihr Höheres Selbst um Hilfe bei der Schaffung eines neuen Bildes, das Sie so zeigt, wie Sie jetzt im Augenblick sind. Es wird für Sie ein positives, heilsames Bild schaffen, eben das Bild, das jetzt für Sie richtig ist.

5. Hängen Sie das neue Bild nun an die Wand.

6. Hüllen Sie es in einen goldenen Lichtball. Fühlen Sie, wie dieses goldene Licht Ihre Aura und Ihren Körper durchdringt.

7. Sprechen Sie folgende Affirmation mehrmals vor sich hin: „Ich nehme mich vollkommen an. Ich nehme meine

Bedürfnisse, Probleme, Fehler und Wünsche ohne Ausnahme an.“ Diese Affirmation bewirkt, daß Sie sich vollkommen annehmen können. Für negative Bilder bleibt kein Platz mehr.

8. Wenn Sie das Gefühl haben, daß die Übung zu Ende ist, öffnen Sie Ihre Augen.

## ■ Widerstände auflösen

Diese Übung ist besonders für solche Menschen wichtig, die sich selbst stark verurteilen. Ich habe sie hier für „Übergewicht“ vorgesehen, doch Sie können sie natürlich auch für andere emotionale Probleme wie mangelndes Selbstwertgefühl, Scham- und Schuldgefühle oder Depressionen einsetzen.

1. Schließen Sie Ihre Augen. Konzentrieren Sie sich auf Ihr Selbstbild. Verstärken Sie jetzt das Gefühl, das Sie loslassen möchten. Wenn Sie glauben, daß Sie zuviel wiegen, dann schwelgen Sie nun im Gefühl, wie herrlich es ist, dieses Gewicht zu haben. Genießen Sie es, all die leckeren Sachen futtern zu können, die es Ihnen erlauben, dieses Gewicht zu halten oder sogar noch zuzunehmen.

2. Denken Sie an all die Vorteile, die Ihr Übergewicht Ihnen einbringt. Sie glauben, es gibt keine? Aber natürlich! (Vielleicht fühlen Sie sich damit sicherer. Sie können unerwünschten Gefühlen, Empfindungen, Beziehungen, Verpflichtungen aus dem Weg gehen. Und Sie sind sicher davor, angemacht zu werden.)

3. Wenn Ihnen keine Vorteile einfallen, bitten Sie Ihr Höheres Selbst, Ihnen zu enthüllen, welche positiven Seiten Ihre Einstellung oder Ihr Gefühl für Sie hat.

4. Zollen Sie Ihrem Körper Anerkennung dafür, daß er dies auf sich nimmt, um Ihnen zu helfen. („Ich danke dir, Körper, daß du mich mit deinen Pfunden vor Verletzungen schützt.")

5. Wenn während der Übung Gefühle wie Scham, Schuld oder Wut aufkommen, nehmen Sie einfach nur wahr, daß sie da sind. Atmen Sie dann tief durch, und lassen Sie diese Gefühle los. Stellen Sie sich vor, daß Sie mit jedem Atemzug graue Nebelschleier ausatmen.

6. Spüren Sie jetzt, wie die Freude am Dicksein sich in Ihnen ausbreitet. Sie füllt Ihren ganzen Körper. Sie vibrieren regelrecht vor Zufriedenheit. Stellen Sie sich vor, wie Sie essen und diese Erfahrung mit jeder Faser genießen. (Auch wenn Ihr Verstand protestieren sollte, bedanken Sie sich bei ihm für seine Hinweise, und konzentrieren Sie sich weiterhin auf die Freude an Ihrem mächtigen Körper.)

7. Stellen Sie sich dann eine riesige, in den Boden eingelassene Badewanne vor. Sie ist voll mit goldener Flüssigkeit. Klettern Sie hinein. Lassen Sie sich in die Flüssigkeit sinken, bis sie auch Ihren Scheitel bedeckt. (Sie können Gold atmen!) Bleiben Sie ein paar Minuten lang so liegen, bevor Sie ganz bewußt heraussteigen und sämtliche Gefühle, Empfindungen und Energien, die Sie loslassen wollen, in der goldenen Flüssigkeit zurücklassen.

8. Sprechen Sie die folgenden Affirmationen laut vor sich hin. Beide werden in Ihnen vermutlich eine Welle von Gefühlen auslösen.
   a) „Ich vergebe meinem Körper für seine Art zu sein."
   b) „Ich vergebe mir selbst für meine Art zu sein."

9. Wiederholen Sie nun noch einmal Schritt 7. Das neuerliche Bad in der goldenen Flüssigkeit wird die Gefühle,

die die Affirmationen in Ihnen weckten, wegschwemmen.

10. Wiederholen Sie Schritt 4 bis 7 so oft, bis Sie sich wohler mit sich selbst und Ihren negativen Emotionen fühlen.

11. Machen Sie diese Visualisierungsübung jedesmal vor den Mahlzeiten und generell immer dann, wenn Sie etwas essen wollen, das Ihr negatives Selbstbild verstärkt.

12. Bei anderen emotionalen Problemen machen Sie genau dieselben Schritte. Sie verzichten nur darauf, diese Gefühle zu verstärken, wenn es sich um Empfindungen wie Scham, Depression, Schuld, Wut oder ähnliches handelt.

Immer wenn Sie diese Übung ausgeführt haben, verliert das entsprechende Gefühl an Kraft, weil Sie sich bewußt dem Gegenteil zuwenden, statt die alten Probleme zu verstärken. Wenn Sie zulassen, daß diese Gefühle in Ihrem Bewußtsein hochsteigen, können sie im Goldbad weggeschwemmt werden.

Eine weitere Hilfestellung, die Sie bei Schritt 5 einfügen können, soll Ihnen folgende Übung geben: Suchen Sie sich den Meridianpunkt, der etwa 2,5 Zentimeter unterhalb der Mitte Ihres Unterlides liegt. Üben Sie auf diesen Punkt etwa 25mal sanften Druck aus. Dieser Akupressurpunkt fördert die Freisetzung umgepolter oder anderweitig polarisierter Energie.*

---

* Diese Übung habe ich in Roger Callahans Buch *Der unwiderstehliche Drang* gefunden (siehe auch Seite 245). Sie wirkt bei allen negativen Emotionen, nicht nur bei zwanghaftem Essen.

## 8

# KINDHEIT: UNSERE GEFÜHLE

Wenn wir uns Kindheitsthemen zuwenden, dann heißt das, daß wir mit unserem Emotionalkörper arbeiten. Gibt es in Ihrem Kopf eine Stimme, die zu allem, was Sie sagen oder tun, einen Kommentar abgeben muß? Die ständig mit Ihnen streitet oder Sie kritisiert? Diese Stimme versucht, Sie davon abzuhalten, Gefühle, die Sie in Ihrem emotionalen Selbst gespeichert haben, wie z.B. Wut, Scham, Verlassenheit oder mangelnde Liebe, auf eine höhere Ebene zu bringen. Sie weiß, daß Veränderung – eine wirkliche, tiefgreifende Veränderung – nur dann stattfinden kann, wenn Ihr emotionales Selbst ganz beteiligt ist.

Denn gleichgültig, wieviel Sie an Ihren Problemen arbeiten, um sie zu lösen, es wird nichts geschehen, solange Sie nicht zu deren Wurzeln vordringen. Denken Sie an einen Löwenzahn, der tief im Boden verankert ist. Wenn Sie nur die Blätter ausreißen, kommt die Pflanze unermüdlich wieder, weil ja die Wurzel in der Erde bleibt. Erst wenn Sie die Wurzel vollständig entfernen, haben Sie den Löwenzahn aus Ihrem Rosenbeet vertrieben.

Sie müssen die Vergangenheit so umwandeln, daß Ihr Dasein sich von Grund auf verändert. Sie müssen Ihre emotionalen Verletzungen an der Wurzel packen und sie auf den Komposthaufen werfen, so daß sie nur noch Erinnerung sind. Dann kann auch die traumatische Erfahrung, die Sie gemacht haben, nicht überleben. Dies ist das Ziel auf dem Weg der emotionalen Wiedergeburt. Ihr emotionales Selbst erfährt dadurch eine grundlegende Veränderung.

Sie können sich ein Trauma in etwa vorstellen wie einen unheilbaren, riesigen blauen Fleck, den eine Faust verursacht, die ständig auf Sie einschlägt. Der Weg der emotionalen Wiedergeburt sorgt dafür, daß die Faust damit aufhört. Dadurch heilen die Wunden schließlich ganz von selbst.

## Angst und Ihr inneres Kind

Ihr emotionales Selbst wird durch Ihr inneres Kind symbolisiert. Seine Augen sind vor Schreck immer geweitet, lebt es doch in einer Welt, die auf die eine oder andere Weise von Furcht geprägt ist – Furcht vor Verletzung oder vor dem Verlassenwerden und den damit zusammenhängenden Gefühlen wie z.B. Scham oder Wut. Die Bedürfnisse Ihres inneren Kindes bestimmen Ihr Verhalten und Ihre Weltsicht als Erwachsener.

Die Stärke seiner Ängste gibt uns einen Hinweis darauf, wie schlimm die traumatischen Erfahrungen sind, die das Kind in seinem Körper gespeichert hat, und welche Hindernisse überwunden werden müssen, damit es vollkommen geheilt werden kann. Wenn Sie Ihren Gefühlen folgen, werden Sie, tief in sich verborgen, Ihr inneres Kind finden. Für dieses Kind sind die negativen Erfahrungen der Vergangenheit heute noch Wirklichkeit. Sie erscheinen ihm genauso lebendig wie zu der Zeit, als sie passierten. Wenn Sie Heilung wollen, müssen Sie Ihrem inneren Kind helfen, das Spinnennetz der Vergangenheit hinter sich zu lassen, so daß es sich endlich sicher fühlen kann. In dieser Sicherheit wird es die negativen Erlebnisse loslassen, damit sie zu Erinnerung werden können.

Wenn Sie sich traumatische Erfahrungen wieder ins Gedächtnis rufen, werden gleichzeitig die Gefühle wach, die Sie damals empfunden haben: Scham, Furcht, Demütigung, Zorn, Einsamkeit und Hilflosigkeit. Durch die Umwandlung dieser Erinnerungen lösen die damit verbundenen schmerzhaften Gefühle sich endlich auf.

Wenn Sie beispielsweise Angst vor der Auseinandersetzung mit autoritären Menschen haben, weil Sie als Kind einem jähzornigen Vater ausgesetzt waren, kann durch die Bearbeitung dieses Traumas die Furcht verschwinden, die Sie als Erwachsener heute noch überwältigt. Die Erinnerung wird mit der Zeit schwächer. Vielleicht flackert sie im Laufe Ihres Lebens immer wieder mal auf, doch Sie werden nicht mehr von dieser Furcht gesteuert.

**Fallbeispiel:**

Sein tyrannischer und perfektionssüchtiger Vater demütigte Fred in einem fort. Er konnte eine beschämende Episode nach der anderen erzählen, wenn man ihn nach seinen Kindheitserlebnissen fragte. Fred wußte genau, daß er die Perfektion, die sein Vater von ihm forderte, niemals erreichen würde. Indem er sich diesen Erlebnissen heilend zuwandte, konnte er die Scham aus seinem Leben vertreiben, die es bislang so sehr entstellt hatte.

Überlegen Sie sich einmal, was genau eigentlich passiert, wenn jemand auf Sie wütend ist. Auch wenn diese Person Sie körperlich überhaupt nicht berührt, können Sie Ihre Wut wie eine Faust in Ihrem Magen *spüren*. Monate und Jahre später reagieren Sie immer noch auf diese Erinnerung mit Gefühlen der Scham, Furcht oder Wut. Sie tragen den Zorn der anderen Person noch in Ihrem Körper. Um dieses Problem zu lösen, muß die fremde Energie wieder entfernt werden. Das geschieht entweder durch das Zeitfeld der Gegenwart oder durch den goldenen Kamm, mit dem Sie Fremdenergien aus Ihrem Feld entfernen.

Negative Erfahrungen, die sich in Ihre Zellen eingegraben haben, sind etwas schwieriger zu entfernen. In diesem Fall müssen Sie die Erinnerung an die entsprechende Situation wieder lebendig werden lassen. Auf diese Weise können Sie die verletzten Gefühle Ihres inneren Kindes (d.h. Ihres emotionalen Selbst) zusammen mit den Wunden heilen, die Ihr materieller Körper davongetragen hat. Diese beiden Elemente Ihres Selbst waren nämlich die Hauptopfer, die hilflos die schreckliche Erfahrung erdulden mußten.

Wenn sich die Erfahrung von Mißbrauch (sexuellem, emotionalem oder körperlichem) über einen längeren Zeitraum wiederholte, wird sich das erlittene Trauma immer wieder bemerkbar machen. Für Sie bedeutet das, daß Sie sich jeder einzelnen Situation widmen müssen, so lange, bis alle innere Klärung erfahren haben.

Bei der Umwandlung von Erfahrungen der Vergangenheit geschieht folgendes:

- Sie lockern den Würgegriff der Erinnerung an diese Situation, indem Sie aus einem Trauma einen nicht gefühlsbesetzten Gedanken machen. Dadurch wird die in dieser Erfahrung gebundene Energie frei.
- Sie gewinnen Ihre Kraft und Macht zurück, da Sie Ihre Erinnerung nach Belieben umwandeln können; Sie sind der Vergangenheit nicht mehr länger hilflos ausgeliefert.
- Sie fangen an, sich Ihr Handeln zu verzeihen. Ihre unterdrückte Wut wird frei, so daß Sie endlich vorher verbotene Gefühle (d.h. die Gefühle, welche in Ihrer Familie verboten waren) zulassen können.
- Sie durchtrennen die alten neuronalen Pfade in Ihrem Gehirn und schaffen statt dessen neue – Pfade des liebevollen und heilsamen Denkens.
- Sie schaffen in sich selbst Raum für Liebe und Freude.

Bevor Sie sich jedoch auf diesen Weg begeben, sollten Sie sich noch einmal deutlich machen, daß die Person, die diese traumatischen Erfahrungen noch einmal erlebt, Ihr inneres *Kind* ist und nicht Sie selbst. Dieses Kind hat in der Vergangenheit Entscheidungen über seinen Selbstwert und sein Liebenswert-Sein getroffen. Diese Entscheidungen beruhten durchweg auf seinen Erfahrungen der Ablehnung, Scham, Vernachlässigung und des Mißbrauchs. Vielleicht werden Sie angesichts dieser Beschlüsse wütend auf Ihr inneres Kind. Vergessen Sie dabei aber nicht, daß es für das Kind um sein Überleben ging! Egal welche Konsequenzen das nun für Sie als Erwachsener hat. Vielleicht möchten Sie sich einen Moment Zeit nehmen, um Ihrem inneren Kind zu vergeben. Es mußte nämlich eine Menge erdulden, um Sie am Leben zu halten.

Wenn Sie sich Ihrer traumatischen Erfahrung zum ersten Mal zuwenden, kann es vorkommen, daß Ihr inneres Kind Ihren Fähigkeiten als Erwachsener nicht genügend traut und deshalb nicht mitmachen will. Beim zweiten oder dritten Mal werden Sie mehr Erfolg haben. Bis dahin hat Ihr inneres Kind gelernt, daß Sie tatsächlich seine Wunden heilen wollen.

## Wie Sie sich einer bestimmten Erfahrung zuwenden

Bevor Sie anfangen, sollten Sie Ihr Höheres Selbst, einen Schutzengel oder einen anderen Engel bitten, Sie auf diesem Weg zu begleiten. Mit diesen inneren Helfern finden Sie Ihren Weg durch das Trauma sehr viel leichter.

Bitten Sie Ihr Höheres Selbst, Ihnen nur genau so viel an Erinnerung zuzumuten, daß Sie jetzt *und später* problemlos damit umgehen können. Damit verhindern Sie, daß die aufsteigenden Erfahrungen Sie überwältigen. Wenn Sie sich ohne diese Vorsichtsmaßnahme Ihrer Erinnerung öffnen, kann es sein, daß Sie unter dem Ansturm negativer Erfahrungen zusammenbrechen. Das kann nicht nur während der Übung geschehen. Manchmal passiert es auch Wochen später.* Ich kann daher nicht oft genug betonen, wie wichtig es ist, daß Sie sich auf die Weisheit Ihres Höheren Selbst verlassen. Dieses weiß genau, wieviel Kummer Sie vertragen können und wie es Sie beschützen kann. Werden Sie also nicht zu

---

* Der Hauptgrund, weshalb Alkoholiker und Drogensüchtige sich nicht von ihrem Suchtstoff lösen können, liegt tatsächlich darin, daß sie damit ihre Gefühle betäuben. Wenn sie auf Entzug gehen und ihr Körper (nach etwa sechs Monaten) sämtliche Drogen ausgeschieden hat, dann trifft sie der geballte Schmerz der plötzlich aufsteigenden Erinnerungen, der manchmal unerträglich stark ist. Zu dieser Zeit sind sie dann am anfälligsten für den neuerlichen Griff zur Droge, wenn sie keine therapeutische Hilfe bei der Aufarbeitung der anfänglich so schmerzhaften Erfahrungen erhalten.

übermütig! Nehmen Sie auf Ihrem Weg ruhig Zuflucht zu Ihren inneren Helfern. Die folgenden Methoden sollen Ihnen helfen, Zugang zu Ihren Erinnerungen zu finden:

- Rufen Sie sich ein emotionsgeladenes Erlebnis ins Gedächtnis. Nach Möglichkeit eines aus Ihrer Teenagerzeit oder Ihren Kinderjahren. Achten Sie darauf, ob sich in Ihrem Körper etwas verändert, wenn Sie sich erinnern, z.B. im Magen, in der Herzgegend, in den Genitalien, im Hals, in den Augen. (Es gibt keine richtigen oder falschen Empfindungen.) Vielleicht ändert sich auch Ihre Stimmung, und Sie werden traurig, wütend oder fühlen sich plötzlich verletzt. Eine andere Möglichkeit sind körperliche Empfindungen: eine Spannung, ein Ziehen, ein Flattern, ein plötzliches Schweregefühl. Oder etwas verändert sich an Ihrer Atmung: Sie atmen mit einem Mal schneller oder flacher. Vielleicht halten Sie gar den Atem an.
- Taubheit, d.h. die Abwesenheit von Empfindungen, ist ein Zeichen dafür, daß Ihr Körper an dieser Stelle einen zu starken Schmerz abgetötet hat. Kinder von Alkoholikern sind meist sehr gut darin, ihre Gefühle „abzuschalten". Achten Sie darauf, welche Bereiche Ihres Körpers gleichsam „tot" sind. Wenn Ihnen gar nichts in den Sinn kommen will oder dieses Gefühl immer dann auftaucht, sobald Sie an sich selbst arbeiten, dann bedeutet dies, daß Ihr Körper versucht, Sie vor zu tiefem seelischem Schmerz zu bewahren. Das ist ein ganz normaler Schutzmechanismus.
- Rufen Sie sich ins Gedächtnis, an welchen Stellen Ihres Körpers Sie Schmerz verspürt haben, als Sie die Übung zur Harmonisierung Ihrer fünf Körper in Kapitel 5 machten. Diese Bereiche sind reif für eine Wiedergeburt. Sie können sie als Wegweiser in die Vergangenheit benutzen. (Machen Sie diese Übung ruhig noch einmal, um Ihr Gefühl für diese Blockaden zu verstärken, wenn das nötig sein sollte.)

- Sie können auch einfach den Satz: „Ich verdiene es, geliebt zu werden“ zweimal laut aussprechen. Dieser Satz birgt eine enorme emotionale Sprengkraft in sich. Wenn Sie ihn laut aussprechen, werden Sie in Ihrem Kopf mindestens eine Stimme vernehmen, die Ihnen sagt, daß dies nicht wahr ist. Gleichzeitig kommt es meist noch zu einer Reaktion auf körperlicher oder emotionaler Ebene. Diese geistigen Stimmen verteidigen Ihr Glaubenssystem. Alles, was nicht in Ihre Weltanschauung paßt (wie z.B. die Tatsache, daß Sie Liebe verdienen), wird augenblicklich für unwahr erklärt.

An dieser Stelle Ihres Weges haben Sie sich an diese Stimmen vielleicht schon gewöhnt. Tatsächlich werden die mentalen Stimmen während des gesamten Wandlungsprozesses nicht verschwinden. Sie werden weiterhin positive oder negative Kommentare abgeben. Versuchen Sie nicht, sie zu verdrängen. Sagen Sie einfach: „Danke!“ zu ihnen, ohne sie weiter zu beachten. Andernfalls werden sie hartnäckiger. Wie ein Kind, das ständig an Ihrem Hosenbein zieht, um Aufmerksamkeit zu erlangen. Akzeptieren Sie dagegen die Anwesenheit der mentalen Stimmen, so werden sie abflauen und immer schwächer werden.

### Dem Trauma begegnen

- Sehen Sie dem Geschehen zu, als ob es auf einem inneren Bildschirm ablaufen würde. Versuchen Sie nicht, in die Rolle des Kindes zu verfallen. Beobachten Sie es einfach. Die Beobachterrolle läßt genügend Raum zwischen Ihnen und der manchmal äußerst schmerzhaften Erfahrung. Es ist wie ein Drama im Fernsehen. Wenn das Ereignis so schrecklich wird, daß Sie kaum noch hinsehen können, dann atmen Sie mehrere Male tief und langsam durch. (An diesem Punkt geraten viele Menschen in Panik oder erstarren vor Schreck.) Vielleicht sollten Sie zunächst eine nicht ganz so schmerzhafte Erinnerung auswählen – zumindest für den Anfang.

Wenn Sie spüren, daß die Perspektive des Kindes Ihre Beobachterrolle zunehmend überlagert und die Emotionen des Kindes mehr und mehr auf Sie übergreifen, sollten Sie ganz bewußt versuchen, sich davon zu befreien und Ihre Perspektive als Erwachsener einzunehmen. Dann stehen Ihnen auch die Hilfsquellen Ihres Erwachsenendaseins wieder zur Verfügung.

Wenn das Ereignis Sie zu überwältigen droht, können die folgenden Methoden Ihnen helfen, sich wieder von der Vergangenheit zu lösen:

- Frieren Sie die Situation für einen Moment ein, so als würden Sie beim Videorekorder auf Standbild schalten. Dies gibt Ihnen wieder mehr Überblick.
- Atmen Sie ein paarmal tief durch.
- Öffnen Sie Ihre Augen, und sehen Sie sich um. Stellen Sie den Kontakt zur Gegenwart wieder her. Dann können Sie in die Erinnerung zurückgehen.
- Bitten Sie Ihr Höheres Selbst, das Kommando zu übernehmen und Sie sicher zu Ihrem Ziel hinzuführen.

*Achtung:* Gerade wenn Sie Schwierigkeiten haben, überhaupt etwas zu empfinden, sollten Sie vermeiden, in die Rolle des Kindes zu verfallen. Diese Perspektive läßt die ganze Erfahrung sehr viel realer erscheinen und verstärkt das emotionale Erlebnis enorm, da mehr Energie freigesetzt wird.

### Lassen Sie Ihr Trauma nun los!

- Sobald der betreffende Erwachsene (häufig ein Elternteil) anfängt, dem Kind Leid zuzufügen, schreiten Sie ein. Rufen Sie Ihr Höheres Selbst und Ihre Engel zu

Hilfe. Nun ist das Kind nicht mehr allein dem Erwachsenen ausgeliefert. Nein, nun haben Sie als Erwachsener zusammen mit Ihren Helfern die Bühne betreten. Achten Sie darauf, was der mißhandelnde Erwachsene nun tut; er oder sie wird auf diese neue Besetzung reagieren.

Schon durch die Tatsache, daß Sie aufgetreten sind, haben Sie eine winzige Veränderung in den neuronalen Pfaden geschaffen, die mit diesem Trauma verbunden sind. Sie sind von der Routine abgewichen. Wenn Sie diese Szene nun weiter umbauen, werden Ihre Nervenzellen Signale in die verschiedensten Richtungen senden und so einen neuen Pfad schaffen, dem die Energie Ihrer Gedanken von nun an folgen wird. Unser Ziel ist es letztlich, diese Erfahrung umzuwandeln in etwas Bestärkendes, das Sie mit der goldenen Energie der Liebe erfüllt.

Zum ersten Mal ist das Kind nicht mehr allein, hilflos und verlassen. Sie haben es gerade eben vor einer schlimmen Erfahrung bewahrt.

- Bitten Sie nun Ihr Höheres Selbst, Ihr inneres Kind im Arm zu halten und es zu trösten. Wenn Sie dabei tatsächlich ein weiches, sanftes Ding wie ein Plüschtier oder ein Kissen im Arm halten, löst dies mitunter eine sehr starke emotionale Reaktion (wie Tränen oder Zorn) aus, wobei Ihr Emotionalkörper negative Energie losläßt.

An diesem Punkt verspüren Sie vielleicht das Bedürfnis, Ihr inneres Kind in Sicherheit zu bringen und mit ihm die Bühne zu verlassen. Tun Sie das bitte nicht! Wenn Sie so vorgehen, wird die negative Erfahrung in *Ihrem* Körper gespeichert bleiben. Aus diesem Grund muß – mit göttlicher Hilfe – ein neues Szenario geschaffen werden.

- Rufen Sie nun die Engel herbei, um den Erwachsenen, der dem Kind Leid zufügen wollte, zu „verhaften". Ganz egal wie schrecklich und bedrohlich er auch wirkt, für einen oder gar zwei Engel ist dies kein Gegner. Sehen Sie zu, wie zwei Engel ihn am Arm nehmen und ihn vom

Kind wegführen, an einen Ort, wo er oder sie darüber belehrt werden kann, wie man seine Sache als Erwachsener (Elternteil) gegenüber Kindern gut macht. Oder wo er bestraft wird, wenn seine (ihre) Verfehlungen Strafe verdienen. (Lassen Sie das Kind entscheiden, welche Strafe angemessen ist. Vergessen Sie nicht: Was Sie als Erwachsener für notwendig erachten und was das Kind darüber denkt, kann sich ganz wesentlich unterscheiden.)

- An diesem Punkt tritt beim Kind häufig zumindest eine der beiden folgenden emotionalen Reaktionen auf: Wut auf den Erwachsenen und Angst davor, verlassen zu werden. Manchmal tritt sogar beides zur gleichen Zeit auf, gerade wenn der Erwachsene in dieser Szene ein Elternteil war. Kinder wollen normalerweise ihre Eltern nicht loswerden, nicht einmal, wenn diese ihnen traumatische Erfahrungen bereiten, da sie in ständiger Angst vor dem Verlassenwerden leben. Bitten Sie Ihr Höheres Selbst, dem Kind zu versichern, daß es nie mehr wieder allein sein wird; daß das Höhere Selbst und die Engel es beschützen werden und niemand es mehr verletzen wird.
- Spüren Sie nun, wie die Engel den Schmerz dieser Erfahrung aus Ihrem Körper entfernen. Stellen Sie sich vor, daß die Engel eine Tür in Ihrem Innern öffnen. Heraus kommen all das Leid und all die Emotionen, die in dieser Erinnerung gefangen waren. Diese versinken in einem tiefen Loch in der Erde. Sie sind für immer aus Ihrem Energiefeld verschwunden.

  Nun breiten die Engel den Schleier göttlicher Liebe und Akzeptanz über das Kind. (Stellen Sie sich das vor wie ein funkelndes, goldenes Licht oder einfach ein Gefühl von strahlender Leichtigkeit.) *Dabei müssen Sie gar nichts tun. Nicht einmal vorstellen müssen Sie sich dies. Es geschieht ganz einfach.* Lassen Sie zu, daß dieses Licht auch Sie durchdringt. Es überflutet die ganze Szene und nimmt alle alten, giftigen Rückstände in sich auf. So schafft es Raum für die Freude und die Liebe, die nun den Raum durchfluten. Ob Sie wahrhaftig wollen, daß Ihr Schmerz sich in nichts auflöst oder nicht (manchmal kann es sehr wichtig sein, an seinem Schmerz festzuhalten), wenn Sie zulassen, daß göttliche Liebe Sie durchströmt, wird Ihr Denken schon verändert. Ihr Glaubenssystem wird umgewandelt, das Trauma aus Ihrem emotionalen Selbst entfernt, und Ihre Energie kann wieder frei fließen.

## Wut

Während dieses Vorgangs (oder auch Tage und Wochen später) werden Sie und Ihr inneres Kind anfangen, eine ungeheure Wut in sich zu spüren. Lassen Sie das Kind auf ein Kissen (das den Mißhandler darstellt) einschlagen, schreien und treten, bis sein Zorn verraucht ist. Kinder tragen eine gehörige Portion verdrängter Wut in sich. Je schlimmer die Erfahrungen sind, die das Kind gemacht hat, um so stärker ist der angestaute Zorn, der ausgedrückt werden muß (ob Ihnen das nun gefällt oder nicht).

Kinder, die sexuellem Mißbrauch ausgeliefert waren, wurden gleich auf zwei Ebenen um ihr Kind-Sein betrogen. Sie wurden körperlich ausgenutzt (Inzest ist ein weltweites Tabu!). Und sie wurden emotional geschädigt, da der Erwachsene ihnen einredet, daß die Ursache für sein inzestuöses Verhalten das Kind selbst sei, welches darüber hinaus noch sein Vertrauen in ihn als Beschützer verliert. Das Kind wächst auf in dem Bewußtsein, seinen eigenen Gefühlen nicht mehr trauen zu können, und steckt voller Haß.

Deshalb muß das innere Kind seine Gefühle ausdrücken können, egal worum es dabei geht. Wenn Sie seinen nur zu verständlichen Ärger verurteilen, schaden Sie ihm genauso wie der Mißbrauchende. Lassen Sie es zu, auch wenn Ihnen der Gedanke Unbehagen verursacht. Das tut nichts zur

Sache! Die Vernunft und die guten Manieren, die Sie als Erwachsener entwickelt haben, sind für das Kind nicht wirklich. Es muß seine ursprünglichen Gefühle „herauslassen“, damit Sie davon geheilt werden können.

Wut hat dabei ihre Berechtigung, obwohl viele von uns sie aufgrund ihrer Intensität nicht mögen. (Es handelt sich dabei um eine sehr starke Energie mit hoher Schwingung.) Es ist wichtig, daß Ihr inneres Kind nicht nur seine Gefühle ausdrücken darf, sondern sich dabei auch geliebt und akzeptiert fühlt. Wenn Sie selbst seinen Zorn nicht annehmen können, Ihr Höheres Selbst und die Engel sind dazu durchaus in der Lage. Sehen Sie zu, wie der goldene Schleier der göttlichen Liebe sich um das Kind legt und es ganz einhüllt. Die göttliche Liebe nimmt es an, so wie es ist. Diese Erfahrung ist für das Kind wirklich sehr heilsam. Während Sie Ihr inneres Kind bei seinem Gefühlsausbruch beobachten, können Sie das Gefühl, daß Sie dieses Kind ablehnen, der Gottheit übergeben. So können Sie selbst Ihre strengen Ansichten über dieses Thema loslassen.

## Das Freiwerden von Energie

Auf dem Weg zur emotionalen Wiedergeburt können viele Dinge geschehen: Manchmal werden Sie schreien und brüllen wollen, manchmal auch einfach nur still sein. Tatsache ist, daß Sie um so mehr Energie freisetzen, je tiefer Sie empfinden. Doch sogar wenn Sie an diesen Prozeß herangehen wie an eine rein verstandesmäßige Übung und dabei wenig fühlen, obwohl Ihnen die Liebe der Engel zur Seite steht, lassen Sie durch Ihr Tun Ihre fünf Körper wissen, daß Sie jetzt offen sind für Veränderungen – die göttliche Liebe wirkt in diesem Fall sehr subtil. Gehen Sie diesen Weg schließlich weiter, so werden die Emotionen langsam aufbrechen, dann nämlich, wenn Ihr inneres Kind sich sicher genug fühlt, um endlich seinen bisher unterdrückten Gefühlen freien Lauf zu lassen.

Eine bestimmte Situation noch einmal zu durchleben bedeutet nicht nur, daß Sie sie auf körperlicher und seelischer Ebene endlich loslassen. Sie heben damit gleichzeitig Ihr Energieniveau, da die im Trauma gebundene Energie frei wird und geläutert werden kann. Ihr inneres Kind wird sich hinterher anders fühlen. (Dagegen könnten Sie überhaupt nichts unternehmen. Jeder, der mit göttlicher Liebe in Kontakt gekommen ist, wird dadurch verändert, ob Sie nun daran glauben oder nicht.) *Sie* selbst fühlen sich danach irgendwie „anders".

Sobald die seelische Wunde verheilt ist, können Sie den dadurch entstandenen Raum mit neuem Leben und neuer Energie füllen.

Nehmen Sie sich einen Moment Zeit, und atmen Sie den goldenen Hauch der Engel ein. Spüren Sie, wie er all die Stellen in Ihrem Inneren ausfüllt, die nun frei von den alten, traumatischen Giften sind. Danken Sie Ihrem Höheren Selbst (oder Ihrem Schutzengel) dafür, daß es Ihnen geholfen und Sie auf dem Weg geleitet hat.

## ÜBUNG

### ■ Wie Sie eine traumatische Kindheitserfahrung umwandeln

1. Suchen Sie sich für diese Übung einen ruhigen Ort. Schließlich wollen Sie ja nicht gestört werden. Wenn Sie möchten, legen Sie sanfte Musik auf. Sorgen Sie dafür, daß Sie ein Kissen oder Stofftier zur Hand haben. Dann fangen Sie an, Ihre Aura zu reinigen und das Zeitfeld der Gegenwart aufzubauen.

2. Rufen Sie Ihr Höheres Selbst oder Ihren Schutzengel zu sich.

3. Entscheiden Sie sich für eine bestimmte Erinnerung. (Wählen Sie beim ersten Mal noch keine allzu schockierende Erfahrung wie z.B. sexuellen Mißbrauch o. ä. aus. Suchen Sie vielmehr nach einer Erfahrung, die einfach ein etwas unbehagliches Gefühl in Ihnen zurückgelassen hat.) Wenn Ihnen auf Anhieb nichts einfällt, können Sie auch eine der folgenden Übungen machen:
   a) Sagen Sie zweimal laut: „Ich verdiene es, geliebt zu werden.“ Dies wird auf jeden Fall eine emotionale Reaktion auslösen. Bitten Sie dann Ihr Höheres Selbst, Ihnen zu zeigen, wann Sie in Ihrer Kindheit zum ersten Mal genau dieses Gefühl verspürten.
   b) Stellen Sie sich einen großen Koffer vor. In diesem Koffer liegen all Ihre schmerzhaften Erinnerungen. Greifen Sie hinein, und holen Sie eine davon heraus.
   c) Machen Sie noch einmal die Übung zur Harmonisierung Ihrer fünf Körper aus Kapitel 5.

4. Sehen Sie zu, wie das entsprechende Ereignis auf Ihrem inneren Bildschirm abläuft. Warten Sie, bis die eigentliche negative Erfahrung beginnt.

5. Rufen Sie nun Ihre Engel zu Hilfe.

6. Jetzt betreten Sie als Erwachsener die Szene. Ihr Höheres Selbst und Ihre Engel stehen Ihnen zur Seite.

7. Vertrauen Sie das Kind Ihrem Höheren Selbst an. Drücken Sie das Stofftier oder das Kissen, das Sie zurechtgelegt haben, und wiegen Sie Ihr inneres Kind.

8. Bitten Sie die Engel, den Erwachsenen, der Ihnen Leid zugefügt hat, wegzuführen, damit ihm göttliche Belehrung zuteil wird. Wenn Sie spüren, daß Ihr inneres Kind diesen Erwachsenen schlagen oder anschreien möchte, dann schlagen Sie so lange auf das Kissen ein, bis Ihr

inneres Kind seine Wut losgeworden ist und sich wieder ganz fühlt.

9. Nun durchströmt göttliche Liebe (als golden schimmernder Hauch) den Raum. Genießen Sie ihre reine Essenz: Sie nehmen sich selbst vollkommen und bedingungslos an.

10. Wenn Sie das Gefühl haben, daß Sie damit am Ende sind, öffnen Sie Ihre Augen wieder.

Vielleicht spüren Sie beim ersten Mal überhaupt nichts, wenn Sie diese Übung machen. Später allerdings werden Ihre emotionalen Reaktionen deutlicher werden. Allmählich stellt sich ein Gefühl der Freiheit ein. Doch diese inneren Veränderungen brauchen Zeit, und zwar um so mehr, je stärker Ihre Blockaden sind. In den nächsten Wochen werden diese Blockierungen sich jedoch verändern. Das ist wie bei einem höchst komplizierten Puzzle – plötzlich scheint alles seinen vorgesehenen Platz zu finden. Und je mehr Sie an sich arbeiten, um so mehr Gelegenheiten werden Sie finden, energetische Sperren abzubauen. Eines zieht das andere nach sich.

9

# WEN ZIEHEN SIE AN?

In diesem Kapitel geht es darum, welche Partner Sie sich suchen. Anders gesagt: Welche Art von Menschen ziehen Sie eigentlich an?

Bevor Sie sich für irgendeine Form der persönlichen Entwicklung bewußt entscheiden konnten, haben Sie bereits all die Muster, Glaubenssätze und -vorstellungen aufgenommen, die Sie unweigerlich zu immer denselben Partnern führen. Diese Vorstellungen gründen auf der allerersten intimen Beziehung zwischen Erwachsenen, die Sie während Ihres Heranwachsens beobachten konnten – der zwischen Ihren Eltern. Diese unbewußte Programmierung bestimmt jetzt noch Ihre Partnerwahl, obwohl Sie ja mittlerweile längst erwachsen sind. Sie besagt beispielsweise: „Ich brauche jemanden, mit dem ich meine Co-Abhängigkeit leben kann." Oder: „Ich will jemanden, den ich zwar ignorieren kann, der aber trotzdem für mich sorgt." Vielleicht auch: „Und überhaupt: Meine Mutter/mein Vater war Alkoholiker/in. Ich brauche jemanden, der ebenfalls in irgendeiner Form süchtig ist."

Auch wenn Sie versuchen, sich anders zu entscheiden: Die Beziehung, die Sie zu Ihrem Partner haben, wird von den emotionalen Bedürfnissen bestimmt, die sich aus der Beziehung Ihrer Eltern ergeben. Dabei ist es ganz egal, was Sie wirklich wollen. Dieses „Partner-Programm" sorgt auch dafür, daß Sie immer wieder in die gleichen Lebensumstände geraten, die Sie bereits als Kind erlebten – mit dem einzigen Unterschied, daß Sie nun erwachsen sind. Es wirkt wie eine selbsterfüllende Prophezeiung.

**Fallbeispiel:**

Nina meinte, sie müsse nur auf irgendeine Party gehen und der Typ, der ihr gefiele, sei mit Sicherheit unter all den Leuten der einzige, der Probleme mit Drogen habe – wie ihr Vater. (Erschreckenderweise geht es vielen von uns genauso.)

Waren Ihr Vater gewalttätig und Ihre Mutter eine Dulderin? Dann ist die Wahrscheinlichkeit groß, daß Sie entweder selbst gewalttätig werden und jemanden heiraten, der die Dulderrolle einnimmt, oder daß Sie diese selbst ausfüllen und sich einen jähzornigen Ehepartner suchen. Entweder Sie ahmen das Muster Ihrer Eltern nach, oder Sie suchen genau das Gegenteil davon, was allerdings an der Sache nichts ändert. Damit sind Sie das Muster nämlich nicht losgeworden. Sie haben nur den „Abbildungsmodus" geändert und das familiäre Muster umgedreht.

Was das Ganze noch verschlimmert, ist die Tatsache, daß Sie jedesmal, wenn Sie sich in einen neuen Partner verliebt haben, vier bis sechs Monate lang denken, daß Sie endlich den idealen Lebensgefährten gefunden haben. Dieses Mal ist alles anders, dieses Mal ist er nicht wie Ihr Vater (oder sie nicht wie Ihre Mutter)! Irgendwann geht dann die rosa Brille kaputt, und Sie sehen Ihren Partner klar und deutlich – Ende der Flitterwochen. Und Sie entdecken, daß Sie haargenau dasselbe Beziehungsmuster geschaffen haben wie sonst auch.

Sie fragen sich schließlich, ob Sie diesen Menschen überhaupt noch lieben. Doch da Sie immer noch an seiner/ihrer Seite liegen, haben Sie keine Wahl: Entweder sie beide akzeptieren sich gegenseitig mit all ihren Fehlern und machen etwas aus dieser Beziehung, oder Sie trennen sich. Sollten Sie sich aber dafür entscheiden, es doch lieber mit der nächsten Beziehung zu versuchen, dann geht das Ganze wieder von vorne los. Mit dem gleichen Ergebnis. Immer und immer wieder.

Vielleicht ist Ihnen gar nicht klar, daß Ihre Partnerwahl völlig vorhersagbar ist – wie im übrigen auch der Verlauf der darauffolgenden Beziehung. Ist es wieder einmal vorbei, so klagen Sie Ihren Freunden Ihr Leid wie gehabt: „Wie konnte ich mich nur mit so jemandem einlassen?" Und Ihre Freunde klopfen Ihnen mitfühlend auf die Schulter. Wenn Sie dann aber denselben Fehler mit dem nächsten Partner wiederholen, dann werden sie nur sagen: „O Gott, nicht schon wieder!" (Keine Sorge, bei Ihren Freunden ist das nicht anders. Aber es ist natürlich immer viel einfacher, die Fehler der anderen zu erkennen als seine eigenen.)

Irgendwann einmal werden Sie sich fragen: „Warum ziehe ich immer nur diese Sorte Mensch an? Stimmt etwas nicht mit mir?" Nun, über dieses Problem gibt es schon eine ganze Menge Bücher. Und letztlich läuft die Antwort nur auf eines hinaus: „Sie ziehen eben an, was Sie am besten kennen." (d.h. das Muster Ihrer Eltern). Wem Sie begegnen, hängt ganz entscheidend von den Überlebensmechanismen ab, die Sie als Kind entwickelt haben.

Ihre geistigen „Filter" sieben die möglichen Kandidaten aus. Und eines der Auswahlkriterien ist eine starke Ähnlichkeit mit einem Ihrer Elternteile (gerade wenn einer oder sogar beide süchtig waren). Oder Sie suchen sich jemanden, dessen Charaktereigenschaften denen eines Elternteils genau entgegengesetzt sind.

Jedesmal, wenn Sie sich von jemandem angezogen fühlen, wird Ihr altes Programm aufgerufen, vor allem aus dem ersten Chakra heraus (welches für das Überleben zuständig ist), auch wenn Ihr zweites Chakra (Sexualität) manchmal die Aufgabe übernimmt, den ersten energetischen Kontakt herzustellen. Sie denken zwar: „Mein Herz hat mich zu diesem Menschen geführt." Aber in Wirklichkeit ist dies sehr selten der Fall. Tatsächlich trifft Ihr erstes Chakra zusammen mit der Partner-Programmierung die Wahl für Sie. Und die wählen aus, was Sie am besten kennen.

Nur selten suchen wir einen geliebten Menschen wirklich mit dem Herzen oder gar dem Verstand aus, auch wenn sich das für uns vielleicht so anfühlt. Natürlich können Sie sich ganz bewußt für einen Typus entscheiden, doch der unbewußte Teil Ihrer selbst (vor allem Ihr inneres Kind) hat andere Kriterien für seine Wahl entwickelt – in erster Linie solche, die mit seiner persönlichen Sicherheit zusammenhängen.

All Ihre persönlichen Beziehungen sind für sein Überleben wichtig. Als Kind lernten Sie, daß man Ihre Bedürfnisse nur dann erfüllen würde, wenn Sie sich auf eine bestimmte Art und Weise verhielten. So konnten Sie Liebe und Aufmerksamkeit erlangen und Schmerz oder Beschämung vermeiden. Nun sind Sie erwachsen geworden und versuchen, Ihre Entscheidungen nach den Kritierien eines Erwachsenen zu treffen. Doch immer noch beherrscht Sie das Bedürfnis des inneren Kindes nach Sicherheit. Und ebendieses Bedürfnis spielt die entscheidende Rolle bei der Wahl Ihres Partners/Ihrer Partnerin.

Ist Ihnen das Muster einer Beziehung vertraut, dann fühlen Sie sich sicherer, gleichgültig, ob es Ihnen guttut oder nicht. In diesem Rahmen wissen Sie, was Sie zu tun haben. Das bedeutet, daß wir meist dazu neigen, eine für uns schädliche Beziehung weiterzuführen, statt sie hinter uns zu lassen, einfach weil sie uns so vertraut ist. Nur in diesem Rahmen wissen wir, was von uns erwartet wird – wie schmerzvoll dies auch sein mag (außer wir haben bereits eine Menge an uns gearbeitet). Lieber den Spatz in der Hand ...

Trotz alledem sind Sie für diese Beziehung nicht allein verantwortlich. Schließlich gehören dazu immer zwei. Wenn Sie also ein Problem damit haben, welche Menschen Sie anziehen, dann hat Ihr Partner vermutlich ein ähnliches Problem und ähnliche Überlebensmechanismen. Sie haben sich gegenseitig ausgesucht. Also sind sie beide verantwortlich für ihre Beziehung.

## Wie Sie die Partner-Programmierung umwandeln

Die berühmte Sufi-Geschichte von den sechs blinden Männern und dem Elefanten zeigt uns sehr schön, wie wir an diesem Punkt reagieren: Jeder der sechs berührte einen anderen Teil des Elefanten (Schwanz, Stoßzahn, Bein, Rüssel, Ohr und Rumpf) und beschrieb das Tier dann, indem er seine Schlüsse nur aus dem Teil zog, den er berührt hatte. Ihre inneren Bilder waren bruchstückhaft, weil keiner von ihnen das ganze Tier wahrnehmen konnte.

Sie sind genau wie diese sechs Blinden. Sie sehen nur ein oder zwei Puzzlestücke des ganzen Bildes. Wenn Sie Ihre Filter ablegen und Ihren Raum von negativen Energie- und Verhaltensmustern befreien, werden Sie Ihre Welt plötzlich in vielen verschiedenen Dimensionen sehen können. (Vorher sahen Sie nur einen Teil davon.) Und Sie können alte Botschaften und Filter, die sich noch in Ihrem Raum befinden, klarer erkennen.

Das ist, als würde man ein altes, kleines Fenster gegen ein neues Panoramafenster austauschen. Wenn Sie das alte Fensterchen nicht wieder an seinen Platz setzen, kann Ihre Sicht gar nicht mehr beengt werden.

Sobald Sie durch Ihr riesiges Fenster den gesamten Elefanten wahrnehmen, ändert sich Ihre fehlerhafte Wahrnehmung von selbst.

Wenn erst einmal Stück für Stück Ihre alten Muster und Glaubenssätze von Ihnen abfallen und Sie Ihre ganze Energie zurückgewinnen, werden Sie auch von neuem entscheiden, welche Menschen Sie in Ihr Leben lassen wollen – als Freunde und erst recht als Partner.

Sobald dieser Prozeß einsetzt, werden die Menschen um Sie herum alles tun, um dies zu verhindern. Man wird sogar versuchen, Sie in frühere, schädliche Verhaltensmuster zurückzudrängen.

Dieses Verhalten Ihrer Umgebung stellt Sie vor eine schwere Entscheidung: Sollen Sie sich jetzt um die anderen kümmern oder um sich selbst? An diesem Punkt gibt es verschiedene Möglichkeiten: 1. Sie gehen weiter auf dem Weg der inneren Wandlung, und Ihre Umgebung lernt, das Neue in Ihnen zu akzeptieren und sich selbst zu verändern. 2. Sie geben dem Druck nach und fallen in Ihre alten Denk- und

Verhaltensmuster zurück. 3. Sie trennen sich von den entsprechenden Menschen.

Am Anfang Ihres Weges kann so manche Beziehung zerbrechen, wenn Sie sich entscheiden, für Sie schädliche Eingriffe und Verhaltensweisen nicht mehr hinzunehmen. Wenn Sie Ihre inneren Strukturen umwandeln, dann verschwinden im Idealfall auch die alten Muster, die Sie ursprünglich zu Ihrem Partner hingeführt haben. Plötzlich steht Ihre Partnerschaft auf einem ganz anderen Fundament. (Hier ist häufig eine Paartherapie von Nutzen.)

Während Sie auf dem Weg zur inneren Heilung voranschreiten, kann es sein, daß Ihr Partner sich ebenfalls dafür entscheidet, eine innere Wandlung anzustreben, so daß sie schließlich miteinander wachsen können. Unglücklicherweise geschieht es aber auch häufig, daß die Differenzen zwischen den Partnern immer stärker werden und ein Paar sich trennt. Auch wenn Sie um Ihrer Partnerschaft willen Ihre alten Verhaltensmuster wiederaufnehmen, ist es ziemlich wahrscheinlich, daß Sie sich früher oder später von Ihrem Partner trennen. Ins alte Selbst zurückzukriechen ist nämlich gar nicht so einfach. Und plötzlich stehen Sie da und sehen sich nach einer neuen Beziehung um in der Hoffnung, beim nächsten Mal alles anders zu machen.

Aus diesem Grund ändern heutzutage so viele Frauen zwischen vierzig und fünfzig ihr Leben von Grund auf. Sobald sie begreifen, daß auch sie eine gleichberechtigte, echte Partnerschaft verdienen, in der sich einer um den anderen kümmert, geben sie ihren gleichaltrigen oder älteren Ehemännern den Laufpaß, wenn diese sich aus purer Borniertheit gegen entsprechende Veränderungen sträuben. (Obwohl nun auch einige Männer dieses Alters begonnen haben, an sich zu arbeiten.) Diese Frauen haben sich dafür entschieden, sich lieber gegenseitig zu unterstützen, als weiterhin in unbefriedigenden, ihrer persönlichen Entwicklung abträglichen Partnerschaften auszuharren, obwohl sie sich meist sehnlichst einen neuen Partner wünschen.

Arbeiten Sie weiter an sich selbst, so wird Ihre nächste Partnerschaft auf jeden Fall „anders“ werden, da Sie nicht mehr automatisch Ihre schädlichen Programme abspulen.

Sobald Sie das Zeitfeld der Gegenwart betreten und Ihre Aura reinigen (idealerweise täglich), wird alles, was in Ihnen aufgewühlt wurde, entfernt. Wann immer also ein altes Muster aktiviert wird (wie z.B. Ihr Glaube, daß auf Sie nur ganz bestimmte Menschen ansprechen), können Sie dessen Einfluß einfach dadurch vermindern, daß Sie diese Energie gehen lassen. Am Ende wird die Programmierung ganz verschwinden.

Eine Möglichkeit, wie Sie das erreichen können, ist es, sich zu fragen: „Was gewinne ich, wenn ich diesen Typ Mensch anziehe?“ Diese Frage führt Sie zu den Ursachen für Ihre Wahl – denen gewöhnlich Ihr Sicherheitsbedürfnis zugrunde liegt. Sobald es Ihnen gelingt, sich klarzumachen, welchen Preis Sie für diese Partnerschaft bezahlen, werden Sie anfangen, Ihre Wahl anders zu treffen. Zu diesem Zweck müssen Sie Ihre Vergangenheit umwandeln. Denn nur so kommt dieser Prozeß in Gang.

Finden Sie Heilung für Ihr kindliches Trauma, so können Sie gleichzeitig Ihre Verstrickung mit dem Menschen beenden, dessen Opfer Sie waren – ob es nun Ihre Mutter oder Ihre Vater war.

**Fallbeispiel:**

Marcy kam zu mir, damit ich ihr helfe, das Rauchen aufzugeben. Sie war auf dem Land aufgewachsen, und ihre Eltern waren religiöse Fanatiker. Zuwendung erhielt sie von keinem von beiden. Die einzigen Menschen, die ihr ein wenig Liebe gaben (oder das, was sie dafür hielten), war eine Gruppe von Teenagern, die alle rauchten. Bei der Arbeit an ihrem inneren Kind wurde Marcy klar, daß sie nicht aufhören wollte zu rauchen, weil Rauchen für sie Liebe bedeutete.

Marcys Vorstellung von Liebe wurde durch einen bestimmten Glaubenssatz bestimmt, der besagte: „Nur Raucher können mich lieben." Als sie sich von der Vorstellung trennte, daß Zigaretten für Zuwendung stehen, konnten wir uns der Behandlung ihrer Sucht widmen.

An diesem Punkt ist es sehr hilfreich, die Engel anzurufen. Engel sind eine unermeßliche und unerschöpfliche Quelle der Liebe. Und sie tun nichts lieber, als uns diese Liebe zugänglich zu machen. Engel lieben Ihr inneres Kind vorbehaltlos und ohne es zu verurteilen. Ihre Liebe ist ein bedingungsloser, ewiger, grenzenloser Strom, den wir nur anzunehmen brauchen. Auch wenn Sie als Erwachsener damit vielleicht Schwierigkeiten haben – Ihr inneres Kind hat keine, nicht wenn es um Engel geht. Kinder vertrauen Engeln.

Sie mußten als Kind lernen, daß Sie unter bestimmten Bedingungen durchaus Zuwendung bekommen konnten. („Ich kann Liebe bekommen, wenn ich dafür einen Schlag auf die Wange akzeptiere" oder „... wenn ich mich kritisieren lasse" oder „... wenn meine Eltern (mein Mann) gut finden, was ich tue" oder „... wenn ich die richtige Rolle spiele.") Aus diesem Grund glauben Sie, daß Sie es nicht verdienen, geliebt zu werden. Und daß es nur ein ganz genau bemessenes (eher schmales) Quantum Liebe auf der Welt gibt. Beide Glaubenssätze sind *ganz einfach falsch*. Doch wenn wir uns ungeliebt und wertlos fühlen oder unsere Programmierung uns Liebe einfach nicht annehmen läßt, so fällt es uns gewöhnlich nicht leicht, das zu erkennen.

## Wie Sie die Partner-Programmierung auflösen

Wenn Sie hier eine Veränderung erreichen wollen, müssen Sie das Anziehungsprogramm auflösen, das fest in Ihr Denken eingebrannt wurde. Der Energiekreislauf Ihrer unteren Chakras wird durch diese alte Programmierung behindert. (Die folgende Auflistung soll Ihnen diese Programmierung veranschaulichen.)

| | | | |
|---|---|---|---|
| 1. Chakra: | Liebe | = | Überleben |
| 2. Chakra: | Liebe | = | Sexualität |
| 3. Chakra: | Liebe | = | Macht und Manipulation |
| 4. Chakra: | Liebe | = | Bedingungen |

Diese Gleichungen müssen neu formuliert werden, bevor Sie neues und heilsames Gedankengut in sich aufnehmen können. Sie müssen also Ihre Chakras neu konfigurieren, um neue, andere Schwingungen aufnehmen zu können.

Ihr erstes Chakra, das über dem Steißbein liegt, ist für Ihr Überleben zuständig, und zwar in jeder Hinsicht. Da im Grunde alles, was Sie tun, auf Ihr Überleben abzielt, ist Ihr erstes Chakra immer aktiv, wenn auch meist auf einem eher niedrigen Energieniveau. Hier wird Liebe danach beurteilt, ob sie zu Ihrer Sicherheit beiträgt. Wenn Sie also das Programm umwandeln, das Ihren Partner nach Sicherheitsgesichtspunkten auswählt (d.h. danach, ob seine Verhaltensmuster Ihnen vertraut sind – das ist das System „Spatz in der Hand"), dann sind Sie nicht mehr gezwungen, dieser alten Programmierung Folge zu leisten.

Ihr zweites Chakra (etwa 8 Zentimeter oberhalb Ihrer Leiste, unter dem Bauchnabel) ist für Ihre Sexualität verantwortlich. Hier findet sich die sexuelle Energie, die Liebe mit Sex gleichsetzt (und Frauen beispielsweise als Lustobjekte und nicht als sexuelle Partnerin sieht). Diese entwürdigende Energie muß zerstört werden. Das bedeutet nicht, daß Sie nie wieder Sexualität erleben und genießen dürfen. Es heißt ganz einfach, daß Sie das Programm löschen, das Sie zwingt, Ihre Partner zu erniedrigen, indem Sie sie nicht als Menschen betrachten.

Die Energien, die aus Ihrem dritten Chakra (am Solarplexus) entfernt werden müssen, heißen Machtausübung und Manipulation. Macht ist etwas Wunderbares, doch nur dann, wenn sie nicht dazu eingesetzt wird, andere zu kontrollieren und zu beherrschen. Diese Kontrolle kann entweder ganz offen ausgeübt werden (z.B. durch Emotionen wie Wut) oder sich eher verdeckt zeigen (z.B. durch

Manipulationen wie das Erwecken von Schuldgefühlen, indem man das bedauernswerte Opfer spielt).

Ihr viertes Chakra liegt über dem Herzen. An diesem Punkt finden sich Glaubenssätze, die Sie schon sehr früh lernen mußten: daß Liebe von Bedingungen abhängt und daß Sie ihrer nicht wert sind, wenn Sie sich nicht auf eine bestimmte Weise verhalten. Diese beiden Botschaften, die sehr viel Unheil anrichten, müssen aus Ihrem Herzchakra gelöscht werden. Wir ersetzen sie durch die Erkenntnis, daß wahre Liebe keine Bedingungen stellt und sich ihrer Natur entsprechend ungehindert ausbreiten will. Und daß Sie ihrer *jederzeit* würdig sind.

Um diese Programmierungen zu löschen, müssen Sie sich jedem Chakra einzeln zuwenden und die „Drähte" des Partnerprogramms herausziehen, das Sie vor Jahren geschaffen haben. Ich stelle mir das immer vor wie die Schalttafeln jener Telefonvermittlungen, die man manchmal in älteren Filmen sieht. Das „Fräulein vom Amt" zog den Stecker aus der Buchse für hereinkommende Gespräche und stöpselte ihn in die dem Empfänger zugehörige Buchse.

Ein anderes Bild für das, was bei dieser Programmierung geschieht, liefert uns das Pianola. Die Melodie wird dabei in eine Walze eingestanzt, die das Pianola lesen kann. So sieht es zwar aus wie ein ganz normales Klavier, kann aber nur das spielen, was ihm durch die Walze vorgegeben ist – und nichts sonst.

Genau das gleiche passiert, wenn unsere Partner-Programmierung aktiviert wird. Es ist absolut gleichgültig, was Sie glauben wollen. Sie können nur ausführen, was das Programm Ihnen vorgibt. Und dieses läßt nur Menschen an Sie heran, die den vorher festgelegten Kriterien entsprechen. (Es sei denn, Sie haben bereits eine Menge an sich gearbeitet.)

Wir müssen dieses Muster zerstören. Zunächst reißen wir alle Kabel und Stecker heraus, die in der Schalttafel stecken. Auf diese Weise können Sie alle Verbindungen durchtrennen, die Ihr Überleben an Ihre jeweiligen Partner bzw. Ihre Eltern binden. Dabei tauchen mitunter seltsame und unangenehme Gefühle auf wie Angst oder das Gefühl der Verlassenheit. Keine Sorge: Sie brauchen einfach ein bißchen Zeit, um sich daran zu gewöhnen, daß andere Menschen keine Macht mehr über Sie haben.

Wenn Sie nach der folgenden Übung die einzelnen Kabel wieder zurückstecken wollen, dann können Sie das natürlich – aber offen gesagt: Es ist für Sie sehr viel gesünder, wenn Sie es nicht tun. Der einzige Ort, wo Sie sich mit anderen verbinden sollten, ist Ihr Herzchakra. Alle anderen Verbindungen sind durch unbefugtes Eindringen zustande gekommen und stören Ihr inneres Gleichgewicht.

In einem weiteren Schritt müssen Sie die Schalttafel aus Ihrem ersten Chakra herausnehmen, sie reinigen und in die Gegenwart bringen. Wenn Sie ihren Zustand überprüft haben, können Sie sie weiter einsetzen oder sich dafür entscheiden, eine ganz neue anzubringen. Dies hängt ganz davon ab, in welchem Zustand sich Ihre Schalttafel befindet, nachdem Sie sie gereinigt haben.

Wollen Sie Ihre alte Tafel behalten, dann bedeutet das, daß Sie auf dem Weg der inneren Wandlung ein eigenes, gemächlicheres Tempo eingeschlagen haben. Sollte sie überhaupt nicht mehr zu gebrauchen sein, so waren Sie schon lange bereit, sie loszuwerden. Sie wußten nur nicht, wie Sie das anstellen sollten.

Wenn Sie eine neue Tafel montieren, sollten Sie sich darüber im klaren sein, daß Sie jetzt in Ihrem Inneren etwas Brandneues schaffen, das Ihre Haltung in mehr als einer Hinsicht vollkommen verändern wird. Sie streben eine rasche und grundlegende Veränderung an.

Wenn Sie Ihre (alte oder neue) Schalttafel dann anschließen, trennen Sie sich von alten Programmen, die Sie einschränkten. Ihr Leben und die Beziehung zu Ihrem Partner wird sich ändern, weil der Unterbau Ihrer Partnerschaft nun nicht mehr existiert. Sie können also neue Fundamente schaffen, die das Siegel Ihres neuen und höher entwickelten Ich tragen. Daran können Sie erkennen, wie wirksam der Weg der emotionalen Wiedergeburt ist.

## Übung

### Programmieren Sie Ihre Anziehungskraft um

1. Legen Sie leise, meditative Musik auf, und machen Sie es sich bequem. Reinigen Sie Ihre Aura, und nehmen Sie den Zauberstab der Gegenwart (siehe Kapitel 4) zur Hand. Schließen Sie die Augen, und rufen Sie Ihr Höheres Selbst in Ihren ganz privaten Raum.

2. Nun werden Sie Ihr erstes Chakra am unteren Ende Ihrer Wirbelsäule besuchen. Dieses Chakra ist für Ihr Überleben verantwortlich und daher direkt mit dem Stammhirn verbunden. Was Sie bei dieser Übung sehen, ist nicht Ihr materielles Steißbein. Sie sehen vielmehr das Steißbein Ihres emotionalen Körpers. Vom Zentrum Ihres Kopfes aus machen Sie sich nun auf. Sie betreten einen Aufzug und drücken den Knopf für das unterste Stockwerk. Sie und Ihr Höheres Selbst fahren hinunter in Ihr erstes Chakra.

3. Sobald Sie angekommen sind, treten Sie aus dem Aufzug heraus und sehen sich um. Alles, was Sie in Ihrem Chakra sehen, hat symbolische Bedeutung. Wenn Sie nichts sehen, so fühlen oder hören Sie vielleicht etwas. Bitten Sie Ihr Höheres Selbst, Sie zu der Schalttafel zu führen, die Sie dazu zwingt, immer und immer wieder die gleiche Art von Partner anzuziehen.

4. Nun entfernen Sie sämtliche Drähte und Verbindungen, die in der Schalttafel stecken. Auch wenn Sie nichts sehen, sollten Sie sich vorstellen, wie Sie sie einzeln herausziehen. Sagen Sie laut: „Ich ziehe die Stecker aus der Schalttafel und sende die Verbindungen zu den Menschen zurück, denen sie gehören (Eltern, Partner, Freunde).“ Stellen Sie sich vor, daß sie davonschnellen wie Angelschnüre, die eingeholt werden.

5. Berühren Sie nun die Schalttafel mit dem Zauberstab der Gegenwart, um sie in Ihre Zeit zu holen. (Ich garantiere Ihnen, daß diese Schalttafel in etwa so weit von der Gegenwart entfernt ist wie Sie selbst vom Mond.) Vielleicht spüren Sie eine unmittelbare Veränderung, die Sie entweder in Ihrer Vorstellung sehen oder an Ihrem Steißbein (erstes Chakra) spüren können. Nehmen Sie die Schalttafel jetzt von der Wand. Wenn Ihnen das schwerfällt, rufen Sie Ihr Höheres Selbst oder die Engel zu Hilfe.

6. Lassen Sie sie in ein genügend großes Gefäß mit goldener Flüssigkeit gleiten, worin sie einige Zeit ruhen kann. Wenn noch andere Dinge, die zur alten Schalttafel gehörten, in Ihrem Chakra festsitzen (wie Haltebolzen, Schrauben, etc.), dann sollten Sie auch diese entfernen und in das Gefäß legen. All dies ist Teil Ihrer alten Denkweise. Wenn sich die Schalttafel gar nicht lösen lassen will, gießen Sie ein wenig von der goldenen Flüssigkeit darauf. Sie bekommen sie dann leichter ab.

7. Diese Schalttafel ist mit dem Stammhirn über ein Band verbunden. Sie können das Band sehen. Vielleicht spüren Sie es auch nur. Bitten Sie nun Ihr Höheres Selbst, es möge einen goldenen Lichtball durch Ihren Scheitel in Ihr Gehirn eindringen lassen. Dieses goldene Licht füllt Ihr Stammhirn völlig aus. Lassen Sie dann das goldene Licht durch das Band hinunter zum ersten Chakra wandern. Es umhüllt das Band und löst alle alten Programmierungen auf.

8. Lösen Sie das Band vom ersten Chakra und vom Stammhirn. Legen Sie es in das Gefäß mit der goldenen Flüssigkeit.

9. Nehmen Sie jetzt die Schalttafel aus dem Gefäß. Ist sie in gutem Zustand? Wenn Sie abgenützt, spröde, zerbrochen

und verbogen ist oder Risse, Löcher und sonstige Beschädigungen aufweist, sollten Sie sie noch einmal in das Gefäß zurücklegen, wo sie wieder in den Stoffkreislauf überführt wird.

10. Bitten Sie dann Ihr Höheres Selbst, eine neue Schalttafel zu schaffen, die Ihr neues Ich widerspiegelt.

11. Wenn Ihre alte Schalttafel nach dem Bad noch brauchbar scheint, können Sie sie behalten. Zumindest für den Augenblick. Bitten Sie Ihr Höheres Selbst, Ihnen mehr Verbindungsstecker zur Verfügung zu stellen (mehr Möglichkeiten) und bauen Sie diese in die Schalttafel ein, wenn es nötig sein sollte.

12. Befestigen Sie Ihre (alte oder neue) Schalttafel wieder an der Wand. Ihr Höheres Selbst liefert Ihnen neue Bolzen oder Schrauben.

13. Bitten Sie nun Ihr Höheres Selbst, ein neues goldenes Band von Ihrem Stammhirn zu Ihrer Schalttafel zu legen. Da das erste Chakra für Ihr Überleben verantwortlich ist, muß es auf jeden Fall mit dem Teil des Gehirns verbunden sein, der unsere Überlebensmechanismen steuert, doch sollte diese Verbindung frei sein von den alten, zwanghaften Programmierungen.

14. Bitten Sie die Engel, Ihr erstes Chakra, das neue Band und das Stammhirn mit liebevoller und heilender Energie zu überfluten. Ihr erstes Chakra hat für Sie so lange an der Überlebensfront gekämpft, daß Sie ihm jetzt ein bißchen Ruhe gönnen sollten. Es muß Sie nicht mehr mit aller Kraft beschützen. Sie haben mittlerweile noch weitere Hilfsquellen.

15. Wenn Sie das Gefühl haben, daß die Übung beendet ist, können Sie die Augen öffnen.

Sind Sie bereit, an den anderen Chakras zu arbeiten? Dann wiederholen Sie einfach die Übung für Ihr zweites, drittes und viertes Chakra. Die Schritte 6, 7 und 12 fallen allerdings weg.

Wenn Sie diese Übung ausführen, dann bedeutet das, daß Sie nicht mehr von Ihren alten Partnerschaftsmustern abhängig sind. Das heißt aber noch nicht, daß Sie sofort andere Menschen anziehen werden. Diese Programmierungen sitzen nämlich auch noch an anderen Orten – in den Filtern Ihres geistigen Selbst beispielsweise, in Ihrer Aura oder Ihrem emotionalen Selbst. Doch mit dieser Übung wird es Ihnen immer schwerer fallen, an den alten Muster festzukleben, da Sie Stück für Stück ihre Wurzel entfernen. Und so ist der Weg frei für neue, weniger schädliche Entscheidungen.

Diese Übung kann auch für andere Themenbereiche der Arbeit an sich selbst eingesetzt werden, z.B. Erfolg, Armut, Selbstachtung oder Angst.

# 10

# Wenn das Leben gefriert

Wenn Sie sich Ihr Leben als Straße vorstellen, auf der Sie gereist sind, wie würde diese dann aussehen? Nehmen Sie sich einen Moment Zeit, um Ihre Augen zu schließen und sich Ihre Straße vorzustellen. Durch welche Landschaft verläuft sie? Schleppen Sie sich mühselig auf einem gewundenen Pfad durch die schroffe Felsenlandschaft steiler Gebirge? Oder spazieren Sie gemütlich auf einem breiten Weg dahin? Vielleicht sehen Sie sich ja auch halb verdurstet in einer öden, ausgedörrten Wüstenlandschaft? Wie sieht Ihre Landschaft aus? Wie gerade verläuft Ihre Straße? Sehen Sie, was auf Sie zukommt? Nun drehen Sie sich um und betrachten den Teil, den Sie bereits durchquert und überlebt haben. Welche Bilder Sie dort auch immer sehen mögen, sie stehen für das Leben, für das Sie sich entschieden haben.

Doch wenn Sie hoch über Ihrem Lebensweg schweben und ihn bis an seinen Ursprung zurückverfolgen könnten, dann würden Sie erkennen, daß er an manchen Stellen plötzlich einen Knick macht, daß da und dort Hindernisse sich auftürmten und tiefe Krater oder Schluchten Sie zwangen, Ihrem Leben eine andere Richtung zu geben. Diese Punkte sind Wendepunkte in unserem Leben – Ereignisse, die unser Leben grundlegend verändert haben. Manches Mal waren diese Ereignisse positiv, meist aber stehen sie für die Katastrophen, die unser Leben verwüstet haben und uns in seelischer und emotionaler Hinsicht als Wrack zurückließen. Ich nenne diese Wendepunkte „gefrorenes Leben“, weil der Schock uns an einem bestimmten Punkt unserer Lebenserfahrung festhält.

Beispiele für solch zerstörerische Momente in unserem Leben sind: Erfahrungen von sexuellem Mißbrauch, ein erlittener Überfall, der Tod eines geliebten Menschen, Scheidung oder schwere Krankheiten, Krieg oder Unfälle. Heutzutage wissen wir, daß solche Ereignisse noch Jahre nach ihrem Auftreten alles bestimmen, was wir tun und lassen. Wir nennen diesen psychologischen Effekt „post-traumatisches Streßsyndrom", und jeder von uns kann wahrscheinlich auf ein oder zwei solcher Momente zurückblicken, die sein Leben von Grund auf verändert und ihm eine neue Ausrichtung gegeben haben. Manchmal bewirkt die starke Schockerfahrung, die dieses Wegbrechen unserer alten Lebenseinstellung auslöst, sogar eine tiefe Veränderung unseres Charakters.

**Fallbeispiel:**

In ihrem zweiten Jahr im College ging Louisa mit einem jungen Mann aus, der sie bei dieser Verabredung vergewaltigte. Das Ereignis zerstörte ihr ganzes Leben. Bis zu diesem Moment wollte sie eigentlich Sängerin werden. Danach war sie für immer davon überzeugt, ein „böses Mädchen" zu sein, da sie gegen den Willen ihrer Eltern mit diesem Jungen ausgegangen war. In ihrer Vorstellung war die Vergewaltigung aber nicht die einzige Strafe, die sie erhielt, denn von diesem Augenblick an war es ihr einfach unmöglich, in der Öffentlichkeit aufzutreten. Sie wechselte ihr Hauptfach und studierte von nun an Betriebswirtschaft. Darüber hinaus zog sie sich total in sich selbst zurück. Sie wurde ein extrem stilles Mädchen, das sich immer bescheiden im Hintergrund hielt. Tief im Grunde ihres Herzens machte sie sich ständig Vorwürfe, daß sie vergewaltigt worden war. Als ich sie zwanzig Jahre später kennenlernte, war sie zutiefst deprimiert. Sie haßte ihren Job, war in ihrer Ehe unglücklich und wünschte, sie wäre tot.

Als ich Louisa bat, mir den wichtigsten Augenblick ihres Lebens mitzuteilen, erzählte sie sofort von der Vergewaltigung, da sie die Folgen dieser Gewalttat niemals überwinden konnte. Louisa war auf der Zeitschiene in jenem Moment hängengeblieben. Die Vergewaltigung hatte ihre Seele in einen so tiefen Schockzustand versetzt, daß alles, was danach kam, davon beeinflußt wurde. Dieses Ereignis war zum Dreh- und Angelpunkt ihres ganzen Lebens geworden.

Die Folge eines solchen Schocks ist, daß wir aufhören zu wachsen und uns gewissenmaßen selbst „doubeln" oder daß wir uns in eine Richtung entwickeln, die uns nicht guttut, indem wir uns z.B. einer Sucht hingeben, um den Schmerz und die Erinnerung zu vergessen. Augenblicke, in denen das Leben gleichsam gefriert, schneiden uns auf sehr dramatische Weise von unserem vollen Potential ab. Die Vergewaltigung brachte Louisa dazu, ihr Gesangstalent buchstäblich abzuwürgen, da sie glaubte, seiner nicht würdig zu sein. Als sie hinterher die Scherben ihres Lebens wieder aufsammelte, beschloß sie, ein Erwachsenendasein zu schaffen, das sie schützen würde. Sie wurde Geschäftsfrau, weil sie sich dabei sicher fühlte, doch ihre Freude und ihre Lebenskraft blieben auf der Strecke, so daß sie dazu keinen Zugang mehr hatte.

Diese Art von Schock kann auch auf lokaler, nationaler oder internationaler Ebene stattfinden. Können Sie sich z.B. daran erinnern, als Präsident Kennedy erschossen wurde? Für die Amerikaner war dies ein enormer Schock, der zwar ihr Land politisch nicht weiter beeinflußte, aber in den Seelen Narben hinterließ.

Noch schlimmer war für die USA der Vietnamkrieg, bei dem jeder einzelne der ethischen Werte des Landes auf die Waage gelegt wurde. Dieser Krieg hat das Leben vieler Menschen von Grund auf verändert. Der Vietnamkrieg ist für die Amerikaner eine offene Wunde, die sie Jahrzehnte nach seinem Ende noch schmerzt, da dieser Krieg ihnen zeigte, daß ihr Land keineswegs der immer freundliche Friedensbringer war, als der es bis dahin galt. Das ganze Land hat dieses Trauma bis heute nicht überwunden, und einzelne Vietnamkämpfer leiden immer noch unter posttraumatischen Streßsymptomen. Doch auch Menschen, die damals nicht in der Armee dienten, verloren in diesen ereignisreichen Jahren endgültig ihre Unschuld.

**Fallbeispiel:**

Rosie hatte einen Streit mit ihrem Bruder Roy. Nach diesem Streit ging Roy schwimmen und ertrank dabei. Rosie konnte sich niemals verzeihen, daß sie sich im Streit von ihrem Bruder getrennt hatte. Sie gab sich auch die Schuld daran, daß ihr Vater sich fürchterlich über den Tod seines einzigen Sohnes aufregte. Sie erlangte nie mehr wieder das Selbstbewußtsein, das sie vor diesem Zeitpunkt hatte. Das Ereignis verfolgt sie bis zum heutigen Tag.

Wie erkennen Sie, ob Ihr Leben an einem bestimmten Punkt seine Lebendigkeit verloren hat? Dafür gibt es verschiedene Anzeichen:

- Ein bestimmtes Ereignis beeinflußt ihr Leben so massiv, daß Sie danach alles anders machen als ursprünglich geplant. Ein gutes Beispiel sind hier ehemalige Vietnamkämpfer, die geistig immer noch im Dschungel sind, ganz egal, ob sie sich in Wirklichkeit in den Straßen New Yorks oder den Wüsten Arizonas befinden.
- Dieses Ereignis bestimmt Ihr Leben, ob Sie nun viel darüber nachdenken und sprechen oder nicht. Vietnamveteranen werden von ihrem Kriegserlebnis in jedem Moment ihres Lebens beeinflußt. Und vielen Opfern sexuellen Mißbrauchs, die diese Erinnerung aus ihrem Leben verdrängt haben, bleibt das Gefühl, daß „etwas nicht stimme“, ohne daß sie nun genau sagen könnten, woran es liegt. Das Ereignis, das Ihr Leben zerstört hat, wird – bewußt oder unbewußt – zur Besessenheit.
- Das entsprechende Ereignis bleibt auch in der Gegenwart erstaunlich „präsent“. Wenn Sie sich nicht dafür schämen (wie es meist bei sexuellem Mißbrauch der Fall ist), reden Sie immer und immer wieder davon (wie es z.B. bei einer Scheidung, einem Todes- oder Unglücksfall häufig vorkommt). Sie wiederholen diese Schilderungen, als handele es sich dabei um ein Mantra. Sie versuchen, das Ereignis zu verarbeiten und seinen Einfluß auf sich zu verringern, indem Sie soviel wie

möglich darüber sprechen. (Viele Beratungsstellen glauben an diesen Effekt: Das Darüber-Sprechen soll die Macht, die ein solches Erlebnis hat, zum Verschwinden bringen.) Tatsächlich erwecken Sie es damit nur ständig zu neuem Leben.

- Sie messen sich selbst an diesem Erlebnis: „Wenn X nicht passiert wäre, dann würde ich ..." Oder: „Wenn X nicht geschehen wäre, könnte ich dies oder jenes tun." Und: „Da X geschehen ist, kann ich niemals Y haben, tun oder sein, da ich nichts tauge/mich schämen sollte/etwas falsch gemacht habe." Botschaften wie diese setzen Ihre Energie herab und halten Sie an Ihrem Gefrierpunkt fest.
- Dinge, die Sie vor Ihrem Erlebnis ohne weiteres im Griff hatten, fallen Ihnen plötzlich schwer. Und sogar Jahre später fehlen Ihnen bestimmte emotionale Fähigkeiten. Stellen Sie sich dies so vor, als hätten Sie einen Schlaganfall gehabt und könnten danach einen Körperteil nur noch bedingt nutzen – Sie schaffen es, aber nicht annähernd so wie vorher.

Ist Ihr Leben an einem bestimmten Punkt eingefroren, so können Sie Ihr volles Potential nicht mehr nutzen. Um seelische und spirituelle Heilung zu finden, muß diese Blockierung aus Ihrem Selbst verschwinden. Wir alle erleben hin und wieder ungeheuer einschneidende Ereignisse in unserem Leben, aber die Art und Weise, wie jeder einzelne damit umgeht, bestimmt unsere gesamte Zukunft.

Bis vor kurzem wurden Menschen mit solchen Erfahrungen noch allein gelassen. Heute wissen wir mehr über die Auswirkungen, die Trauer, Vergewaltigung, Inzest und sexuelle Belästigung haben. Es gibt mittlerweile Therapeuten und Selbsthilfegruppen, die Betroffenen helfen können, mit ihrem Schmerz fertigzuwerden und den erlittenen Schock aufzulösen. Sie müssen mit post-traumatischen Streßsyndromen nicht mehr alleine fertigwerden. Louisa z.B. hat sich einer Selbsthilfegruppe angeschlossen, die sich mit dem Thema „Vergewaltigung“ auseinandersetzt. Darüber hinaus nahm sie ihre Therapie wieder auf, und diese beiden Maßnahmen veränderten sie vollkommen. (Einer der entscheidenden Punkte war, daß sie endlich akzeptierte, daß sie an der Vergewaltigung eben nicht „selbst schuld“ war. Als sie dies wirklich verstanden hatte, konnte sie damit aufhören, sich selbst zu strafen.)

Wenn Sie wissen wollen, welche Schockerfahrungen ihr Leben beeinflußt haben, müssen Sie sich mit den folgenden Fragen auseinandersetzen. (Machen Sie sich keine Sorgen, wenn Sie nicht auf alles sofort eine Antwort haben, vor allem, wenn es um Fälle sexuellen Mißbrauchs geht. Schließlich haben Sie die Erinnerung an diese Dinge jahrelang verdrängt.)

- Welche Ereignisse in Ihrem Leben bringen Sie immer und immer wieder zur Sprache? Bitten Sie Freunde um Hilfe, wenn Sie nicht sicher sind. Sie werden wissen, worum es geht.
- Was haben Sie aufgegeben, nachdem Sie dieses Erlebnis hatten? Ihre Karriere? Ihre Familie? Eine Beziehung? Ihren Glauben? Ihr Vertrauen in sich selbst, andere Menschen oder Gott?
- Welche „bittere Lektion“ hat Ihnen dieses Erlebnis erteilt? Normalerweise ist dies etwas, wofür Sie sich strengstens verurteilen. Louisa beispielsweise warf sich selbst vor, daß sie vergewaltigt worden war. Und Kinder, die sexuellen Belästigungen von Erwachsenen ausgesetzt waren, denken häufig, daß sie selbst daran schuld sind, weil die Erwachsenen ihnen einreden, ihr Aussehen oder ihr Verhalten hätten diese Person erst dazu gebracht, sich ihnen auf diese Weise zu nähern.
- Welchen Preis mußten Sie für Ihren Verlust bezahlen? In anderen Worten: Wie würde Ihr Leben aussehen, wenn dieses Ereignis nicht eingetreten wäre? Vielleicht ist es so früh geschehen, daß Sie diese Frage gar nicht beantworten können. Meist aber haben die Betroffenen

durchaus eine Vorstellung, wie sie leben würden, wenn all das nicht passiert wäre.

- Sind Sie wirklich bereit und willens, diese Blockade aufzulösen? (Sie wären erstaunt, wie viele Menschen dies nicht sind, da der Schock sie gleichzeitig vor der Verantwortung für ihr eigenes Leben bewahrt.)

Wenn Sie sich den erstarrten Momenten Ihres Lebens zuwenden und deren Einfluß auf Ihr Leben beseitigen wollen, müssen Sie sich einem Teil Ihres Selbst zuwenden, den Sie jahrelang versiegelt haben. Sie müssen sich mit den Gefühlen, Empfindungen und Talenten auseinandersetzen, die Sie bisher erfolgreich verdrängt haben. Das kann ziemlich hart werden. Doch wenn Sie sich immer wieder klarmachen, daß Sie damit einen tiefen Schmerz heilen, dann wird es Ihnen leichter fallen, dieses Trauma aufzulösen und das verlorene Terrain für sich zurückzugewinnen.

Sobald Louisa verstanden hatte, daß sie nicht die Schuld an der Vergewaltigung trug, konnte sie auch Schritte unternehmen, um mit ihrem Schock und den Gefühlen der Scham fertig zu werden. Sie schloß sich einer Selbsthilfegruppe an und fand dort Menschen, die sie unterstützten, statt sie zu verurteilen (wie ihre Mutter und ihr Ehemann es getan hatten). Schließlich fing sie sogar an, in Amateurgruppen Theater zu spielen.

Bei der emotionalen Wiedergeburt, die wir anstreben, wird eine Menge Wut frei. Wir müssen dabei lernen, uns selbst zu vergeben. Wir müssen unseren Weg zurückverfolgen und die verlorenen Teile unseres Selbst wieder für uns beanspruchen. Das heißt auch, daß wir die Energie der Person, die uns Leid zugefügt hat, aus unserem Energiefeld entfernen und das Ereignis für uns umgestalten (siehe Kapitel 8).

Dort, wo Ihr Leben erstarrt ist, hängen Sie in der Vergangenheit fest. Die folgende Übung wird Ihnen zeigen, wie weit Sie tatsächlich bereit sind, sich mit dieser Erstarrung auseinanderzusetzen. Sie werden nämlich dabei auf die

„Kiste“ stoßen, in dem die Energie dieses Ereignisses aufbewahrt ist. Doch zuerst müssen wir sie in die Gegenwart bringen, damit wir in der Lage sind, alles klar wahrzunehmen, ohne daß unsere Erinnerungen uns überwältigen.

Denken Sie doch noch einmal an das Beispiel vom Maulwurfshügel, der mit der Zeit zum Berg wird. Je länger Sie die schrecklichen Erinnerungen mit sich herumtragen, um so mehr von Ihrer Energie hängt darin fest. In diesem Zustand kann ein einziger Blick auf das Erlebnis schon gefährlich werden. Doch wenn Sie Ihre Kiste mit dem Zauberstab der Gegenwart gereinigt haben, wird alles sehr viel einfacher. Danach haben Sie noch ausreichend Gelegenheit, die Kiste zu öffnen und sich soviel von Ihrer Energie zurückzuholen, wie Sie nur wünschen. Der entscheidende Punkt ist also nicht, ob und wieviel Energie Sie herausholen können, sondern ob Sie überhaupt in der Lage sind, die Kiste zu öffnen. Beim ersten Mal sind viele Menschen nicht fähig, etwas aus der Kiste zu nehmen. Es kann schon eine sehr starke emotionale Reaktion auslösen, wenn Sie die Kiste zum ersten Mal in Ihre Gegenwart holen. Schließlich ist dies das allererste Mal, daß Sie sich einer Erfahrung stellen, die für Sie niederschmetternd war – egal, wie vorsichtig Sie dabei vorgehen.

## Übung

### ■ Die Kiste mit Ihren Schockerfahrungen

1. Schließen Sie die Augen, und machen Sie Ihre Reinigungsübungen. Halten Sie den Zauberstab der Gegenwart fest in der Hand. Gerade bei dieser Übung werden Sie ihn brauchen.

2. Rufen Sie Ihr Höheres Selbst und mindestens einen Engel herbei.

3. Stellen Sie sich nun eine rote Kiste vor. Diese Kiste ist die Erfahrung, die Sie zutiefst schockiert hat. Wie sieht die Kiste aus? Welche Größe, Form oder Beschaffenheit hat sie? Aus welchem Material ist sie? Ändert sie vielleicht sogar die Farbe?

4. Beobachten Sie Ihre Kiste. Wie fühlen Sie sich dabei? Sind Sie wütend? Traurig? Glücklich? Haben Sie Angst?

5. Atmen Sie ein paarmal tief ein und aus. Bitten Sie nun die Engel, Sie und die Kiste in Ihr schimmernd goldenes Licht zu tauchen.

6. Berühren Sie nun die Kiste mit Ihrem Zauberstab.

7. Wenn Sie sich jetzt dazu in der Lage fühlen, können Sie sie öffnen. Sie finden darin all die Energie, die dieses Erlebnis von Ihnen abgezogen hat.

8. Wenn Sie nicht fähig sind, die Kiste zu öffnen, sie aber *in jedem Fall* offen sehen möchten, können Sie Ihr Höheres Selbst bitten, sie für Sie zu öffnen. Wie fühlen Sie sich, während der Deckel sich langsam hebt?

9. Nehmen Sie nun einen goldenen Schöpflöffel zur Hand. Tauchen Sie ihn ins Innere der Kiste, und holen Sie damit etwas von Ihrer Energie zurück. Nehmen Sie soviel Energie heraus, wie Sie gerne zurückhaben möchten. Wie fühlt sich das an?

10. Was befindet sich nun in diesem Löffel? Flüssigkeit? Ein Gegenstand? Berühren Sie auch dies mit dem Zauberstab der Gegenwart.

11. Sollte der Inhalt flüssig sein, so gießen Sie ihn über Ihren Kopf. Fühlen Sie, wie Sie diese Energie in sich aufnehmen.

12. Handelt es sich um einen Gegenstand, dann legen Sie ihn bitte in Ihr Herz.

13. An dieser Stelle kommen möglicherweise – starke oder weniger starke – Emotionen auf. Machen Sie sich keine Sorgen, wenn Sie nichts empfinden. Dies ist der erste Schritt auf dem Weg, der Ihnen hilft, wieder zu werden, wer Sie einmal waren.

Um den Heilungsprozeß weiter zu fördern, würde ich Ihnen drei verschiedene Maßnahmen vorschlagen:

- Wiederholen Sie diese Übung des öfteren, so daß Sie immer mehr von Ihrer Energie zurückgewinnen.
- Suchen Sie sich eine Selbsthilfegruppe, bei der Sie Unterstützung finden.
- Suchen Sie einen Therapeuten auf.

Die Hilfe eines professionellen Therapeuten zusammen mit der liebevollen Unterstützung einer Gruppe und Ihren Übungen ist eine gute Kombination, der so leicht nichts widerstehen kann. Sie wird Ihnen helfen, dem wundervollen Menschen, der Sie vor diesem Ereignis waren, zu einer Wiedergeburt zu verhelfen.

## 11

# Das Leben – ein Fluss

Es ist leicht, sich das Leben in seinem zeitlichen Verlauf vorzustellen. Wir werden geboren, wachsen, werden älter und am Ende sterben wir. Die Zeit hat etwas ausgesprochen Lineares. Es gibt eine Vergangenheit, eine Gegenwart, eine Zukunft. Im vorigen Kapitel habe ich Sie gebeten, sich das Leben als Straße vorzustellen. Dieses Mal stellen wir uns das Leben als Fluß vor – als unseren Lebensstrom.

Ein Strom fließt immer abwärts, dem Weg des geringsten Widerstands folgend, bis er schließlich das Meer erreicht hat. Wenn er sich seiner Mündung nähert, fächert er sich zu einem Delta auf, wenn das Land flach genug ist. Er teilt sich auf in lauter kleine Flüßchen und Rinnsale, die dann ihrem eigenen gewundenem Lauf folgen, bis sie den Ozean erreichen. Das wohl berühmteste Beispiel ist das Nildelta.

Stellen Sie sich nun Ihren Lebensstrom vor. Er entspringt im Herzen der Gottheit, welche die Quelle für Ihre Lebensenergie ist, so wie der Nil dem Viktoriasee entspringt. Wenn Sie geboren werden, strömt aus dem Herzen der Gottheit ungeheuer viel Lebenskraft. Man kann sie auch die „Kraft der unbegrenzten Möglichkeiten" nennen, denn Sie können sie in jeder nur erdenklichen Weise nutzen. Alles ist möglich. Alles ist erreichbar – so lange, bis Sie anfangen, Entscheidungen zu treffen. Wenn ein Kind seine ersten Laute von sich gibt, dann schließt es in seinem Glucksen und Gurren alle möglichen Laute der Welt ein. Fängt es dann aber an, die Laute in seiner Umgebung wahrzunehmen, so lernt es, alles auszusortieren, was im Außen nicht vorkommt. Alle anderen Töne ahmt es nach. Wenn es zu sprechen anfängt, imitiert es die Tonlage der Sprache, die es hört, auch wenn es noch keine „sinnvollen" Laute bildet. Wenn seine Eltern Chinesen sind, wird es ihre verschiedenen Tonhöhen nachahmen. Gehören sie dem Stamm der Xhosa an, so wird es die für diese Sprache charakteristischen klickenden Laute hervorbringen. Das Kind wählt diese Laute aus, um sich verständlich zu machen. Wenn es also spricht, orientiert es sich automatisch an der Sprache, die es hört.

Etwas Ähnliches geschieht auf der Gefühlsebene mit Ihrem inneren Kind. Sie segeln auf Ihrem Lebensstrom dahin, und während Sie das tun, treffen Sie Entscheidungen, die jene Teile Ihres Selbst verschließen, für die Sie keine Zuwendung und Liebe erhalten. Wenn Sie lernen, daß wütendes Geschrei Ihnen nur Nicht-Beachtung oder gar Grausamkeiten irgendwelcher Art einbringt, dann werden Sie diesen wütenden und zornigen Teil Ihrer selbst künftig verborgen halten und sich zu einem äußerst duldsamen Wesen entwickeln, um weiterhin geliebt zu werden. Diese Entscheidungen werden nicht bewußt getroffen. Sie fallen meist in den ersten Lebensmonaten.

Wenn das geschieht, verleugnen Sie einen Teil Ihres Selbst. Ihr Lebensstrom teilt sich, und ein Nebenfluß entsteht, der den Teil von Ihnen wegführt, der „ungestüm und laut" ist. Auch wenn Ihr Lebensstrom einfach weiterläuft, so haben Sie doch einen gewissen Teil verloren. Und wenn Sie das nächste Mal wieder ein Stück Ihrer selbst aufgeben, weil Sie sich schämen oder weil Sie Schuldgefühle haben, fehlt Ihnen wieder ein bißchen. Jedes emotionale Problem, das Sie dazu zwingt, ein Stück von sich aufzugeben, nimmt Ihnen etwas. Auch das Glaubenssystem, das Ihren Geist fesselt, zweigt wieder ein wenig von Ihrem Lebensstrom ab.

Wie Sie sich vielleicht vorstellen können, ist Ihr Lebensstrom dadurch an keiner Stelle mehr so stark und mächtig, wie er es bei Ihrer Geburt war. Und wenn Sie zuviel Energie verlieren, werden Sie anfällig für alle möglichen Krankheiten. Gehen Sie jedoch den Weg der emotionalen Wiedergeburt, so werden Sie Stück für Stück entdecken, wieviel Energie Sie bereits verloren haben.

## Zurückgehen

In diesem Buch geht es um die Arbeit an sich selbst. Die Arbeit an Ihrem Lebensstrom kann Ihnen helfen, Ihr gesamtes Energiepotential zurückzubekommen. Damit können Sie nicht nur die Vergangenheit, sondern auch die Zukunft ändern. Die Arbeit am Lebensstrom wandelt keine *Erinnerungen* um (wie die vorhergehenden Übungen es tun), nein, sie verändert die *Energie* rund um das entsprechende Thema.

Wenn Sie am Lebensstrom arbeiten wollen, dann müssen Sie an jene Punkte zurückgehen, wo der Fluß sich aufteilt. Sie müssen die Rinnsale wieder dem Strom zuführen und die Energie, die in ihnen steckt, in den Fluß zurückholen. Wenn Sie Ihren Lebensstrom aus der Luft betrachten würden, erschiene er Ihnen wie ein Wurzelsystem, bei dem sich eine Menge dicker und dünner Verzweigungen vom Hauptast abspalten (siehe die Illustration auf S. 155).

An jeder einzelnen Gabelung hat Ihr Lebensstrom an Energie verloren. Wenn Sie oberhalb dieser Gabelungen den Fuß ins Wasser stecken, können Sie fühlen, wie Ihr Leben war, bevor Sie diesen Teil Ihrer selbst aufgeben mußten. Je weiter Sie zurückgehen, um so fühlbarer werden die Unterschiede zwischen Ihrer damaligen Lebensstromenergie und dem, was heute noch davon übrig ist. Sie werden ziemlich schnell feststellen, wie begrenzt Ihr Lebensstrom heute ist, da er soviel von seiner Energie zusammen mit den Erinnerungen und Gefühlen aufgeben mußte. Ihr Ziel ist es nun, all diese Rinnsale zurück in den Hauptarm zu lenken, so daß deren Energie Ihnen von neuem zur Verfügung steht.

Nehmen wir unser Schamgefühl als Beispiel. Diese Art von Gefühlen geht auf die frühesten Tage unserer Kindheit zurück. Es handelt sich also um eine der allerersten Gabelungen. Irgend jemand hat uns zu verstehen gegeben, daß er das, was wir getan haben, verurteilt. Aus diesem Grund haben wir einen Teil unseres Selbst abgespalten. Wenn dies wieder und wieder passiert, dann gibt es mehr solcher Rinnsale, die mit Scham zu tun haben, so daß Ihre Energie sich immer mehr verläuft.

Nun wäre es schön, wenn wir bei unserem Bemühen, all diese Nebenflüßchen wieder dem Strom zuzuleiten, sofort zu der allerersten Gabelung zurückgehen könnten. Doch hier wie bei der Arbeit an unseren Kindheitserfahrungen gilt das Prinzip: Schritt für Schritt. Wenn Sie sich daran nicht halten, kann der plötzliche Einbruch solcher Erfahrungen ernsthafte körperliche und seelische Schäden verursachen. Gerade beim ersten Mal sollten Sie sich an diese Regel halten: Sofort den Punkt finden zu wollen, an dem es zum ersten Mal zu solch einer Gabelung kam, ist nicht nur unklug, es kann auch zu emotionalen Umwälzungen führen, die nur schwer zu verkraften sind. Ein solcher Heilungsvorgang sollte wirklich Schritt für Schritt stattfinden. So können Ihre fünf Körper sich auf die Veränderungen einstellen.

Als erstes sollten Sie sich einer Erfahrung zuwenden, die erst kürzlich Schamgefühle in Ihnen hervorgerufen hat, und die dabei verlorengegangene Energie zurückholen. Wenn Sie auf diese Weise allmählich zu früheren Erlebnissen zurückgehen, verschaffen Sie sich Stück für Stück mehr Energie, und Ihre Geschicklichkeit beim Zurückführen solcher Abspaltungen wächst.

Wenn Sie in Ihrem Lebensstrom eine Gabelung erreichen, so werden Sie dort etwas finden, eine Art symbolischer Darstellung dessen, was die Aufspaltung Ihrer Energie verursacht hat. Dieses Symbol gehört nicht zu Ihnen, sondern zu irgend etwas oder irgend jemand anderem. Obwohl Sie es sind, der den Bruch verursacht, so muß es doch ein auslösendes Moment außerhalb Ihrer selbst geben (etwas, das in Ihnen Gefühle wie Scham, Wut oder Angst vor Zurückweisung und Verlassenwerden auslöst). Das entsprechende Objekt kann ein Energieball sein oder etwas anderes, das den Fluß dort staut, ein Felsen etwa, Steine, Baumstämme oder eine Statue. Dieses Objekt scheint nicht in die Umgebung zu passen. Es wirkt so, als gehöre es nicht dorthin. In ihm steckt die Energie des Vorfalls, der die Abspaltung herbeigeführt hat. Sie müssen das Objekt entfernen, sonst wird es Sie daran hindern, den Bruch vollständig aufzuheben.

Nur sehr selten werden Sie Menschen an den Gabelungen finden, eher deren Energie, die Ihnen als Symbol gegenübersteht. Und obwohl Sie und die andere Person sich vermutlich schon gar nicht mehr an den entsprechenden Vorfall erinnern, können Sie Ihre Energie nicht zurückholen, solange dieses Symbol da ist.

Sie müssen diese Objekte zum Verschwinden bringen – andernfalls können Sie nichts unternehmen, um die Abspaltung aufzulösen. Schütten Sie z.B. goldene Säure darauf (die für Sie und Ihre Flußlandschaft unschädlich ist, aber alles, was nicht dorthin gehört, sofort zerstört). Oder bitten Sie die Erde, sie zu verschlingen. Auch Ihre Engel bringen sie sicher gerne weg. Was immer Sie auch tun, jede dieser Methoden sorgt dafür, daß diese Dinge für immer aus Ihrem Raum verschwinden.

Sobald das Objekt verschwunden ist, das den Nebenfluß vom Hauptarm getrennt hat, ist es leicht, zu verhindern, daß noch weiter Energie nutzlos im Nebenarm versickert. Schließlich können Sie sogar die Gabelung selbst beseitigen. Bitten Sie Ihr Höheres Selbst um Hilfe. Es gibt eine Menge Bilder, die Sie dafür nutzen können. Hier einige Vorschläge:

- Bitten Sie eine Biberfamilie, einen Damm zu bauen.
- Wenn Sie einen besonders großen Damm brauchen, können Sie Bulldozer auffahren lassen.
- Führen Sie an der Mündung eine Sprengung aus, so daß der nachfolgende Erdrutsch sie verschließt.
- Lösen Sie auf andere Weise einen Erdrutsch aus.

- Lassen Sie Ihre Engel eine magische Barriere schaffen.
- Rufen Sie das Raumschiff Enterprise, das mit seinen Phaserkanonen einen neuen Damm aufschüttet.

## SEIEN SIE IHR EIGENER SCHÖPFER!

Sobald die Gabelung beseitigt ist, fließt Ihre Energie nicht mehr länger von Ihnen weg. Sie haben also nicht nur Ihren Raum von fremder Energie gereinigt, sondern Sie haben ein Stück Ihrer Persönlichkeit zurückerobert, das Sie verloren hatten. Und Sie haben die Energie Ihres Lebensstroms erhöht.

**Fallbeispiel:**

Florence stellte sich vor, wie ein Motorboot sie zu der Gabelung trug, an der sie sich besonders unfähig und hilflos fühlte. Dort fand sie eine riesige Statue aus Stein vor, die laut heulte. Sie stellte einen sehr guten Freund dar, der sich einmal über sie lustig gemacht hatte. Die Laute, welche die Statue hervorbrachte, gingen ihr mitten durchs Herz, so daß sie kaum klar denken konnte. An diesem Punkt griff ihr Höheres Selbst ein. Sie ließ die Statue von Engeln entfernen. Als dies geschehen war, fühlte sie, wie ihr Herz leicht wurde. Dann rief sie eine Biberfamilie und bat sie, einen Damm zu bauen, der die Gabelung vom Hauptstrom abschneiden sollte. Erst lange danach erkannte sie, daß sie damit begonnen hatte, ihr Kernproblem anzugehen, nämlich das Gefühl von Unfähigkeit, das ihre Mutter in ihr geweckt hatte.

Vielleicht haben Sie, wenn Sie danach wieder zurück in die Gegenwart segeln, das Gefühl, daß gar nichts geschehen ist: „Hoppla! Ich komme ja an genau demselben Punkt an, von dem ich abgefahren bin. Alles ist genau wie vorher!“ Nun, möglicherweise hat sich Ihr äußeres Leben tatsächlich nicht sehr verändert, Ihre innere Landschaft aber hat sich gewandelt. Sie haben ein Stück Energie zurückgewonnen.

Erinnern Sie sich an das Kapitel über die Arbeit an Ihren Kindheitserfahrungen. Dort habe ich erläutert, daß diese

Arbeit mehr die innere Wirklichkeit verändert als die äußere. Für die Arbeit an Ihrem Lebensstrom gilt dasselbe. Wenn Sie sich mit dem Thema „Scham“ beschäftigen, dann wird dieses Gefühl langsam abnehmen, weil Sie Schritt für Schritt die einzelnen Auslöser beseitigen, die es in Ihnen wachhalten. Und Sie haben sich die Lebensenergie zurückgeholt, die abgespalten war.

Aber dies ist das eigentlich Schwierige am Weg der inneren Wandlung. Denn ob Sie nun daran glauben oder nicht, Sie haben auf jeden Fall eine neue Realität geschaffen, auch wenn sich dies nicht sofort in Ihrer Außenwelt niederschlägt. Früher oder später werden Sie einen Unterschied bemerken, wenn Sie wieder einmal von einer Ihrer Fahrten auf dem Strom des Lebens zurückkehren, und zwar außen wie innen, was ja letztlich noch wichtiger ist.

Vielleicht sehen Sie diesen Unterschied nicht heute, nicht morgen und auch nicht in den nächsten paar Wochen, aber irgendwann werden Sie feststellen, daß Dinge, für die Sie sich früher geschämt haben, Ihnen „plötzlich“ nichts mehr ausmachen. Ihr Schamgefühl hat sich auf leisen Sohlen davongemacht. Das ist wie bei dem Wasser, das in der nun abgetrennten Gabelung zurückgeblieben ist. Sobald es ganz versickert ist, bleibt der Nebenarm trocken, weil ja nichts mehr nachkommt.

Je weiter Sie sich in die Vergangenheit vorarbeiten und je mehr Rinnsale Sie dabei in den Strom zurückführen, um so mehr Energie erlangen Sie und um so leichter wird es Ihnen fallen, noch weiter zurückzugehen und auch die frühesten Gabelungen aufzulösen. Am Ende haben Sie Ihren Lebensstrom weit genug wiederhergestellt, um auch Zugang zu Ihren frühesten Erinnerungen zu finden.

Ihr Lebensstrom ist Ihre Lebenskraft, Ihre Vitalität, Ihre Gefühle, Ihre Stärke, Ihr Selbstsein. Indem Sie all dies zurückgewinnen, schaffen Sie aus sich selbst eine ganz neue Person. Es wird Ihnen mit der Zeit einfach unmöglich, weiter Ihr „altes Selbst“ zu bleiben und Ihren alten Gefühlen und Reaktionen nachzugeben. Für dieses alte Selbst gibt es keine innere Unterstützung mehr. Es hat keine Quellen mehr, aus denen es schöpfen könnte.

## Umlenken

Viele Flüsse verbreitern sich mitten in ihrem Lauf, wenn sie durch eine Ebene fließen. Das Wasser teilt sich in allerlei Flüßchen und Nebenarme auf wie ein Netz, doch schließlich führt der Druck des nachfließenden Wassers dazu, daß der Fluß die Ebene verläßt und die Rinnsale sich wieder zu einem einzigen Strom vereinigen.

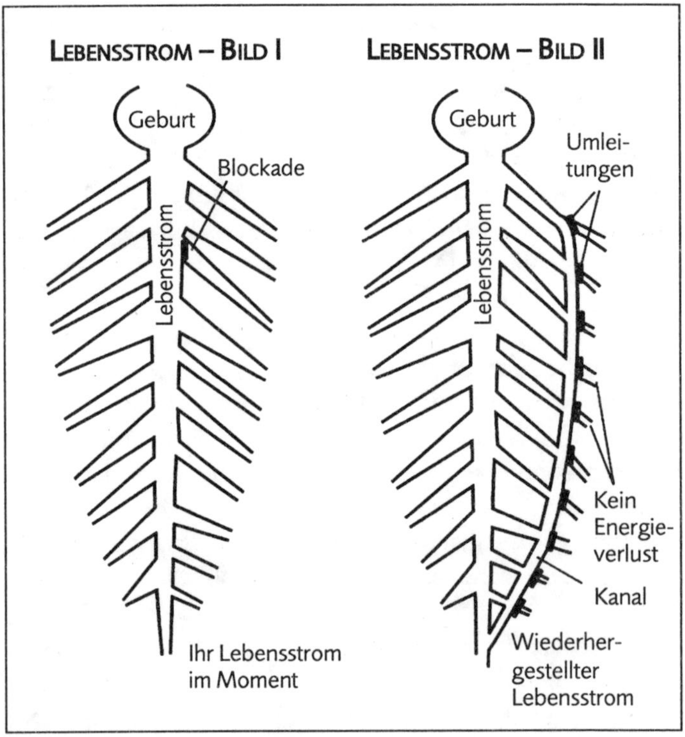


Sie können Ihren Lebensstrom auch von Ihrer augenblicklichen Position aus verändern. Statt flußaufwärts zu gehen, um dort die ursprüngliche Gabelung zu suchen und sie zu blockieren, können Sie die Nebenarme Ihres Lebensstromes zu einem Kanal vereinigen, der am Ende wieder in Ihren Lebensstrom zurückführt (siehe Bild II). Diese Technik verlangt von Ihnen nicht, daß Sie zurückgehen und einzelne Erinnerungen auflösen. Sie brauchen einfach nur zu sagen: „Jetzt reicht es. Ab jetzt werde ich wieder so sein, wie ich wirklich bin."

Auf diese Weise führen Sie auch die Seitenarme zurück in den Strom. Sie schaffen zuerst einen neuen Kanal, der am Ende ebenfalls sein Wasser in den Fluß ergießt. Welche Technik Sie benutzen, ist nicht weiter wichtig – wenn sie wirkt und die Dinge sich verändern. Sie können auch beide Methoden zugleich einsetzen, da beide Ihnen machtvolle Hilfsmittel auf dem Weg der emotionalen Wiedergeburt sein werden.

Die Lebensstrom-Übung ist ziemlich einfach durchzuführen. Ihre Auswirkungen sind nicht so dramatisch und unmittelbar fühlbar wie die Arbeit an Ihren Kindheitserfahrungen oder an früheren Leben. Doch auf Dauer gesehen, ist sie genauso wirksam.

## ÜBUNGEN

### ■ Zurückgehen

1. Reinigen Sie Ihre Aura, und betreten Sie das Zeitfeld der Gegenwart.

2. Bitten Sie Ihr Höheres Selbst, Sie auf dieser Reise zu unterstützen.

3. Holen Sie sich eine Wolke, einen Hubschrauber, einen riesigen Vogel oder irgendein anderes Transportmittel, das Sie flußaufwärts bringt. Besteigen Sie es, gleichgültig,

wie es aussieht. (Sowohl der Vogel als auch die Wolke werden Sie tragen können!)

4. Bitten Sie Ihr Höheres Selbst, daß es Ihren Vogel, Hubschrauber, Dampfer oder was auch immer anweist, Sie zu der Gabelung zu bringen, an der Sie arbeiten möchten. (Wenn Sie selbst nicht wissen, welche die richtige ist – Ihr Höheres Selbst weiß Bescheid.)

5. Ziehen Sie den Lebensstrom hinauf, bis Sie die entsprechende Gabelung sehen können. Vielleicht leuchtet sie auf. Vielleicht gibt es auch andere innere oder äußere Zeichen, die Ihnen sagen, daß Sie angekommen sind.

6. Suchen Sie nun nach dem Objekt, das den Nebenarm vom Hauptstrom abtrennt – ein Felsen, Energieball, Zeichen oder eine Statue. Beseitigen Sie dieses Objekt mit Hilfe Ihres Höheren Selbst. Sie können beispielsweise:
   a) dafür sorgen, daß Ihre Engel es in die Sonne schleudern;
   b) einen riesigen, goldenen Energieball holen, in dem das Objekt sich auflöst;
   c) zusehen, wie die Erde sich öffnet und es verschlingt.

7. Bitten Sie nun Ihre Helfer (Biber, Bulldozer, Arbeiter etc.), einen starken, hohen, unzerstörbaren Damm zu bauen, um den Nebenarm trocken zu legen.

8. Sehen Sie nun zu, wie das Wasser dort langsam versickert. Dieser Seitenarm wird sich nie mehr mit Wasser füllen. Ihre Energie fließt nun wieder Ihrem Lebensstrom zu.

9. Begeben Sie sich nun wieder flußabwärts. Steigen Sie in der Gegenwart aus.

## ■ Umlenken

1. Reinigen Sie Ihre Aura, und betreten Sie das Zeitfeld der Gegenwart.

2. Bitten Sie Ihr Höheres Selbst, Sie auf dieser Reise zu unterstützen.

3. Rufen Sie nun Ihre Helfer (Engel, Bulldozer etc.), und bauen Sie mit Ihnen zusammen einen Kanal, der die verschiedenen Nebenflüsse miteinander verbindet und sie dann zurück in Ihren Lebensstrom lenkt.

4. Sehen Sie zu, wie das Wasser in den Fluß zurückströmt.

5. Stecken Sie Ihren Fuß in den Fluß, um die neue Energie zu fühlen, die zu Ihnen zurückgekommen ist.

6. Wiederholen Sie diese Übung, sooft Sie möchten.

12

# Wie Sie Zugang zu vergangenen Leben finden

Bis hierher haben wir gemeinsam an Problembereichen aus Ihrem jetzigen Leben gearbeitet. Nun wird es Zeit, daß wir einen Schritt weiter in Richtung Vergangenheit tun und weiter zurückliegende Leben aufsuchen – nämlich unsere früheren Leben. Sehr wahrscheinlich ist die Vorstellung der Reinkarnation Ihnen nicht fremd. Sie besagt, daß wir alle schon viele, viele aufeinanderfolgende Leben hinter uns haben. Und obwohl wir uns meist nicht an sie erinnern, beeinflussen diese Leben unsere Entscheidungen ebenso wie die Erfahrungen, denen wir uns stellen müssen – ob wir uns dieser Tatsache bewußt sind oder nicht. Tatsächlich werden viele Dinge aus unserem jetzigen Dasein, die uns verwirrend und unverständlich erscheinen, plötzlich sehr viel klarer, wenn wir anfangen, das Reich unserer früheren Leben genauer zu erforschen, und wir erkennen mit einem Mal den Sinn bestimmter Krankheiten, Mißbildungen oder Erfahrungen.

Aus diesem Grund ist die Arbeit an unseren früheren Leben ebenso lohnend wie die Lösung aktueller Probleme. In Ihren früheren Leben steckt der Schlüssel zu gegenwärtigen traumatischen Erfahrungen, die Sie als karmische Schuld, gebrochenes Versprechen oder unvollendete Aufgabe mit in dieses Leben genommen haben. Und Ihre Seele wäre überglücklich, wenn diese alten Bande sich endlich lösen ließen.

Wenn Sie sich an Ihre vergangenen Leben erinnern könnten, würden Sie sicher viele Parallelen zwischen Ihren jetzigen Problemen und denen von damals erkennen, denn all Ihre früheren Leben haben eine direkte Verbindung zu den Erfahrungen, die Sie heute machen. Sie versuchen, diese Probleme zu lösen, indem Sie in diesem Leben erneut dieselben Konstellationen schaffen. Auf diese Weise bleibt es Ihnen erspart, das Problem mit ins nächste Leben zu nehmen. Sicher ist es bereits sehr hilfreich, wenn Sie Ihre traumatischen Kindheitserfahrungen heilen, doch wenn Sie sich Ihren früheren Leben heilend zuwenden, schlagen Sie gleich zwei Fliegen mit einer Klappe: Sie heilen sowohl Ihr gegenwärtiges als auch Ihr früheres Leben. Wenn Sie Ihre vergangenen Leben positiv umgestalten, dann müssen Sie diese Fehler nicht Leben für Leben wiederholen, und deren Einfluß auf Ihr jetziges Leben wird immer geringer, bis er langsam ganz verschwindet – wie der Löwenzahn, der abstirbt, sobald seine Wurzel vollständig beseitigt wurde.

Und wie stellen Sie nun fest, ob ein aktuelles Problem etwa auf eines Ihrer früheren Leben zurückgeht? Das ist ziemlich einfach. In diesem Fall werden Sie nämlich an Ihrem Problem arbeiten, soviel Sie wollen, Sie kommen der Lösung keinen Millimeter näher. Der Teil unseres Wandlungsprozesses, der sich auf das gegenwärtige Leben bezieht, nagt gerade mal ein bißchen an seinen äußersten Enden. Aber Sie kommen einfach nicht an den Kern des Problems heran – wenn Sie sich nicht Ihren früheren Leben zuwenden.

Wenn man von der Tatsache einmal absieht, daß die Dramen früherer Leben sich in einem anderen Milieu, einer anderen Zeit mit anderen Sitten abgespielt haben, sind sie völlig zeitlos und bringen immer die gleichen emotionalen Verstrickungen mit sich. Ihnen, Ihren Lieben und den Menschen um Sie herum geschehen gute wie schlechte Dinge, und nach einem Leben voll der unterschiedlichsten Erfahrungen erwartet Sie auf die eine oder andere Weise der Tod. Das ist natürlich der entscheidende Unterschied zu Ihrem gegenwärtigen Leben: Ihr altes Leben hatte ein Ende, nämlich Ihren Tod.

Das folgende Beispiel soll Ihnen zeigen, welchen Einfluß ein früheres Leben auf unser Erleben in der Gegenwart haben kann:

**Fallbeispiel:**

Celia fühlte sich von den Mitgliedern ihrer Familie immer im Stich gelassen, ganz gleichgültig, wie sehr diese auch beteuerten, daß sie sie liebten. Ich bat sie, diesem Gefühl so lange nachzugehen, bis sie an seine Quelle gelangte. Dabei fand sie sich plötzlich in einer brennenden Holzhütte wieder, in der sie als Kind zusammen mit ihrer Mutter eingeschlossen war. Obwohl ihre damalige Mutter verzweifelt versuchte, für sich und die Tochter einen Ausgang zu finden, sank sie – benommen vom Rauch – bald nieder. Celia weinte hemmungslos, als sie erkannte, daß ihre Mutter wirklich versucht hatte, sie vor den Flammen zu retten, daß es ihr aber nicht gelungen war, so daß das Kind schließlich ganz allein war, als es verbrannte.

Wenn Sie sich Ihren früheren Leben eingehender widmen, so werden Sie feststellen, daß Sie mit Ihren Eltern, Freunden und anderen wichtigen Menschen auch damals schon eng verbunden waren. Das heißt nicht, daß Sie in Ihrem Kind oder Ihrem Partner unbedingt Ihre Mutter aus einem früheren Leben wiedererkennen müssen. Alle, die über mehrere Lebenszeiten eng verbunden sind, wechseln unaufhörlich ihre Rollen wie eine Schauspieltruppe, die im Laufe der Tourneen ihr unendliches Repertoire an Emotionen darstellt.

Es kann mehrere Leben dauern, bis die emotionalen Knoten zwischen solchen Menschen entwirrt sind, da so viel Energie (unvollendete Aufgaben) sie miteinander verbindet, daß sie wohl kaum innerhalb eines Lebens freigesetzt werden könnte. Meist kommt Leben für Leben sogar noch ein wenig dazu. Wenn Sie jetzt an die Wurzeln dieser Verbindungen zurückgehen, dann verhindern Sie zumindest, daß sich in diesem oder Ihrem nächsten Leben noch mehr Energie ansammelt. Dadurch wird nicht nur Ihr Leben verändert. Mitunter kommt es auch zu ebenso dramatischen Veränderungen im Leben der Menschen, die mit Ihnen verbundenen sind.

## Das Gemälde unseres Lebens

Stellen wir uns einmal vor, unsere „vergangenen Leben“ hätten nicht alle der Reihe nach stattgefunden, sondern würden sich zur selben Zeit abspielen, auch wenn wir meinen, diese müßten sich über mehrere Jahrtausende hinweg erstrecken. Diese Idee von der Gleichzeitigkeit aller Leben wurde zuerst in *Überseele Sieben* beschrieben, einem Buch, das die Entität Seth Jane Roberts übermittelte. In dieser Theorie ist die Linearität der Zeit nicht mehr als eine Vorstellung, der keinerlei Realität innewohnt (was Einstein genauso sehen würde). Ich finde sie für den Weg der emotionalen Wiedergeburt sehr geeignet, da sie uns erlaubt, die stattfindenden Veränderungen besser zu erkennen.

Stellen Sie sich ein Rad vor, von dessen Mittelpunkt, der Nabe, viele Speichen ausgehen. In der Nabe lebt Ihre Überseele, die all Ihre Leben überblickt – vergangene, gegenwärtige, zukünftige. Diese Leben werden durch die Speichen dargestellt. Wann immer eine Erfahrung aus einem bestimmten Leben aktiviert wird (z.B., indem Sie jemanden treffen, der das damalige Leben mit Ihnen teilte), wandert sie zur Nabe hin, um dort verarbeitet zu werden. Die Veränderungen aber, die dieses vergangene Leben betreffen, strahlen von der Nabe zu allen anderen Leben aus und wandeln so auch diese um. Wenn Sie also dafür gebüßt haben, daß Sie in einem früheren Leben ein Geizhals waren, dann ändert sich Ihre Beziehung zu Geld auch in Ihren anderen Leben. Oder wenn Sie sich aus einer schwierigen Liebesbeziehung lösen, dann strahlt die entstehende Freiheit auf all die Leben aus, in denen Sie und der betreffende Mensch sich als Liebende begegnet sind.

Dieser Effekt sorgt dafür, daß eine entsprechende Erfahrung sich über Ihren gesamten Lebensbereich (auch über künftige Leben auf diesem oder anderen Planeten und Parallel-Existenzen) verbreitet wie Wellen im Wasser. Sie selbst nehmen die Auswirkungen Ihrer Arbeit an sich selbst nur aus der Perspektive des Hier und Jetzt wahr, doch wenn Sie

Gelegenheit bekämen, in Ihre Überseele aufzusteigen, dann könnten Sie sehen, wie diese Auswirkungen das farbenprächtige Gemälde Ihrer Lebenszeiten durchweben.

John Donne sagte einmal: „Kein Mensch ist eine Insel." Obwohl Donne sich damit nur auf die menschlichen Beziehungen als solche bezog, können wir dasselbe von unseren Leben behaupten. Wir leben nicht im Vakuum. Unsere inneren Motive, Bedürfnisse und Ängste schaffen eine Verbindung zu unseren anderen Leben – in unseren Geschäftspartnern, unserer Familie, unserem Beruf und unserem Glauben, in den Dingen, die wir gelernt, den Geschenken, die wir erhalten haben, den Menschen, denen wir begegnet sind – und in tausend anderen Dingen.

## Göttliche Hilfe

Wenn Sie sich Ihren früheren Leben zuwenden, sollten Sie zumindest einen Verbündeten haben, der Sie liebt, sich um Sie kümmert und der darüber hinaus noch ungeheuer stark ist. Er sollte Sie durch und durch kennen und Ihnen mit vollkommener Liebe und Toleranz begegnen, so daß er Sie vor Ihren ganz persönlichen „Gespenstern" beschützen kann, die in Ihrer Vergangenheit lauern. Dieser Verbündete kann Ihr Höheres Selbst sein, aber auch Ihr Schutzengel. Da beide all Ihre Leben kennen, können sie Sie ohne Umweg zu den Situationen führen, die sich an der Wurzel Ihrer gegenwärtigen Probleme befinden.

## Reaktionen

In manchen Menschen löst die bloße Vorstellung von früheren Leben schon eine heftige Abwehrreaktion aus. Da ist zunächst einmal Ihr Verstand, der laut gegen alles protestiert, was Sie sehen oder spüren werden. Außerdem kann es ziemlich schockierend sein, sich plötzlich mitten in einem früheren Leben wiederzufinden, wenn man nicht daran glaubt, vor allem wenn die Erfahrung, die man dabei macht, sehr lebhaft und einprägsam ist. Ihr Verstand wird lautstark protestieren gegen alles, was Sie sehen. Er wird das Erlebte in Zweifel ziehen. Lassen Sie ihn ruhig. Solange Sie seinen Argumenten nicht nachgeben und Ihr eigenes Erlebnis abwerten, ist das weiter nicht schlimm. Nur das *Ergebnis* zählt, ganz egal, was Sie glauben.

Das zweite Problem sind Ihre Reaktionen auf das, was Sie wahrnehmen. Es macht Sie vielleicht wütend oder verlegen, weil das, was Sie sehen, so unangenehm, verrückt und schwer zu akzeptieren ist. Auch an diesem Punkt versucht der Verstand mit seinen „logischen" Argumenten und Vorurteilen einzugreifen. Eine meiner Patientinnen fand sich bei einer Reise in ein vergangenes Leben auf einem Asteroiden wieder, wo sie versuchte, dem Angriff von Außerirdischen zu entkommen. (Das Problem war: Sie glaubte zwar an Wiederverkörperung, aber nicht an Außerirdische.) Sobald sie aber ihre fixen Vorstellungen überwunden hatte, machte sie eine tiefgreifende Erfahrung.

Und schließlich müssen Sie sich noch mit den Vorwürfen auseinandersetzen, die Sie sich machen werden, wenn Ihr Selbst in einem früheren Leben Dinge tat, die Sie schrecklich finden. Und mit der Wut, wenn dieses Selbst sich Ihrer Ansicht nach ungeheuer dumm anstellt. (Sie würden so etwas natürlich nie tun!) Manchmal werden Sie sich von Ihrem früheren Selbst lossagen und nichts mehr mit ihm zu tun haben wollen: „Soll es nur leiden! Es hat es einfach nicht besser verdient!" Das Problem ist nur, daß Sie es sind, der im Hier und Jetzt leidet.

Diese Gefühle werden – einzeln oder geballt – vor, während und nach Ihrer Reise in ein früheres Leben auftauchen. Doch wenn Sie einfach weitergehen, werden die Erfahrung, die Sie machen, Sie nicht beeinflussen. Sie müssen mit allem arbeiten, was Ihnen begegnet – und immer weiteratmen. Vergessen Sie nicht: Ihr Höheres Selbst hat Sie an diesen Punkt geführt, um eine alte Wunde zu heilen.

## Karma

Sie müssen sich Ihr Karma vorstellen wie ein kosmisches Bankkonto. Auf der einen Seite stehen Ihre Schulden (Ihre schlechten Taten), auf der anderen Ihr Guthaben (Ihre guten Taten). Doch es gibt keinen kosmischen Schuldeneintreiber, der hinter Ihnen herjagt, damit Sie Ihre Schulden bezahlen. Auch Gott zwingt Sie nicht mit der Drohung ewiger Verdammnis zur Rückzahlung. Es liegt alles nur an Ihnen – an Ihnen allein. Ihr Höheres Selbst ist es, das für die Rückzahlung sorgt. Es findet Situationen für Sie, in denen Sie Ihr Konto ausgleichen können.

Wenn Sie gestorben sind, dann prüft Ihr Höheres Selbst Ihr Leben – unnachsichtig, aber liebevoll verzeichnet es Ihre karmischen Schulden. Wenn Ihre positiven Taten die negativen überwiegen, haben Sie ein wenig Karma abgetragen. Für alles, was übrigbleibt, sucht die Seele nach Lektionen, die Ihnen Gelegenheit geben, die Rückzahlung in einem späteren Leben zu erledigen.

Auf einen sehr einfachen Nenner gebracht, bedeutet dies, daß Sie, wenn Sie in einem Leben jemanden verletzt haben, von dieser Person in einem anderen Leben eine Verletzung zu erwarten haben. Manchmal dauert es mehrere Leben, bis wir stark genug sind, eine bestimmte karmische Schuld abzutragen, da wir ja wissen, daß es uns Schmerzen verursachen wird. Sie müssen sich nämlich in eine Situation begeben, in der Sie das, was Sie anderen getan haben, nun selbst erleben dürfen. (Hört sich simpel an, nicht?) Aus diesem Grund werden Menschen, die andere vergewaltigen und quälen, in einem anderen Leben von ihren früheren Opfern geschändet und gequält.

**Fallbeispiel:**

Dana hatte eine ausgesprochen unglückliche Beziehung zu ihrem Ehemann. Obwohl sie ihn liebte und ihn sowohl emotional als auch finanziell unterstützte, hatte er eine Affäre nach der anderen und nutzte Danas Gefühle nur aus. Als sie in ihren früheren Leben nach der karmischen Schuld suchte, die sie mit dieser Beziehung abtrug, entdeckte sie, daß sie ein Taugenichts gewesen war, ein Mitgiftjäger, der eine reiche, aber eher reizlose, hausbackene Frau geheiratete hatte. Dieser Mann schlug und mißhandelte seine Frau auf das grausamste. Er hurte herum und warf all ihr Geld zum Fenster hinaus, bis er sie schließlich zum Selbstmord trieb. Diese Frau hatte sich in diesem Leben als Danas Ehemann inkarniert und forderte nun die Rückzahlung der Schuld, indem sie/er Dana das gleiche antat.

Es ist weit einfacher, sich mit den vergangenen Leben auseinanderzusetzen, in denen man die Opferrolle spielte, als mit denen, in denen man selbst der Schurke war. Unglücklicherweise hat fast jeder von uns ein paar schlechte Leben, ein oder zwei davon sind meist sogar richtig „böse". (Unter „schlecht" verstehe ich Leben, in denen wir Verbrechen wie Vergewaltigung oder Raub begangen haben – Dinge also, die im Laufe der Geschichte in fast allen Gesellschaften zwar verurteilt wurden, deren Existenz jedoch wohl oder übel hingenommen werden mußte. „Böse" hingegen sind z.B. die Nazis unter Hitler, die Folter und Völkermord zum Selbstzweck machten – karmisch gesehen ist das ein ganz wesentlicher Unterschied.) Bei der Arbeit an Ihren vergangenen Leben werden Sie alle möglichen unerfreulichen Verhaltensweisen an sich erleben.

**Fallbeispiel:**

Soviel Irene auch an den traumatischen Erfahrungen ihrer Kindheit arbeitete, sie konnte nie das Gefühl loswerden, daß sie ihren Eltern etwas „schuldete" und daß diese deshalb das Recht hätten, sie zu verletzen und zu mißhandeln. Natürlich hätte sie so einen Glaubenssatz auch in ihrer Kindheit aufnehmen können, doch mir klang diese Ausage einfach zu sehr nach karmischer Verstrickung. Als wir diesem Gefühl einmal bis auf den Grund nachgingen, fand sie sich plötzlich in einer Situation wieder, wo sie als Sklavenhalterin ihre Sklaven (die jetzigen Eltern) schlecht behandelte.

Wenn Sie sich auf diese Weise mit Ihrem nicht gerade berauschenden Verhalten früherer Leben konfrontiert sehen, werden Sie sich ziemlich sicher schämen. Da Sie sich in diesem Leben meist schon strengstens verurteilen, wie groß oder klein Ihre vermeintlichen „Fehler“ auch sein mögen, sind Sie wohl noch stärker erschüttert, wenn Sie Ihre „bösen Taten“ aus früheren Leben entdecken, die mitunter schwerwiegend sein können.

Bevor Sie nun anfangen, in Schuldgefühlen zu versinken, sollten Sie sich eines klarmachen: *Sie betrachten ein Leben, das nicht Ihrer aktuellen Entwicklung entspricht.* Sie sind KEINESWEGS dieser fiese Verbrecher, dieser Abschaum, der sich da zu erkennen gibt. Gerade wenn Sie sich mit dem Thema dieses Buchs beschäftigen, kann man davon ausgehen, daß Sie ein kluger Mensch sind, der versucht, sich und seine Umgebung zu verstehen, zu heilen und sich weiterzuentwickeln. Dabei können Sie sich einfach nicht leisten, knietief in Angst- und Schuldgefühlen zu waten, weil Sie in früheren Leben Fehler gemacht haben. Nützlich wird diese Erfahrung erst dann, wenn Sie Ihr Karma akzeptieren, die Schuld abtragen und auf Ihrem Weg weitergehen.

Woran erkennen Sie nun, was eine „karmische Schuld“ ist?

- Dasselbe Thema beschäftigt Sie immer und immer wieder, ohne daß es dabei zu merklichen Erleichterungen kommt.
- Sie reden immer wieder von Schuld, Verpflichtung oder davon, was Sie anderen zurückgeben müssen. Vielleicht haben Sie auch das übertriebene Gefühl, etwas wiedergutmachen zu müssen. Dabei muß dieses Gefühl nicht einmal offen ausgesprochen werden. (Sucht und starke Co-Abhängigkeit können hier eine Rolle spielen. Gerade Süchtige wollen sich meist nicht mit der Verantwortung und dem Schmerz auseinandersetzen, der in ihrer karmischen Verpflichtung steckt.)
- Ein bestimmtes Thema berührt Sie zutiefst, auch wenn es eigentlich nicht so wichtig erscheint.

Wenn Sie Ihre karmische Schuld abgetragen haben, werden Sie folgende Veränderungen an sich feststellen:

- Die Überempfindlichkeit zu diesem Thema läßt stark nach.
- Auch der besitzergreifende Wunsch, etwas wiedergutmachen zu wollen, wird geringer. Sie werden spüren, daß Ihre Bereitschaft zunimmt, sich von alten Verhaltensmustern zu lösen, die Ihrer Sucht oder Co-Abhängigkeit zugrunde liegen.
- Sie werden ein unerklärliches, aber deutliches Gefühl der Erleichterung verspüren, das Ihren ganzen Körper und Ihre Seele durchströmt.

## Bindungen

Unter einer „karmischen Bindung" verstehen wir eine enge Verbindung zwischen zwei Menschen, die gewöhnlich zu einem bestimmten Zweck eingegangen wird und häufig auf einen vorher festgelegten Zeitraum begrenzt ist. Dazu zählen z.B. Beziehungen zwischen Lehrer und Schüler, zwischen Geschäftspartnern, Helfern, Liebenden etc. – also alle normalen zwischenmenschlichen Beziehungen, die man im Laufe eines Lebens eben eingeht. Diese Beziehungen dienen dazu, Sie in ein Netz von Unterstützung und Zuwendung einzubinden, das Ihrem Leben erst Sinn verleiht. Diese karmischen Bindungen können kurzfristig sein (d.h. nur Tage, Wochen oder Monate dauern) oder sich über Jahre und Jahrzehnte erstrecken.

Zum Problem wird das ganze erst, wenn Ihre karmischen Bindungen ohne Ihr Wissen über die Grenzen eines Lebens hinweg aktiv bleiben. Die gegenseitigen Versprechungen, die man sich in solchen Fällen gibt, enthalten meist Worte wie „immer", „niemals" oder „für immer". (Beispielsweise: „Ich werde dich immer lieben." Oder: „Wir werden uns niemals verlassen.") „Für immer" heißt nämlich nicht nur, daß Sie etwas bis an Ihr Lebensende tun werden – es bedeutet tatsächlich „für immer", d.h. für alle kommenden Leben.

Diese ungelösten Bindungen hindern Sie daran, zu wachsen und sich zu entwickeln. Sie fesseln zwei Menschen aneinander, ganz gleichgültig, ob dies Ihren gegenwärtigen Umstände und Ihrem persönlichen Entwicklungsstand entspricht oder nicht. Was früher einmal eine sinnvolle Beziehung war, kann sich nun zur Bürde entwickeln, die beide Partner zur Heuchelei zwingt. Wenn Sie diese Bindung nicht unterbrechen, endet sie in Besessenheit und Abhängigkeit.Vermutlich haben Sie das aber schon verzweifelt versucht.

Sehr viele Menschen, die sich nicht aus einer für sie schädlichen Beziehung lösen können, mußten entdecken, daß eines dieser „für immer" gegebenen Versprechen sie an ihren Partner bindet wie eine Kette und ihre Energie sowie die des Partners in dieser uralten Bindung festhält. Wieviel sie auch an sich arbeiten mögen, nichts kann sich wirklich verändern, bevor diese Bindung nicht aufgelöst ist.

**Fallbeispiel:**

Alicia war einfach unfähig, mit ihrem Partner zu brechen, obwohl sie sich von ihm zutiefst vernachlässigt fühlte. Sie ging durch die Hölle, während er sich irgendwo blendend amüsierte, und doch schaffte sie es nicht, sich von ihm zu lösen, auch nachdem sie längere Zeit in ihren Therapiestunden an dieser Abhängigkeit gearbeitet hatte. Während einer Rückführung entdeckte sie, daß sie diesem Mann in einem vergangenen Leben ewige Treue geschworen hatte, bevor er in den Krieg gezogen war. Er kam niemals zurück. Also hielt sie ihr Versprechen, viele Leben lang, nachdem sie es gegeben hatte. Mittlerweile hatte es aber seinen Sinn verloren, und auch der Betroffene wollte sich unbedingt von ihr und ihrem Versprechen befreien. Sobald sie diese karmische Bindung unterbrochen hatte, fiel es ihr erstaunlich leicht, ihren Partner gehen zu lassen und ihr Leben zu leben – sehr zur Erleichterung aller Beteiligten.

Sich aus einer alten karmischen Bindung zu lösen ist ziemlich einfach. Dazu müssen Sie nicht einmal eine Reise in das alte Leben wagen. Es reicht, wenn die beiden Betroffenen sich untereinander verständigen, daß sie sich gegenseitig loslassen wollen. (Manche Menschen haben allerdings Angst, daß ohne diese karmische Bindung von der Beziehung nichts mehr übrig bleibt.) Wenn einer der Partner fürchtet, daß die Beziehung (wie sie jetzt ist) ohne diesen Aufhänger in die Brüche geht, sollten Sie sich (oder ihm/ihr) ins Gedächtnis rufen, daß aus einer alten formalen Bindung niemals eine gesunde Beziehung werden kann. Wenn Sie und Ihr Partner sich wirklich trennen, nachdem Sie Ihre alte Bindung losgelassen haben, dann stand Ihre Beziehung ohnehin kurz vor dem Aus – das bedeutet, daß es schon seit längerer Zeit keinen Grund mehr für ein Zusammenbleiben gab. Nun, es war an der Zeit. Das Leben geht nämlich weiter!

## 13

# Wie Sie ein früheres Leben verändern

Vielleicht möchten Sie jetzt erst einmal herausfinden, was in einem Ihrer früheren Leben geschehen ist. Schließlich muß man sich an die Vorstellung von vergangenen Leben erst gewöhnen, nicht wahr? (Obwohl mir immer schien, daß gerade Menschen, die sich nicht so recht mit dieser Vorstellung anfreunden wollten, plötzlich eine ungeheure Neugierde auf ihre früheren Leben entwickelten.) Für den Anfang ist diese Entscheidung sicher sinnvoll. Auf der anderen Seite kann es natürlich sein, daß eines Ihrer früheren Leben einen starken Einfluß auf Ihr jetziges Dasein ausübt. Wenn Sie wirklich willens sind, diese Erfahrungen so umzuwandeln, wie Sie es mit Ihren Kindheitstraumata gemacht haben, dann können Sie das tun. Ihnen stehen dabei alle möglichen Kräfte zur Verfügung: Sie können Ihr gegenwärtiges Bewußtsein mitnehmen, die angeborene Weisheit Ihres Höheren Selbst und dazu noch die Liebe der Engel. Auf diese Weise schaffen Sie eine neue, positive Erfahrung in Ihrem früheren *und* in Ihrem jetzigen Leben.

In einem ersten Schritt müssen Sie das entsprechende vergangene Leben auffinden. Der schnellstmögliche Weg dazu ist der, den wir schon bei der Entdeckung der Traumata aus unserem gegenwärtigen Leben eingeschlagen haben: Wir folgen einer bestimmten körperlichen Empfindung bis zu dem Punkt, an dem Sie sie zum ersten Mal erlebt haben, ganz egal, wann das war. Das ist etwa so, als würden Sie eine straff gespannte Angelschnur einholen und den Fisch, der am Haken sitzt, langsam zu sich heranziehen. Je stärker das Gefühl ist, um so leichter läßt es sich bis an seinen Ursprung zurückverfolgen. Celia, die sich verlassen fühlte und dem auf den Grund gehen wollte, landete schließlich in einer brennenden Holzhütte (was sie mit Sicherheit nicht erwartet hatte).

Sie können sich in ein früheres Leben begeben, auch wenn Ihr Verstand Ihnen etwas anderes einreden möchte. Sie müssen nur dazu bereit sein. Wenn Sie sich Sorgen machen, daß Sie möglicherweise keinen Zugang zu Ihren früheren Leben finden, dann sollten Sie sich folgendes vorstellen: Steigen Sie an der Hand Ihres Höheren Selbst langsam eine Treppe hinab, bis Sie an eine Tür kommen. Diese Tür führt in Ihre Vergangenheit, und Sie werden sie nun öffnen. Die Tür bildet eine klare Grenze zwischen den beiden Realitäten. Sie erleichtert es Ihnen, sich von der äußeren, von Logik geprägten Welt zu verabschieden und einzutreten in das innere Reich der Magie, in der die Logik des Verstands gar nichts zählt und alles möglich ist.

Bitten Sie Ihr Höheres Selbst, Sie in das Leben zu bringen, in dem Ihr größtes Problem im gegenwärtigen Leben seinen Ursprung hat. Sobald Sie an der Hand Ihres Höheren Selbst durch die Tür getreten sind, sollten Sie einen Moment innehalten und sich ein Bild von der Situation machen. So als würden Sie ein Theaterstück oder einen Film ansehen. Was geschieht auf der „Bühne"? Wer sind die Hauptakteure? Wo liegt das Problem? Wer fügt wem was zu? Diese Informationen können als Bild oder einfach als Gefühl zu Ihnen kommen.

Eine meiner Patientinnen meinte an diesem Punkt einmal: „Ich sehe gar nichts, aber ich habe eine Höllenangst. Jemand will mich töten!" (Ihr Höheres Selbst brachte sie natürlich sofort in Sicherheit.) Zögern Sie nicht, um Hilfe zu bitten, wenn Sie welche brauchen. Genau deswegen werden Sie von Ihrem Höheren Selbst auf diesen Reisen begleitet. Es möchte Sie daran erinnern, daß Sie nicht allein oder hilflos sind. Sie haben Helfer!

Versuchen Sie nicht, sich vorzustellen, was Sie sehen *sollten*. Lassen Sie nur einfach alles zu, was kommen will. Wie üblich wird Ihr Verstand versuchen, sich mit seinen

Kommentaren zwischen Sie und die Erfahrung zu drängen, vor allem, wenn Sie über eine bestimmte Zeit mehr erfahren als üblich. Danken Sie ihm für seine Hinweise, und machen Sie einfach weiter. *Lassen Sie Ihre Vermutungen beiseite. Schaffen Sie sich kein Szenario nach Ihren Vorstellungen.* Lassen Sie die Situation einfach von selbst entstehen. Ich bin immer wieder überrascht, was dabei hochkommt. Es ist selten das, was die Betroffenen (oder ich selbst) erwartet hätten. Vertrauen Sie Ihrem Höheren Selbst. Es weiß, was für Sie richtig ist und wieviel es Ihnen zumuten kann.

Es kann vorkommen, daß Sie sich mit Ihrem Ich aus vergangenen Zeiten identifizieren, eine Gefahr, die bereits in der Arbeit mit dem inneren Kind gegeben war. Dies würde bedeuten, daß Sie die entsprechende Situation noch einmal durchleben. Aus diesem Grund versuche ich normalerweise, das Verschmelzen abzublocken. Es ist sehr wichtig, daß Sie als unsichtbarer Beobachter außerhalb der Szene bleiben, und zwar aus zwei Gründen: 1. Wenn das, was geschieht, für Sie eine traumatische Erfahrung darstellt, kann das Geschehen (wie bei der Arbeit an Ihren Kindheitserlebnissen) Sie plötzlich überwältigen. 2. Wenn Sie in Ihr früheres Ich eintauchen, sehen Sie die Welt mit dessen Augen. Wenn Sie dieses Szenario aber verändern wollen, brauchen Sie dazu Ihr gegenwärtiges Bewußtsein. Sie sollten also darauf achten, daß Sie nicht in die handelnden Figuren „hineinschlüpfen".

Wenn Sie spüren, daß dies zu geschehen droht, stellen Sie sich vor, wie Sie aus dem entsprechenden Körper heraustreten und sich ihm gegenüberstellen. Oder wie Ihr Höheres Selbst Sie an der Hand nimmt und aus dieser Figur herausführt.

Lassen Sie die Ereignisse vor sich ablaufen wie einen Film. Auf diese Weise können Sie sie etwas neutraler sehen: „Ich sehe, wie mein früheres Ich von Banditen getötet wird." Oder: „Ich plündere ein armes Dorf aus, dessen Einwohner sich nicht verteidigen können." Manchmal kann es vorkommen, daß wir unseren eigenen Tod sehen. Doch wenn Sie einmal gesehen haben, was wirklich geschehen ist, können

Sie die Ereignisse verändern. So als würden Sie den Film auf dem Videoband zurückspulen und mit Hilfe eines Computerprogramms neue Szenen hineinschneiden.

## Ändern Sie Ihr früheres Leben

Normalerweise bieten sich zwei Arten von Änderungen an: 1. Entweder bewahren Sie eine Person (normalerweise sich selbst) vor Kummer und Schmerz. 2. Oder Sie lösen/heilen karmische Probleme. Beides verlangt, daß Sie in Ihr vergangenes Leben aktiv eingreifen.

**Fallbeispiel:**

Celia (mit der brennenden Hütte) wollte sich – das Kind – und ihre Mutter retten. Plötzlich vernahm sie die Stimme ihres Höheren Selbst, die zu ihr sagte: „Dreh dich um. Dort ist eine Tür." Und das nächste, was ich als Therapeutin von ihr hörte, war: „Jetzt sind wir gerettet!" Als Celia von ihrer Reise zurück war, erzählte sie: „Stellen Sie sich vor, was passiert ist. Sobald ich mich umdrehte, sahen wir beide die Tür. Meine Mutter nahm meine Hand und zog mich blitzschnell nach draußen." Nachdenklich fügte sie hinzu: „Jetzt begreife ich erst, wie sehr meine Mutter mich geliebt hat. Sie hat mich nicht absichtlich verlassen."

Mein Grundsatz bei meiner Arbeit (an jetzigen und früheren Lebenszeiten) ist stets: „Sicher ist sicher." Bringen Sie Ihr früheres Ich in Sicherheit, bevor Sie irgend etwas anderes tun. Erstaunlicherweise löst dies meist schon ungeheure Veränderungen aus (vor allem, weil Sie Ihr Ich häufig vor dem Tod retten müssen).

**Fallbeispiel:**

Ellen geriet in diesem Leben immer wieder in (sowohl emotional als auch körperlich) höchst gefährliche Situationen. Als sie bei ihrer Rückführungstherapie nach Gründen dafür suchte, fand sie ein früheres Leben, in dem sie von den Einwohnern ihres Dorfes zu Tode gesteinigt wurde, weil sie ihre „Andersartigkeit" fürchteten. (Sie kam nicht aus diesem Dorf.) Ellen entschied, daß ihr früheres Ich diesen Ort verlassen mußte, um sicher zu sein, d.h., überleben zu können. Als sie sich daran machte, dieses Leben zu verändern, führte Ellen ihr früheres Ich zum Fluß. Dort wartete ein Boot und brachte es in ein anderes Dorf, wo es in Sicherheit leben konnte. Ellen blieb noch ein Weilchen bei ihrem früheren Ich und beobachtete, wie dieses heiratete, Kinder zur Welt brachte und schließlich starb. Dieses Leben war zutiefst verschieden von dem, was ihrem früheren Ich in seiner dramatischen Lebenszeit geschehen war.

## Ein paar Vorschläge

Wenn Sie Ihr früheres Leben verändern möchten, sollten Sie dabei weise vorgehen, so daß die Ergebnisse für Ihr gegenwärtiges und Ihr früheres Leben gleichermaßen befriedigend sind. In einigen Fällen ist das einfach – wie z.B. bei Celia, die nur einen Weg aus der brennenden Hütte heraus finden mußte, damit ihre Mutter sie retten konnte. Und diese Handlung durchbrach endlich das alte emotionale Programm ihrer Verlassenheitsgefühle. Sie hatte in der Gegenwart zwar immer noch damit zu kämpfen, aber die Wurzel des Ganzen war nun wirksam beseitigt. Andere Probleme verlangen vielschichtigere Lösungsstrategien.

Wenn Sie beispielsweise als Person des 20. Jahrhunderts vor einem früheren Ich auftauchen, das im Mittelalter lebte, und diesem sagen: „Hallo, hier bin ich. Du mußt jetzt nur meinen Anweisungen folgen“, dann wird dieses Ich Sie für Teufelsbrut halten, die es auf direktem Weg in die Hölle führen will. Das liegt daran, daß seine Weltsicht nur zwei Arten übernatürlicher Wesen erlaubt – Engel und Teufel. Und da alle Fremden Teufel sind, müssen auch Sie einer sein. Um dieses Problem aus dem Weg zu räumen, müssen Sie sich in einer Form präsentieren, die Ihnen Autorität verschafft und den Sitten jener Zeit entspricht.

Eines der wichtigsten Dinge bei der Arbeit an vergangenen Leben ist die Fähigkeit, das entsprechende Szenario so zu beeinflussen, daß Sie die Handlung steuern können. Wenn Sie also Ihrem mittelalterlichen Ich als Engel erscheinen, wird es Ihre Ratschläge ohne weiteres akzeptieren. Ihrem Selbst in früheren Zeiten können Sie sich als Gott, Göttin oder Naturgeist präsentieren.

In Ihrer Innenwelt können Sie alles mögliche tun, um in die Handlung einzugreifen und sie zu verändern. Diese Dinge werden als *völlig normal* betrachtet, wenn sie zur Szenerie passen. Wenn ich meinen Patienten z.B. vorschlage, die Tür zu suchen und den Raum zu verlassen, dann antworten sie mir sehr selten mit: „Da ist keine Tür." Normalerweise sehen sie sie, öffnen sie und gehen hindurch, wie Celia es tat.

Wenn Ihr Verstand irgenwelche Einwände gegen ein solches Vorgehen erhebt, beruhige ich ihn durch Sätze wie: „In der Innenwelt unserer Seele ist alles möglich." Dieser Satz ist zur Beruhigung unseres Verstandes sehr wirksam, denn unser Denken muß das, was geschieht, logisch einordnen können – so gut es unter den gegebenen Umständen eben geht.

Wenn Sie Ihre Änderungsvorschläge mit der inneren Logik der entsprechenden Zeit und Kultur abstimmen, werden Sie keinerlei Probleme haben, sie in die Szene einzubauen. Ist das hingegen nicht der Fall, gibt es Schwierigkeiten. Das heißt: Keine Flugzeuge, Telefone oder Motorboote, wenn Sie in prähistorische Zeiten zurückgehen.

**Fallbeispiel:**

Maris sah während eines Lebens in Atlantis ein Telefon. Nach einigen Diskussionen mit mir entschied sie, daß es in Atlantis vielleicht tatsächlich Telefone gegeben hat, da es sich dabei ja um eine technologisch sehr weit fortgeschrittene Kultur handelte. Sie konnte mit ihrer Übung erst fortfahren, nachdem sie zu diesem Entschluß gekommen war. (Atlantis ist vielleicht die Ausnahme von der Regel.)

Sie können nichts falsch machen, wenn Sie Ihr Höheres Selbst oder einen Engel um Rat bitten. Fragen Sie es zum

Beispiel: „Was soll ich jetzt tun?" Ihr Höheres Selbst wird Ihnen eine klare Antwort geben, z.B. „Such die Tür." Leiten Sie diese Anweisungen an Ihr früheres Ich weiter. Es wird nur in den seltensten Fällen widersprechen. Wenn dies der Fall sein sollte, können Sie es daran erinnern, daß alles, was es bisher versucht hat, schiefgegangen ist. Wenn nötig, nehmen Sie Ihr früheres Ich an der Hand und führen es dorthin, wo es Ihrer Meinung hingehen sollte – wie Ellen es tat.

**Fallbeispiel:**

Martha mußte in all ihren Beziehungen zu Männern die Oberhand behalten. Als sie nach dem Grund für dieses zwanghafte Kontrollbedürfnis suchte, sah sie sich selbst als Priesterin einer matriarchalischen Religion, und zwar zu einer Zeit, als die Krieger einer patriarchalischen Religion ihr Dorf eroberten. Dabei wurde sie vom Anführer vergewaltigt. Da er ihr körperlich überlegen war, konnte sie nur auf der emotionalen Ebene kämpfen. Sie gelobte, niemals wieder in eine Situation zu geraten, in der sie so wenig Kontrolle über die Ereignisse haben würde. (Das war ein Für-immer-Schwur.)

Nachdem sie die Situation eingehend studiert hatte, schuf sie zusammen mit ihrem Höheren Selbst ein anderes Ende dieser Situation. Da sowohl die Priesterin als auch der Krieger einsahen, daß diese Situation verändert werden mußte, und da beide sich der offensichtlichen Lösung widersetzten, trat Martha in Form der Göttin auf und nahm die Wandlung vor. Priesterin und Krieger behandelten einander mit Achtung. Haß und Brutalität wurden so besiegt. Aus der „Vergewaltigung" wurde eine „Vereinigung der Kräfte". Beide Parteien akzeptierten dankbar diese Lösung (die Priesterin fühlte sich ohnehin von dem Krieger angezogen), und Marthas Haltung Männern gegenüber änderte sich beträchtlich.

Nachdem Sie diese Veränderungen an Ihrem früheren Leben vorgenommen haben, sollten Sie sich gleichsam in Ihrem Sessel zurücklehnen und zusehen, wie das Leben Ihrer Figur jetzt verläuft. Dieser letzte Schritt ist von ganz besonderer Wichtigkeit. Er wird Sie zutiefst befriedigen, denn Sie werden sehen, wie das Leben Ihres früheren Ich sich nun verbessert hat, da Sie es gerettet haben. Sie müssen dabei überhaupt nichts tun. (Das ist ungefähr so, als würden Sie auf dem Gipfel eines Berges einen Ball anstoßen. Sobald Sie ihn in Bewegung gesetzt haben, rollt er von ganz allein.)

## Karmische Schuld

Wenn Ihr vergangenes Leben Sie in der Opferrolle zeigte, ist es leicht, Änderungen einzufügen, die Ihr früheres Ich vor einem gräßlichen Schicksal bewahren. Wenn Sie selbst es aber sind, der in diesem Leben Angst und Schrecken verbreitet hat, sind Sie mit weiteren Gefühlen konfrontiert, die in Ihnen aufsteigen werden, wenn Sie Ihr früheres Ich in Aktion erleben – Schamgefühle, Zorn oder das erdrückende Gefühl der Schuld. Hier werden Veränderungen schwierig, denn es wird Ihnen nicht leichtfallen, angesichts dieser Taten neutral zu bleiben und Ihr früheres Ich nicht zu verurteilen.

**Fallbeispiel:**

Louise war eine Art spiritueller Junkie – sie machte jeden Workshop und jeden Kurs mit, von dem sie erfuhr, um endlich ihre übersinnlichen Kräfte entfalten zu lernen. All ihre Freunde hatten schon Visionen gehabt, hatten Erfolg im Channeln oder im Wahrnehmen der Aura. Sie selbst konnte von solchen Dingen nur träumen. Bei ihr schien einfach nichts zu helfen. Als sie nach dem Grund dafür suchte, daß es ihr nicht gelang, sich auf feinstofflicher Ebene zu öffnen, erfuhr sie, daß sie unter einem karmischen „Fluch" stand. Sie hatte in früheren Leben ihre feinstofflichen Kräfte zu bösen Zwecken genutzt. Jetzt, wo sie sie tatsächlich zum Guten einsetzen wollte, war der Zugang blockiert. Diese Strafe verursachte ihr nicht wenig Kummer, doch immerhin konnte sie einsehen, daß sie eine passende karmische Buße für frühere Taten erhielt.

Sich ein solches Leben genauer anzusehen ist zweifellos sehr schmerzhaft. Leichter wird es, wenn Sie den Prozeß unterbrechen und erst zu diesem Punkt zurückkehren, wenn Sie sich stark genug fühlen, damit fertig zu werden.

Schließlich gibt es für den Weg der emotionalen Wiedergeburt keinen Termin, bis zu dem er vollzogen sein müßte. Dazu müssen Sie Ihrem Höheren Selbst nur mitteilen, daß Sie für den Moment aufhören möchten, an diesem Leben zu arbeiten. Dann wird es den Heilungsvorgang so lange in der Schwebe halten, bis Sie bereit sind, weiterzuarbeiten. Wenn Sie dann weitermachen, sollten Sie daran denken, immer tief durchzuatmen. Das hilft uns, Energie loszulassen.

Glücklicherweise müssen Sie den Weg zur emotionalen Wiedergeburt nicht allein beschreiten. Lassen Sie alles, was mit Bestrafung oder Neuausrichtung zu tun hat, Ihr Höheres Selbst oder Ihren Schutzengel übernehmen. Sie sehen einfach nur zu. Ihre Helfer werden gerecht, liebevoll und frei von negativen Emotionen vorgehen. Wenn Sie eingreifen möchten, sollten Sie das auf dieselbe Weise tun, die wir bereits bei der Arbeit an Kindheitserfahrungen angewandt haben. Wenn Sie Ihr Höheres Selbst fragen: „Welche Erfahrung muß die Person machen, die mir Leid zufügte, um für ihre Taten zu büßen?“, dann wird es Ihnen – wie immer – die richtige Antwort zukommen lassen.

Ihr Ich aus früheren Leben muß seine Strafe bekommen. Es ist sehr wichtig für Sie, daß es von seinen karmischen Schulden soviel als möglich an Ort und Stelle abbezahlt, indem es in irgendeiner Form Leiden auf sich nimmt. Manchmal geschieht sogar noch mehr: Ihr früheres Ich wird einsichtig, erkennt, wie schlecht es gehandelt hat, und nimmt die Strafe an. Manchmal aber weigert es sich auch. Das bedeutet für Sie, daß die Rückzahlung blockiert ist und daß Sie in Ihrem jetzigen Leben die Folgen tragen müssen. Doch auch dies ist meist nicht endgültig. Sie können ja später noch einmal zurückkehren und feststellen, ob Sie mittlerweile genug „gezahlt“ haben.

Die Arbeit an Ihrem Karma ist die gründlichste Lösung für Ihre Probleme, da es Sie den unangenehmsten und schlimmsten Aspekten Ihrer Persönlichkeit schonungslos aussetzt. Doch Sie erhalten dafür natürlich auch die höchstmögliche Belohnung. Karma-Arbeit setzt *ungeheure* Mengen

Energie frei und zerstört dabei ein für allemal viele unserer Verhaltens- und Wahrnehmungsmuster. Jedes Stück Leben, das Sie so befreien, setzt gewaltige Heilenergie in Ihrer Seele und in Ihrem Leben frei.

Auch Engel können karmische Schuld erlassen, wenn sie dies für angemessen halten. Bitten Sie sie von Zeit zu Zeit, Ihnen einen Teil Ihrer karmischen Schulden zu erlassen. Sie werden es tun, wenn sie der Ansicht sind, daß Sie genug bezahlt haben.

Sie werden sofort merken, wenn Sie einen Teil Ihres Karmas abgetragen haben. Es fühlt sich an, als würden Sie von einer Welle von Dankbarkeit, Erleichterung und Traurigkeit überrollt, die all Ihren Schmerz mitnimmt und Sie mit einem Gefühl von Freude und Leichtigkeit zurückläßt – zumindest bis Sie zum nächsten heiklen Thema vordringen.

## Und was geschieht wirklich?

Vielleicht haben Sie jetzt, nachdem Sie Ihre ersten Erfahrungen mit der Arbeit an vergangenen Leben hinter sich haben, ein paar Fragen: „War das, was ich gemacht habe, eine echte Erfahrung? Ist dabei wirklich etwas geschehen? Und hat sich jetzt etwas verändert?“ Vielleicht sagt Ihr Verstand Ihnen, daß es überhaupt keinen Sinn hat, ein vergangenes Leben ändern zu wollen (wenn nicht ohnehin alles nur Einbildung war). Doch das ist alles nicht weiter wichtig. Entscheidend ist nicht, wie Sie diese Erfahrung bezeichnen, sondern die *Erfahrung* selbst. Natürlich können Sie nur in Ihrer Vorstellung in ein früheres Leben zurückkehren. (Die Menschen, die Sie dabei sehen, sind in Wirklichkeit schon lange tot.)

Das ist auch nicht die eigentliche Frage. Haben Sie eine Veränderung, eine Wandlung gespürt? Sind Sie aus dieser Reise mit einem veränderten Verständnis Ihres Lebens hervorgegangen oder nicht? Das sind die Merkmale, an denen Sie messen sollten, ob eine bedeutsame Veränderung in

Ihrem Leben stattgefunden hat. Indem Sie Ihrem früheren Ich halfen, für sein Leben eine andere Lösung zu finden, haben Sie seine Erfahrung zu einem Ende geführt, und zwar in *Ihrem* Inneren – und das ist schließlich der einzige Ort, der zählt. In fast allen Fällen, in denen einer meiner Patienten eines seiner früheren Leben heilte, fand auch eine spürbare Veränderung in seinem gegenwärtigen Leben statt.

Indem Sie ein Trauma aus einem früheren Leben heilen, setzen Sie Energie frei, die jahrhundertelang gefangen war. Und diese Energie können Sie jetzt, in der Gegenwart, nutzen. Aus diesem Grund wird Ihr jetziges Leben sich verändern – sowohl von innen als auch von außen.

Die positiven Veränderungen, die ein geheiltes früheres Leben mit sich bringt, erstrecken sich nicht nur auf Ihre Person. Wenn Sie einen dieser Knoten lösen, dann werden alle Menschen, die darin verwickelt waren, ebenfalls geheilt werden. Sie sind ein Teilchen eines gigantischen Netzwerks von Beziehungen. Wenn Sie sich wandeln, dann verändert sich damit das gesamte Netz. Obwohl die Ergebnisse – zumindest anfangs – nicht immer offensichtlich sind, werden sie nach ein paar Monaten doch deutlich. Da Sie die zugrundeliegende emotionale Verstrickung endgültig geheilt haben, können Sie nun mit den betroffenen Menschen neue, gesündere Beziehungen aufbauen, wenn Sie das möchten. Oder Sie können sich ein für allemal von ihnen trennen, ohne dadurch Feindseligkeit, Wut oder weiteres Karma auszulösen.

## Übungen

### ■ Heilen Sie Ihr vergangenes Leben

1. Rufen Sie Ihr Höheres Selbst oder Ihren Schutzengel zu sich. Bitten Sie ihn, Sie zu dem Leben zu führen, das jetzt für Sie wichtig ist.

2. Nun tut sich vor Ihnen eine lange Treppe auf, die auf eine Tür zuführt.

3. Gehen Sie nun, Hand in Hand mit Ihren Helfern, die Treppe hinab auf diese Tür zu. Sie sagen: „Ich gehe zurück zu dem Zeitpunkt, an dem .... [hier setzen Sie Ihr Problem ein] zum ersten Mal aufgetreten ist." Jeder Schritt, den Sie tun, führt Sie nun Jahrzehnte oder Jahrhunderte zurück bis zu dem Punkt, an dem Ihr Problem sich zum ersten Mal zeigte.

4. Am Ende der Treppe befindet sich die Tür, welche Sie direkt in die entsprechende Lebenszeit führt. Treten Sie hindurch.

5. Jetzt sind Sie der unsichtbare Beobachter. Wenn Sie sich mit Ihrem Ich identifizieren, treten Sie aus dieser Figur heraus. Sie müssen den Ablauf dieser Geschichte mit den Augen des 20. Jahrhunderts betrachten können. Bitten Sie Ihr Höheres Selbst, Sie an der Hand zu nehmen und aus dem Körper Ihres früheren Ich zu ziehen, wenn es anders nicht gehen sollte.

6. Sehen Sie zu, wie die Szene abläuft. Sollten Sie nichts sehen oder fühlen, bitten Sie Ihr Höheres Selbst, Sie zu dem kritischen Punkt zu führen.

7. Beobachten Sie, was geschieht. Das kann auch bedeuten, daß Sie zusehen müssen, wie Ihr früheres Ich stirbt.

Vielleicht sollten Sie beim ersten Mal hier aufhören. Wenn Sie aber weitermachen und das Trauma ganz lösen wollen, fahren Sie bitte wie folgt fort.

1. Lassen Sie das „Videoband" Ihres früheren Lebens zurücklaufen, bis Sie an einem Punkt angekommen sind, der vor dem betreffenden Ereignis (z.B. Ihrem Tod) liegt.

2. Suchen Sie nun nach einer Möglichkeit, Ihr früheres Ich aus dieser schmerzlichen, wenn nicht sogar tödlichen Situation zu befreien.

3. Wenn Ihnen nichts einfällt, können Sie Ihr Höheres Selbst fragen. Es weiß, was als nächstes zu tun ist. Folgen Sie seinem Rat. Das kann bedeuten, daß Sie sich Ihrem früheren Ich in einer Form nähern müssen, die seinem kulturellen Horizont angemessen ist, damit Sie ihm den entscheidenden Rat geben können. (Zum Beispiel „Such die Tür" oder: „Folge diesem Pfad".)

4. Wenn Ihr früheres Ich hingegen der Übeltäter ist, sollten Sie Ihr Höheres Selbst bitten, es zu bestrafen, damit Sie in diesen Prozeß nicht verwickelt werden.

5. Weisen Sie Ihrem früheren Ich den Weg zu den entsprechenden Hilfsmitteln wie „Tür" oder „Boot", damit es sich in Sicherheit bringen kann.

6. Beobachten Sie dann das neue Leben Ihres Ich, bis es stirbt. Dies ist ein sehr wichtiger Schritt, weil er Ihnen und Ihrer Seele das Gefühl gibt, daß die Sache nun wirklich zu Ende gebracht wurde.

7. Danken Sie Ihrem Höheren Selbst, und steigen Sie die Stufen wieder hinauf, bis Sie in die Gegenwart kommen.

Falls Sie diesen Vorgang beängstigend finden, bitten Sie einen Freund, Ihnen diese Anweisungen vorzulesen, während Sie die Übung machen, oder nehmen Sie die Anweisungen vorher auf Band auf. (Eine Audiokassette mit der vollständigen Übung – allerdings in englischer Sprache – können Sie auch bei mir bestellen, siehe S. 246.)

## Wie Sie alte Bindungen lösen

1. Schließen Sie Ihre Augen, und stellen Sie sich vor, daß Sie jetzt an einem geheiligten Ort in freier Natur sind. An diesem Ort brennt ein Lagerfeuer.

2. Laden Sie Ihr Höheres Selbst ein, und bringen Sie die Vereinbarung mit, in der die Bindung, von der Sie loskommen wollen, festgehalten ist. Es ist ein Stück Papier, auf dem etwas geschrieben steht.

3. Bitten Sie die andere Partei, sie möge zusammen mit ihrem Höheren Selbst ebenfalls am Lagerfeuer erscheinen. Auch sie bringt die schriftliche Vereinbarung mit.

4. Fragen Sie nun Ihr Gegenüber, ob es willens ist, diese Verbindung aufzulösen. Wenn es dies ablehnt, erinnern Sie es daran, wieviel Unglück diese Bindung in Ihrer beider Leben schon verursacht hat.

5. Schreiben Sie groß „AUFGELÖST" auf Ihr Schriftstück. Zerreißen Sie es jetzt, und werfen Sie die Papierfetzen ins Feuer, wo sie verbrennen.

6. Sagen Sie dreimal nacheinander: „Ich lasse dich los."

7. Sehen Sie jetzt zu, wie die andere Partei das gleiche tut. Nun haben Sie sich gegenseitig freigegeben.

8. Verabschieden Sie sich voneinander.

Sie können diese Übung auch ohne den Anderen machen. Lassen Sie dann einfach die Schritte 3, 4 und 6 weg. Manche Menschen vollziehen diesen Schritt lieber für sich allein. Andere finden es nützlich, den Betreffenden dabei zu haben, um sich innerlich von ihm verabschieden zu können. Die Verbindung wird in beiden Fällen restlos gelöst.

## 14

# Der dunkle Grundton unserer Seele

Empfinden Sie jetzt, wo Sie so viel an sich gearbeitet haben, dennoch eine gewisse Frustration, weil Sie nicht so schnell vorwärtskommen, wie Sie sich das gedacht hatten? Gibt es da ein bestimmtes Thema, über das Sie immer und immer wieder stolpern, etwas, das scheinbar überhaupt nicht auf Ihre Bemühungen reagiert, egal wie eifrig Sie auch daran arbeiten? Und ganz egal, was Sie tun, Sie begegnen diesem Problem auf Schritt und Tritt. Alles, was sich verändert, ist seine Intensität, die wächst und wächst. Meinen Glückwunsch! Sie haben Ihr Lebensthema gefunden – das Thema, das sich durch Ihr gesamtes Sein zieht wie ein roter Faden und alles beeinflußt, was Sie sagen oder tun.

Ihr Lebensthema ist die Art und Weise, wie Sie sich und die Welt im tiefsten Inneren erleben. Es prägt auf einer sehr grundlegenden Ebene Ihr ganzes Sein. So stark und überwältigend ist dieses Thema, daß man fast glauben könnte, es sei uns angeboren. Unser gesamtes Dasein erhält von ebendiesem Grundthema seine Ausrichtung und Färbung. Dabei geht es weit über psychische und physische Probleme aufgrund von seelischen Traumata hinaus. Diese sind allerdings verantwortlich dafür, daß es unser Leben ständig weiter kontrolliert.

Ich habe in den vorangegangenen Kapiteln schon hin und wieder einen Hinweis auf diese Thematik eingestreut. Nun ist es an der Zeit, daß wir sie in einen größeren Zusammenhang stellen und sie etwas genauer betrachten. Es gibt im Leben jedes Menschen drei Urängste: die Angst vor dem Tod, die Angst vor dem Verlassenwerden und die Furcht vor dem Verlust der eigenen Persönlichkeit. Alle drei gehen auf einen ganz wesentlichen Mangel zurück – den Mangel an Sicherheit, Liebe oder angemessenem Selbstausdruck. Eines dieser Dinge hat unserem Leben und unserer Seele in einem kaum erträglichen Ausmaß gefehlt.

Ein Mensch, dessen Persönlichkeit von der Angst vor dem Tod geprägt ist, sieht das Leben nur unter dem Aspekt des Überlebens: „Kann ich mich in Sicherheit bringen, oder wird mein Leben zerstört werden?" Ein Mensch, der sich am stärksten vor dem Verlassenwerden fürchtet, betrachtet sein Dasein unter dem Gesichtspunkt der Liebe: „Werde ich geliebt, oder muß ich ohne Liebe bleiben?" Und jemand, der vor dem Verlust der eigenen Identität Angst hat, wird jedes Problem der Frage nach dem persönlichen Raum unterwerfen: „Kann ich ich selbst sein, oder wird jemand in meinen Raum eindringen und meine Identität auslöschen?" Diese Urängste müssen in Ihrem täglichen Leben nicht unbedingt spürbar sein. Trotzdem werden Ihr Verhalten, Ihre Gefühle und Ihre Sicht der Welt davon beeinflußt – und ebenso all Ihre Handlungen und Entscheidungen. Darüber hinaus wird es Ihnen durch dieses Bedürfnis, das niemals erfüllt wurde, schwerfallen zu glauben, daß Sie es wert sind, in Sicherheit zu leben, geliebt zu werden oder Ihre Persönlichkeit auszudrücken. Alles, was Sie denken, tun oder glauben, wird letztlich von diesem Grundgedanken gesteuert, denn Sie werden entweder versuchen, ihn zu bekämpfen, oder ihm nachgeben.

Die Entscheidung darüber, wie Sie die Welt grundsätzlich wahrnehmen, fällt in den ersten zwölf Monaten Ihres Lebens. Sie bildet das Fundament, auf dem später Ihr Glaubenssystem aufbaut. Dieses Lebensthema setzt sich dann während der nächsten beiden Lebensjahre richtig fest. Wenn Sie also nach Ihrem ersten Lebensjahr aus einer Familie, in der Sie gequält und mißachtet wurden, zu Menschen kommen, die Sie lieben, dann stehen die Chancen recht gut, daß Ihr Grundthema nicht vom Gedanken des Überlebens geprägt wird. Bleibt die schwierige Situation dagegen in den ersten drei Lebensjahren bestehen, dann wird es für Sie sehr schwierig werden, über dieses Thema hinauszugelangen, weil sich die Angst vor dem Tod auch in der letzten Zelle Ihres Körpers festsetzt.

## Die drei Grundformen der Angst

### Angst vor dem Tod

Wenn Ihr Leben von der Angst ums Überleben geprägt ist, dann beurteilen Sie alles, was damit zusammenhängt, nur auf seine Sicherheit hin. Wenn Sie gleichsam im Krieg leben (z.B. in einem von Gewalt bestimmten Stadtviertel, einem Land im Kriegszustand oder innerhalb einer gewalttätigen Familie), müssen Sie ständig um Ihr Leben fürchten. Diese dauernde Todesangst läßt in Ihnen das Gefühl aufkommen, daß Sie es gar nicht verdienen zu leben. Daraus entsteht wiederum der Glaube, daß Sie es nicht wert sind, etwas zu besitzen. Menschen, die von diesem Grundgefühl gezeichnet sind, empfinden häufig sehr viel Wut (die sie ausdrücken oder nicht). Sie hilft ihnen zu überleben. Für sie steht das Überleben im Zentrum ihres Erlebens.

Bei all Ihren Entscheidungen, und seien sie noch so unbedeutend, geht es um Leben oder Tod. Sie sehen nur Schwarz und Weiß statt der vielen Grautöne dazwischen. So sehen Kinder und Erwachsene die Welt, die in der ständigen Furcht vor dem Tod leben. Wenn Sie erwachsen werden, lernen Sie normalerweise, zu verhandeln und Kompromisse zu schließen, um Ihre Bedürfnisse zu befriedigen. Das funktioniert ganz gut – bis Sie in eine bedrohliche Situation geraten, in der Sie den Gang wechseln und auf „Überleben" schalten. Dann handeln Sie nur noch aus Ihrer Grundangst heraus. In solchen Zeiten fragen Sie sich nicht, ob es nicht besser wäre, einen Kompromiß zu schließen. Für Sie geht es um alles oder nichts. Leben oder Tod – das sind die einzigen Alternativen.

Es gibt in Amerika ein Sprichwort, das besagt, daß ein halber Laib Brot besser sei als gar keiner. Das trifft nicht zu, wenn Sie um Ihr Überleben kämpfen. Sie können keinen halben Laib akzeptieren, weil ein halber Laib den Tod bedeuten würde und es eben kein „Halb tot“- oder „Halb lebendig“-Sein gibt. Alles oder nichts, das ist hier die Frage.

## Angst vor dem Verlassenwerden

Wenn in Ihren ersten Lebensjahren nur Ihre körperlichen Bedürfnisse befriedigt wurden, dann werden Sie immer nach dem hungern, was Ihnen damals vorenthalten wurde – nach genügend Liebe und Aufmerksamkeit, um das gigantische Loch zu füllen, das Vernachlässigung und Einsamkeit in Ihnen zurückgelassen haben. Kommen Sie sich verlassen vor, dann glauben Sie am Ende, daß Sie gar nichts verdienen, vor allem nicht, geliebt zu werden. Genau das bedeutet Verlassen-Sein.

In Ihrer Weltsicht steht der Brotlaib für Liebe, von der Sie *wissen*, daß sie unerreichbar ist. Während der von Todesangst geprägte Mensch den ganzen Laib haben muß, weil er um sein Leben fürchtet, haben Sie nur ein paar Krümel – an einen Laib wagen Sie gar nicht zu denken. Und sogar diese Krümel würden Sie gerne weggeben, wenn Ihnen nur jemand erlauben würde, ihn mit all Ihrer Aufmerksamkeit zu überschütten – in der Hoffnung, daß Sie dann wenigstens ein klein bißchen Liebe bekommen würden.

Menschen, die mit der Angst vor dem Verlassenwerden kämpfen, kümmern sich häufig aufopfernd um andere Menschen (sind mitunter sogar co-abhängig). Sie ertragen alle möglichen Grausamkeiten, weil sie darauf hoffen, daß sie so wenigstens ein wenig Anerkennung (d.h. Liebe) erlangen. Es ist dabei völlig gleichgültig, ob die andere Person ursprünglich Anzeichen solcher Gefühle zeigte. Unglücklicherweise üben Menschen mit diesem Problem eine fatale Anziehungskraft auf solche Menschen aus, die deren emotionalen Bedürfnissen völlig gleichgültig gegenüberstehen. Vorzugsweise suchen sie sich Personen aus, die von einer anderen Grundangst geprägt sind, nämlich der vor dem Verlust des eigenen Selbst, und in erster Linie alleingelassen werden wollen.

## Angst vor Identitätsverlust

Solche Menschen empfinden andere Personen häufig als Kletten, die ständig an ihnen hängen, ihre Aufmerksamkeit beanspruchen und ihnen keinerlei Raum mehr für ihre persönliche Entfaltung lassen. Sie haben ständig das Gefühl, daß sie keinen Raum für sich haben – nicht einmal in ihrem Inneren. Sie fürchten, daß jemand in ihren Raum eindringt und seine Grenzen verletzt. Ihr Körper, Ihr Geist und Ihre Seele leben im dauernden Belagerungszustand. (Meiden Sie nach Möglichkeit die Übungen in Kapitel 5). Sie kommen sich vor, als hätten Sie nicht das Recht, Sie selbst zu sein. (Menschen, die Angst vor dem Verlassenwerden haben, verstehen diese Problematik meist überhaupt nicht, da sie ihren Schwierigkeiten vollkommen entgegengesetzt ist. Was würden sie nicht geben, um einmal so etwas zu erleben.)

Vielleicht wurden Sie als Baby ständig bemuttert oder mußten in einem Haushalt mit sehr vielen Menschen aufwachsen, so daß Ihre Grenzen ununterbrochen verletzt wurden. Möglicherweise hatten Sie keinerlei Privatsphäre oder Zeit für sich selbst. Die Menschen, die sich um Sie kümmerten, gaben Ihnen vermutlich nicht genügend Raum, um Ihre eigene Identität zu entwickeln.

In Ihrem Weltbild ist der Brotlaib Ihr Selbst, den Sie schützend gegen Ihre Brust drücken. „Den kriegst du nicht", sagen Sie. Aus diesem Grund bezeichnet man Sie oft als selbstsüchtig, doch Sie haben einfach nur Angst, auch nur einen Teil Ihres mühsam erkämpften Selbst wieder abzugeben. Will jemand Ihr Selbst ohne Ihre Zustimmung oder Erlaubnis mit Ihnen teilen, so erleben Sie das als Akt der Aggression, als regelrechte Invasion. So errichten Sie hohe und dicke Mauern, um Ihr Selbst zu schützen.

Doch auch mit solch hohen Mauern leben Sie immer noch in der Angst, jemand könnte Ihren Schutzwall durchbrechen und den Sturm auf Ihr Selbst wagen. Sie fürchten, daß Ihnen ein Teil Ihrer selbst genommen wird. Und so versehen Sie das Gelände weit um Ihre „Burg“ mit Warnschildern: „Durchgang verboten!“ Oder: „Verschwinden Sie! Ich traue Ihnen nicht.“ Wenn dieses Programm aktiviert wird, mischen sich solche Aussagen immer wieder unter Ihre Sätze. Bevor Sie auch nur eine schmale Tür in Ihren Schutzwall brechen, müssen Sie eine Menge Vertrauen aufbauen. An einen etwaigen Abriß ist erst gar nicht zu denken. Es dauert lange, bis dieser Zustand sich verändert.

## Mangel an Liebe und Vertrauen

Alle drei Lebensthemen haben den Mangel an Liebe und Vertrauen zur Grundlage. Und die betreffenden Menschen leben in der ständigen Angst, daß das, was sie fürchten, ihnen wieder geschehen könnte (daß sie wieder zutiefst verletzt, verlassen oder unter zu vielen Aufmerksamkeiten erstickt werden könnten). Wenn Sie nicht ausreichend Schutz erfahren haben, so schwanken Sie Ihr Leben lang zwischen Wut und Schicksalsergebenheit hin und her. Wurden Sie als Kind verlassen, dann werden Sie sich später an jeden Menschen hängen, der Ihnen auch nur ein bißchen Liebe gewährt. Wenn Sie hingegen immer um Ihren eigenen Raum kämpfen mußten, werden Sie sich immer hinter dicken Mauern verstecken. In keinem der Fälle können Sie genügend Vertrauen entwickeln – ein Vertrauen, das Ihnen sagt, daß Ihre Bedürfnisse sicher erfüllt werden. Sie werden immer auf der Hut sein und mißtrauisch nach Menschen oder Situationen Ausschau halten, die Ihre Urangst aktivieren.

**Fallbeispiel:**

Jane war co-abhängig. Sie glaubte, sich um ihren Partner Marvin kümmern zu müssen, der sich von ihr regelrecht bemuttert fühlte. Sie verhielt sich unterwürfig, bettelte um ein bißchen Liebe und weigerte sich, Marvin so zu sehen, wie er war. Je mehr sie ihm nachlief, um so stärker zog Marvin sich zurück. In dieser Konstellation war Jane das verlassene Kind, das verzweifelt geliebt werden wollte, wogegen Marvin seine Freiheit haben wollte. Je mehr sich also Marvin von ihr zurückzog, um so mehr lief Jane ihm nach. Das verschlimmerte sich so sehr, daß Marvin am Ende überhaupt keine Lust mehr hatte, nach Hause zu kommen, und Jane voller Verzweiflung glaubte, er würde sie verlassen.

Das obige Beispiel beschreibt eine Dynamik, die bei Paaren nicht einmal selten ist: Da ist auf der einen Seite der, der immer gibt, und auf der anderen Seite der, der ständig nur zu nehmen scheint. In Wirklichkeit handelt es sich dabei um einen Fall, bei dem zwei verschiedene Urängste aufeinanderprallen: die Angst vor dem Verlassenwerden und jene vor dem Verlust der eigenen Identität. Wenn Sie eine derartige Beziehung heilen wollen, müssen Sie Wege suchen, wie beide Personen Ihr Lebensthema angehen können. Beide könnten sich z.B. extra Zeit nehmen, um etwas gemeinsam zu unternehmen. (So würde Jane sich geliebt fühlen.) Gleichzeitig müßte der andere Partner (Marvin) genügend Zeit für sich selbst haben, so daß er sich nicht erstickt fühlt. Außerdem sollte Jane sich eigene Hobbys suchen, damit sie weniger auf Marvin und seine Bedürfnisse fixiert ist. In unserem Fall begann Marvin nach einer gewissen Zeit, Janes Gesellschaft zu vermissen. Es fiel ihm auch leichter, ihr mehr Aufmerksamkeit zukommen zu lassen, weil sie nicht mehr dauernd darum bat.

**Fallbeispiel:**

Für Greg war seine Ehe etwas, das er nur unter dem Gesichtspunkt „alles oder nichts" sehen konnte. Jedesmal, wenn es Streit gab, fürchtete er, daß seine Frau Elaine ihn verlassen könnte. Also gab er immer ihren Wünschen nach, ganz gleich, was er wirklich dachte, und schluckte seinen eigenen Ärger einfach hinunter. Eines Tages schließlich ging er bei einer völlig nebensächlichen

Meinungsverschiedenheit regelrecht in die Luft. Elaine war bestürzt über sein grobes Verhalten, da es für sie einfach aus dem Nichts zu kommen schien.

Doch als Greg ihr gestand, daß er immer gedacht hatte, sie würde ihn verlassen, falls er je wütend werden sollte, wurde ihr Entsetzen noch größer: „Und ich dachte immer, daß dir nicht genug an mir liegt, um mir mitzuteilen, was du wirklich denkst, oder um mir deine Gefühle zu zeigen." Und er meinte noch einmal: „Aber was, wenn du mit meiner Meinung nicht einverstanden gewesen wärst? Du hättest mich doch sicher verlassen!" Das waren die einzigen Möglichkeiten, die es in seiner Weltsicht gab: Schwarz oder Weiß, Alles oder Nichts.

Konflikte aktivierten Gregs Lebensthema, seine Überlebensangst. Er konnte also gar keine andere Alternative sehen: Wenn es Streit gäbe, dann würde Elaine ihn verlassen.

(Sehen Sie, wie gut man andere Menschen verstehen kann, wenn man ihr Lebensthema kennt!) Um Greg mehr Sicherheit zu geben, setzten die beiden Regeln für ihre Kommunikation untereinander fest. Und sie lernten zu verstehen, was ein Streit jeweils beim anderen auslöste. Schließlich lernte Greg, daß ein Streit noch nicht bedeutete, daß die ganze Beziehung auseinanderbrechen würde (Tod). Es bedeutete einfach nur, daß sie beide unterschiedlicher Meinung waren. Greg und Elaine konnten zusammenbleiben.

## Die ganze Wahrheit über unsere Urangst

Wenn Ihre Urangst aktiviert wird, haben Sie nur noch eines im Sinn, nämlich sich aus der gefährlichen Situation zu befreien und in Sicherheit zu bringen. Wenn Sie auf etwas stoßen, das Sie als lebensbedrohlich empfinden, werden Sie automatisch auf Kampf oder Flucht umschalten. Haben Sie hingegen Angst davor, verlassen zu werden, dann werden Sie in der ständigen Furcht leben, daß dies geschehen könnte. Fühlen Sie sich hingegen eingeengt, werden Sie sich hinter eine dicke Mauer zurückziehen. Nichts wird Sie von

Ihrer Furcht erlösen können, bis Sie sich aus der entsprechenden Situation befreit haben – oder bis der Ursprung dieser Angst beseitigt ist.

Unter normalen Umständen hat die wohltuende Liebe und Freude, die von Ihrem Höheren Selbst oder Ihrem Schutzengel ausstrahlt, keine Mühe, Sie vollständig zu durchdringen und Sie zu wärmen wie ein munter prasselndes Lagerfeuer. Ist jedoch Ihre Urangst aktiviert, dann werden Sie überhaupt nichts empfinden, bis der auslösende Reiz nicht verschwunden ist.

Wenn Ihre Lebensangst Sie in den Klauen hat, sei es nun die vor dem Tod, dem Verlassenwerden oder dem Verlust Ihrer Identität, dann kann all die heilende Liebe, in die Ihr Höheres Selbst und die Engel Sie hüllen möchten, den Panzer aus Angst und Panik nicht durchdringen. Sie werden keinen Trost empfinden, keine Helfer rufen oder mit Ihren Gefühlen fertig werden können, solange Ihre Nebennieren noch Adrenalin in Ihren Körper pumpen. Erst wenn Sie wieder zurück in die Realität kommen, können Sie sehen, daß die Welt keineswegs so angsteinflößend ist, wie Sie dachten. Erst dann sind Sie wieder klar genug, um die Hilfe Ihres Höheren Selbst und Ihres Schutzengels annehmen zu können.

Warum ist Ihre Urangst so mächtig und so schwer in den Griff zu bekommen? Nun, wenn Sie Ihr Lebensthema finden, werden Sie entdecken, daß Sie auf eine bestimmte Weise sehr vertraut damit sind. Sie leben ja schließlich schon sehr lange mit diesem Thema. Nicht nur in Ihrem gegenwärtigen Leben. Ihr Thema hat die meisten Ihrer Lebenszeiten beherrscht – und das wird so bleiben, wenn Sie das zugrundeliegende Problem nicht lösen. Daher bringt es meist nicht viel, wenn Sie mit Methoden daran arbeiten, die auf Ihr jetziges Leben zugeschnitten sind. Ihr Lebensthema ist Teil Ihrer Seele.

Wenn Sie nur Ihr Leben heilen wollen, dann ist das, als würden Sie einen Abszeß nach dem anderen ausdrücken, ohne nach der Ursache zu suchen. (Wie in der westlichen

Medizin, die sich nur mit den Symptomen beschäftigt, ohne dabei den ganzen Menschen zu sehen.) Auf dieselbe Weise kurieren Methoden, die sich auf Ihr augenblickliches Leben konzentrieren, nur die Symptome (nämlich Ihre negativen Kindheitserfahrungen). Einzig die Arbeit an unseren früheren Leben erlaubt uns, an die Wurzel zu gehen. Auf diese Weise können wir unser Lebensthema dort behandeln, wo es seinen Ursprung hat, nämlich in den Tiefen unserer Seele.

Wenn Sie Ihr Höheres Selbst bitten, Sie zu dem Punkt zu bringen, von dem Ihr Lebensthema seinen Ausgang nahm, dann werden Sie sich unweigerlich in einem früheren Leben wiederfinden – und zwar in einem, das sehr, sehr weit zurückliegt. Ein Leben, in dem unsere Urangst auftaucht, ist normalerweise ziemlich kurz. Es dauert kaum länger als drei bis fünf Jahre. Manchmal sterben wir schon als winzige Babys. Auch in diesem Leben haben unsere wesentlichen Themen nicht sehr lange gebraucht, um sich herauszukristallisieren. Genauso war es auch in der Vergangenheit. Die darauffolgenden Inkarnationen sorgten dafür, daß unser Lebensthema sich tief in unsere Seele einprägte. In allen weiteren Leben wurde die entsprechende Angst immer wieder aktiviert, bis sie schließlich zu einem wesentlichen Bestandteil unserer Seele wurde.

**Fallbeispiel:**

Jede einzelne von Dierdres Beziehungen hatte sie mit dem Thema „Verlassenwerden" konfrontiert. Ihre Partner verlangten von ihr, daß Dierdre tat, was sie wollten, und wenn sie dazu keine Lust mehr hatte, ließen sie sie fallen. Nachdem sie mehrere Therapiesitzungen hinter sich hatte, in denen sie sich mit ihrem Lebensthema auseinandersetzte, beschloß sie endlich, ihrer Angst, die sie zum emotionalen Krüppel machte, auf den Grund zu gehen. So geriet sie bei ihrer Arbeit an vergangenen Leben in eines ihrer ersten Leben, nachdem sie beschlossen hatte, als Mensch geboren zu werden – vor sehr, sehr langer Zeit.

Und sie sah ein Neugeborenes, das verkrüppelt und deswegen von seiner Mutter verlassen worden war. Ihre Mutter projizierte all ihre negativen Gefühle von Abscheu und Abneigung auf das verunstaltete Baby. Diese Emotionen sah Dierdre als zähen, grünen Schleim, der sich um den Körper des Kleinen legte. So war das Kind nicht nur hilflos dem Tod ausgesetzt worden, es hatte auch noch erkennen müssen, daß es nur Ekel und Feindseligkeit hervorrief. Wie dieses Kind fühlte Dierdre sich vollständig wertlos und ungeliebt.

Als erstes reinigte Dierdre das Kind von diesem Schleim. Dann suchte sie mit Hilfe ihres Höheren Selbst neue Eltern für das Baby, die das Kleine so sehr liebten, daß sie seine Verunstaltung überhaupt nicht zu bemerken schienen.

**Fallbeispiel:**

Lisa sah sich selbst als Baby, das munter in den blauen Himmel hinaufblickte. Plötzlich kam ein verzerrtes Gesicht über sie. Etwas ergriff sie mit scharfen Krallen und fraß sie auf. Ihr schrecklicher Tod lähmte sie fast vor Angst. Ihre Seele sah ihre Mutter, die das Baby ins Gras gelegt hatte, vor Entsetzen und Kummer aufheulen. Sie hatte ihr Kind an eine Wildkatze verloren. Daß die Welt Lisa als sehr gefährlicher Ort erscheint, ist wahrlich nicht verwunderlich!

Diese Art von Erlebnissen sind nicht selten, wenn Sie sich an Ihr Lebensthema herantasten.

## Warnsignale

Wenn Ihre Lebensangst aktiviert wird, dann merken Sie das normalerweise nicht einmal. Deshalb will ich Ihnen (und Ihren Freunden) an dieser Stelle ein paar Hinweise geben:

- Irgend etwas beschäftigt Sie andauernd. Sie müssen Tag und Nacht daran denken und kommen von diesem Thema überhaupt nicht mehr los. Ihr Innenleben gerät total in Aufruhr.
- Sie haben keinen Boden mehr unter den Füßen und jegliche Verbindung zu Ihrem Höheren Selbst, Ihrer Quelle, den Engeln oder der Erde verloren. Und was Sie

auch tun mögen, Sie haben keinen Kontakt mehr zur Realität.

- Sie können Ihr Lebensthema nicht klar erkennen. Überhaupt fehlt es Ihnen an Klarheit. So, als wären Sie auf einem außer Kontrolle geratenen Karussell. Sie finden keine Distanz zu den Ereignissen. Ihr Gleichgewicht ist dahin.
- Diese Panik geht weit über die Ängste hinaus, die Ihr inneres Kind empfand. Tatsächlich wird auch das innere Kind von dem Chaos überrollt, das in ungeheuren Wellen über Sie hereinbricht. Seine Furcht verstärkt noch die Panik, die Sie jetzt empfinden. Bitten Sie Ihr Höheres Selbst oder einen Engel, Ihr inneres Kind zu trösten. Das wird den Druck, der auf Ihnen lastet, solange Ihre Panik Sie im Griff hat, ein wenig erleichtern.

Sobald Sie erkennen, was Ihre Urangst aktiviert, können Sie etwas unternehmen, um sich dem Auslöser zu entziehen. (Sie können z.B. die gefährliche Situation hinter sich lassen, sich liebevolle, hilfsbereite Freunde suchen oder sich an einen sicheren Ort zurückziehen, der nur Ihnen gehört.) Auf diese Weise können Sie sich ein bißchen innere Sicherheit verschaffen, die es Ihnen erlaubt, Ihre Erwachsenenperspektive wieder einzunehmen.

## Emotionale Wiedergeburt und die Folgen

Über eines sollten Sie sich klar sein: Wenn Sie mehr wollen, als sich nur für dieses Leben mit Ihrer Urangst auseinandersetzen, dann wird Sie dies tief in Ihrem Innern verändern. Gehen Sie zurück, um Ihre Urangst auch in Ihren frühesten Leben zu heilen, werden Sie einen ganz wesentlichen Teil Ihrer selbst aufgeben müssen, etwas, an dem Sie während der meisten Ihrer bisher auf der Erde verbrachten Lebenszeiten von Herzen gehangen sind, das Sie seit langem gut kennen und lieben gelernt haben. Ihr Lebensthema ist nämlich allmählich zu einem unverzichtbaren Bestandteil Ihrer Seele geworden. Wenn Sie sich nun davon trennen, werden Sie langsam, aber sicher zu einem ganz anderen Menschen werden – zu jemandem, den Sie bisher nicht einmal kennen. Dieser Gedanke ruft manchmal Angst hervor. Was für eine Art Mensch werden Sie danach wohl sein?

Ich habe Ihnen bereits bei den Übungen zum Thema „Lebensstrom“ geraten, nicht sogleich zu der ersten Gabelung zurückzugehen, an der ein bestimmtes Problem zum ersten Mal aufgetreten ist, sondern zuerst die der Gegenwart näheren Seitenarme dem Hauptstrom wieder zuzuführen. Damit vermeiden Sie, daß die Wandlung zu unvermittelt stattfindet und einen Bruch in Ihrem Energiefluß verursacht. So ein Bruch kann die Verbindung zwischen Ihren einzelnen Körpern abreißen lassen (was Sie meist daran erkennen, daß Sie schwer krank werden). Sich auf eine so dramatische Veränderung Ihres Energieniveaus vorzubereiten nimmt Zeit und Kraft in Anspruch. Dasselbe gilt auch für die Arbeit an unserem Lebensthema. Arbeiten Sie zuerst an den Leben der jüngeren Vergangenheit. Wenn Sie nach und nach die ihnen zugrundeliegende Problematik gelöst haben, können Sie auch mit den tiefgreifenden Veränderungen umgehen, die die Arbeit an Ihrer Urangst auslösen wird.

Je weiter das Leben zurückliegt, an der Sie arbeiten wollen, um so fühlbarer wird sich Ihr heutiges Leben verändern, da Sie ja immer tiefer in die Abgründe Ihrer Seele eintauchen. Und haben Sie diese Leben erst umgewandelt, werden Sie bemerken, daß Ihr Verhalten, Ihre Vorstellungen, Ihre Weltsicht und Ihre Einstellung sich selbst gegenüber weniger zwanghaft sind als früher.

## Zurück in ein früheres Leben

Wenn Sie sich bereit fühlen, sich mit Ihrer Urangst auseinanderzusetzen, sollten Sie so vorgehen, wie ich es in Kapitel

13 beschrieben habe. Bitten Sie Ihr Höheres Selbst, Sie in eines der Leben zu bringen, wo Sie zum ersten Mal Angst um Ihr Leben, Ihre Identität oder Ihr emotionales Selbst hatten. Wie immer geht auch hier der einfachste Weg über den Körper und seine Empfindungen. Wenn Sie die Panik empfinden, die Ihre Urangst in Ihnen auslöst, folgen Sie Ihr zurück bis zu der ursprünglichen Erfahrung (oder kurz danach).

Betrachten Sie dann dieses Leben, das vor Ihnen abläuft. Ihr Höheres Selbst steht neben Ihnen. Sehen Sie einfach nur zu. Möglicherweise fühlen Sie sich nicht stark genug, um daran etwas zu verändern. Anfangs ist Beobachten häufig das einzige, was Sie überhaupt tun können. (Die Stärke des emotionalen Sturms, den diese Leben hervorrufen, mag vielleicht verwundern, wo sie doch meist so simpel und klar erscheinen. Doch der Eindruck, den diese Erfahrungen hinterlassen, ist außerordentlich tief.) Sie können diese Leben auch ein anderes Mal umgestalten.

Ich kann gar nicht genug betonen, wie wichtig die Arbeit an Ihrer Urangst ist. Sie ist tiefgreifend, gewaltig und stellt eine ungeheure Herausforderung dar. Es ist daher durchaus sinnvoll, wenn Sie für einen Teil des hier beschriebenen Wegs einen guten Therapeuten um Hilfe bitten. Er oder sie kann Ihnen helfen, die schwierigsten Themen anzugehen. Ich empfehle meist jemanden aus dem Bereich der Transpersonalen Psychologie, da diese Therapeuten Themen wie „frühere Leben", „Höheres Selbst", „Engel" und „Arbeit am inneren Kind" aufgeschlossen gegenüberstehen.

Darüber hinaus können Sie sich natürlich auch selbst unterstützen. Sie sollten damit anfangen, daß Sie sich selbst sagen, daß Sie ein liebenswerter und annehmbarer Mensch sind. (Ihr Höheres Selbst und die Engel werden Ihnen dabei helfen.) Schaffen Sie sich Situationen, die Ihr Selbstwertgefühl stützen: Tun Sie Dinge, die Sie mit Menschen in Kontakt bringen, welche Sie mögen. Sehen Sie zu, wie Sie selbst in Ihrem Leben mehr Sicherheit schaffen können. Lernen Sie, daß Ihre Gaben es wert sind, von anderen geschätzt zu werden. All dies wird Ihnen helfen, Ihre Einstellung zu sich und Ihrem Lebensthema zu verändern. Dann wird es Ihnen leichter fallen, Ihre alten Vorstellungen und Verhaltensweisen loszulassen.

Wie sieht nun ein Mensch aus, der keinerlei Urängste mehr hat? Glücklich. Entspannt. Friedvoll. Tatsächlich ist das gar nicht so einfach zu sagen, denn die meisten von uns haben diesen Zustand ja noch nicht erreicht. Der Zustand, in dem Sie sich befinden, wenn Sie sich hundertprozentig wohl fühlen, kann Ihnen einen kleinen Hinweis darauf geben. Wie geht es Ihnen, wenn Sie mit sich im reinen sind und alles gut läuft? Ja, die Angst vor dem Tod, dem Verlassenwerden oder dem Verlust der eigenen Identität kommt immer seltener auf. Das bedeutet, daß Sie bei entsprechendem Auslöser zwar immer noch mit Panik reagieren, daß diese Situationen aber mit der Zeit immer seltener auftauchen und weniger lang dauern. Nun reagieren Sie schon zum überwiegenden Teil wie ein Erwachsener und nicht wie ein verängstigtes Kind. Für mich ist das der Maßstab für den Fortschritt auf dem Weg: daß die Kontrolle über Ihr Leben immer mehr in den Händen Ihres erwachsenen Ich liegt. Auf dem Weg der emotionalen Wiedergeburt ist das ein Riesenschritt vorwärts.

## 15

# PHOBIEN: VERLUST DER AURA

Wovor fürchten Sie sich am meisten? Und gibt es eine konkrete Ursache für Ihre Angst? Oder ist sie – zumindest in den Augen Ihrer Umwelt – grundlos und völlig unverständlich?

Es gibt Menschen, die unerklärliche Ängste haben: vor Spinnen etwa oder vor Schlangen, vor Katzen, dem Einschlafen, der Zahl Dreizehn oder vor großen Höhen und engen Räumen. Manche fürchten sich davor, zerquetscht zu werden. Es gibt tausend Dinge, vor denen man Angst haben kann. Und für keine dieser Ängste gibt es eine logische Erklärung. Aus diesem Grund bezeichnet man sie als „Phobien".

Das Lexikon beschreibt Phobien als: dauerhafte, unlogische, abnormal starke Ängste, für die kein erkennbarer Grund besteht. (Das Wort selbst kommt aus dem Griechischen und bedeutet einfach „Angst".) Die bekanntesten Formen der Phobie sind die Agoraphobie (Angst vor weiten Plätzen und Menschenmengen), die Akrophobie (Höhenangst), die Klaustrophobie (Angst vor engen, abgeschlossenen Räumen) sowie die Angst vor dem Fliegen oder die Angst, über eine Brücke zu gehen. Einige Phobien betreffen nur eine kleine Minderheit, andere hingegen (wie z.B. die Klaustrophobie) kommen sehr häufig vor. Manche Menschen können in ihrem Alltagsleben ganz gut mit diesen Ängsten umgehen. Anderen hingegen fällt es schwer, mit einer solchen Angst ein normales Leben zu führen.

Hat die Phobie Sie erst einmal in ihren Klauen, sind Sie nicht mehr in der Lage, einen klaren Gedanken zu fassen. In diesem Fall leiten die Nevenbahnen in Ihrem Gehirn den entsprechenden Impuls um Ihr motorisches Zentrum herum und direkt in Ihr Stammhirn, wo er eine heftige Körperreaktion auslöst. Ihr Herz jagt und hämmert. Ihre Beine fühlen sich an, als wären sie aus Pudding. Sie sind jenseits aller Vernunft, auch jenseits aller normalen Gefühle. Panik beherrscht sie. All ihre Sinne sind auf Flucht gerichtet.

Opfer von Erdbeben, Menschen, die das gnadenlose Grauen eines Krieges überlebt haben, Menschen, die aufgrund eines bestimmten Ereignisses Platzangst entwickeln (z.B., weil sie als Kind in einen Schrank gesperrt wurden), leiden alle unter post-traumatischem Streßsyndrom, d.h. unter einer starken emotionalen Reaktion auf dieses Ereignis, der man jedoch langfristig mit Hilfe von Therapiemöglichketien beikommen kann. Bei Phobien und ihren intensiven körperlichen Begleitreaktionen scheint es hingegen keine eindeutigen Ursachen in der Lebenswelt der Betroffenen zu geben. Die Angst war und ist ihr ständiger Begleiter.

Ich z.B. leide unter Höhenangst, doch in meiner Vergangenheit gibt es nichts, was erklären könnte, warum das so ist. Wie konnte es zu dieser Höhenangst kommen? In meiner Familie weiß niemand eine Antwort darauf. Ich war als Kind nie großen Höhen ausgesetzt. (Mit dem Bäumeklettern habe ich erst angefangen, als ich schon älter war.) Nun macht meine Höhenangst mir eigentlich selten Probleme. Das kommt daher, weil ich schlicht und einfach alles vermeide, was über eine bestimmte Höhe hinausgeht. Wenn ich nämlich gezwungen bin, mich in großer Höhe aufzuhalten und in die Tiefe zu sehen, dann überfällt mich augenblicklich eine wilde Panik. Meine Knie werden butterweich, und vor meinem geistigen Auge sehe ich, wie ich die Klippe bzw. das Gebäude hinabstürze und unten als Hackfleisch aufschlage.

In Augenblicken, in denen ich mich stark genug fühle, versuche ich, mich meiner Höhenangst zu stellen. Einmal – das war im *Bandelier National Park* – habe ich gut eine halbe Stunde gebraucht, um die 140 Stufen bis zum Kultraum eines Pueblos hinaufzusteigen. Es fiel mir mehr als schwer, unter dem Ansturm meiner Panik auch nur ein Quentchen Klarheit bzw. Gelassenheit zu bewahren, aber ich zwang mich, immer weiter tief zu atmen und zu meditieren. Eine Freundin massierte mir die Schultern, damit ich mich besser entspannen konnte, und ich versuchte, mich zu beruhigen. Schließlich schaffte ich den ganzen Weg hinauf, aber noch heute erinnere ich mich an jede einzelne Stufe.

Die Psychotherapie hat sich lange mit dem Problem der Phobien abgemüht. Gesprächstherapien sind in dieser Hinsicht geradezu enttäuschend nutzlos, was sogar schon Freud feststellen mußte. Die einzige nachweislich erfolgreiche Behandlungsmethode liegt in einer allmählichen Verhaltensänderung durch schrittweise Desensibilisierung (sehr zum Unmut aller klassisch geschulten Psychotherapeuten). Das Ganze funktioniert folgendermaßen: Wenn Sie Angst davor haben, über eine Brücke zu gehen, lernen Sie zuerst eine wirkungsvolle Entspannungstechnik (z.B. bestimme Atem- oder Meditationsübungen). Dann zeigt man Ihnen das Bild einer Brücke (den Reizauslöser). Wenn jetzt Ihre übliche Panikreaktion einsetzt, nutzen Sie Ihre eben erlernten Entspannungstechniken, um sich zu beruhigen. Wird das Panikgefühl übermächtig, dann legen Sie das Bild mit der Brücke zur Seite, so daß Ihr Blick nicht mehr darauf fällt. Daraufhin entspannen Sie sich ganz. Stück für Stück erhöhen Sie so Ihre Gelassenheit beim Anblick des Bildes. In einem nächsten Schritt wird die Latte ein bißchen höher gelegt. Sie müssen nun nämlich ein paar Mal an einer Brücke vorbeifahren, und wenn Sie das ohne Probleme schaffen, halten Sie dort. Auf diese Weise arbeiten Sie sich allmählich voran.

Diese Art von Verhaltenstherapie bewirkt einen gewissen emotionalen Abstand zu den Symptomen, löst aber nicht das Problem selbst. Den Symptomen wird lediglich ein Teil ihrer Macht entzogen, so daß Sie weniger heftig auf den Auslöser reagieren (hierin liegt das erklärte Ziel der Verhaltenstherapie). Sie stellen den Lähmungseffekt ab, den Ihre Panikreaktionen bisher auf Sie gehabt haben, so daß Sie Ihr Leben ganz normal führen können, ohne von der Angst völlig überwältigt zu werden.

Die Ursachen der Panik können aber auf diesem Wege niemals wirklich bearbeitet oder gar beseitigt werden, da der Auslöser einer Phobie nicht in unserem gegenwärtigen Leben liegt. Phobien entspringen Erfahrungen, die wir in früheren Leben gemacht haben. Die Rückführungs- oder Reinkarnationstherapie, so wie sie gewöhnlich gehandhabt wird, richtet ihr Augenmerk auf die heilende Klärung noch ungelöster Probleme bzw. auf die Abgeltung karmischer Schulden, die mit unseren gegenwärtigen Lebensumständen zusammenhängen. Solch ungeklärte Probleme erzeugen eine Art Nachhall, der in unserem emotionalen Körper weiterschwingt und uns in allen nachfolgenden Leben immer wieder vor ähnliche Aufgaben stellt – so lange, bis wir das Problem endlich gelöst haben. Aber auch dieser „Nachhall" ist nicht der Urheber jener Panikzustände, die eine Phobie hervorruft und die Ihre Seele zu zerstören drohen.

In irgendeiner Form haben Sie in einem früheren Leben eine Erfahrung gemacht, die sich als Schockerfahrung auf Ihre Seele gelegt hat. Normalerweise handelt es sich dabei um eine Erfahrung des gewaltsamen Todes. Jetzt reagiert Ihre Seele mit panischem Schrecken, wenn sich diese Situation in einer ähnlichen Form wiederholt (wenn Sie z.B. Platzangst haben und einen Aufzug betreten müssen). Da Sie eines gewaltsamen Todes starben, konnten Sie unter Umständen Ihre Lebensaufgabe nicht zu Ende führen. Dazu kommt, daß Sie noch immer unter einer traumatischen Todeserfahrung leiden, die bis jetzt nicht aufgelöst wurde.

**Fallbeispiel:**

Harvey litt unter einer absolut irrationalen Angst vor geschlossenen Räumen (Klaustrophobie). Jedesmal, wenn er einen Aufzug betrat oder einen begehbaren Schrank, bekam er so starke Panikanfälle, daß er Angst hatte, ersticken zu müssen. Auch nach langen Jahren der Psychoanalyse und der fruchtlosen Suche nach den Ursachen konnte er dieses Problem nicht lösen. Eine

Verhaltenstherapie half ihm, den Leidensdruck, den diese Panikanfälle verursachten, wenigstens ein bißchen abzuschwächen.

Schließlich entschied er sich, an seinen vergangenen Leben zu arbeiten, da er herausfinden wollte, wo die Wurzeln dieser Phobie lagen. Dabei gelangte er sehr schnell an einen Punkt, wo er sich selbst sah: eingeklemmt in einer dunklen Höhle, die über ihm eingestürzt war. Sein Brustkorb war zerquetscht, und er konnte nicht atmen. Harvey erstickte. Sobald Harvey dieses Bild vor Augen hatte, fing er an, seine Erinnerung umzugestalten. Er rief Helfer herbei, die ihn beim Einsturz der Höhle retteten. In der Folge verschwand seine Angst vor engen Räumen vollständig.

## Ätherische Energie

Wenn Parapsychologen oder Menschen mit einer erhöhten Sensibilität für feinstoffliche Vorgänge Spukhäuser untersuchen, so stellen sie häufig fest, daß die Menschen, deren Geister diese Gebäude bewohnen, gewaltsam getötet wurden oder einen tödlichen Unfall hatten, der sich so schnell und so unerwartet ereignete, daß sie keine Zeit mehr hatten, sich klar zu machen, daß sie in diesem Augenblick sterben. Sie befanden sich in einer Art Schockzustand. Während ihre Essenz (ihr Höheres Selbst bzw. ihre Seele) nach oben stieg, blieb ihr Ätherkörper (ihre Aura) an den betreffenden Ort gebunden. Sie existierten also weiterhin auf der Erde in dem Glauben, immer noch am Leben zu sein. Wenn nun ein sensitiver Mensch dem Geist hilft zu erkennen, daß dessen Körper längst tot ist, so hat die Aura keine Verbindung mehr zu diesem Ort und kann sich auflösen. Meistens geschieht das auch.

Stirbt man nun eines gewaltsamen Todes, so ist das nicht nur ein ungeheurer Schock, man wird darüber hinaus von seinem toten Körper getrennt, ohne die gesamte eigene Essenz mit sich nehmen zu können. Ihr Ätherkörper bleibt an jenen Ort gebunden, an dem Sie sterben, so daß Sie diesen Teil Ihrer Seelenenergie verlieren; mit anderen Worten, es fehlt Ihnen ein Stück, wenn Sie in Ihr nächstes Leben eintreten.

Wenn Sie Ihre ätherische Energie nicht in Ihr neues Leben zurückholen (und höchstwahrscheinlich tun Sie das nicht, da Sie ja im Normalfall gar nicht wissen, daß Ihnen ein Teil Ihrer Energie fehlt), bleibt dieses Trauma Leben um Leben in Ihnen verankert. Und jedesmal, wenn sich in Ihrem gegenwärtigen Leben eine Situation ergibt, die der ursprünglichen ähnelt und die entsprechende Erinnerung hervorruft, reagiert Ihre Seele unmittelbar darauf. So bildet sich dann die Phobie heraus.

Doch es ist nicht nur der Verlust der Aura, der Ihre Seele in ihren Grundfesten erschüttert hat. Ebenso schockierend ist die Erfahrung der Gewalt, welche diesen Verlust verursachte. Denn dies ist ein anderes Merkmal von Phobien: ein enormer Adrenalinstoß, der Körper und Seele überschwemmt und die Seele im Fegefeuer der Angst auflodern läßt.

Sucht Ihre Seele sich nun einen neuen Körper, so „impft" sie ihn gleichsam sofort mit ihren Gefühlen von Angst und Verlust. Über viele Leben hinweg prägt sich dieser Verlust, den die Seele erlitten hat, jedem physischen Körper als intensive, irrationale Angst auf. Dieses Gefühl wird nicht auf emotionalen oder verstandesmäßigen Wegen übertragen, noch können Sie dem Problem der Phobie mit Hilfe Ihres Verstandes oder Ihrer Gefühle beikommen. Phobien sind ebenso rätselhaft wie irrational.

## Wie Sie Phobien auflösen

Um von einer Phobie frei zu werden, müssen Sie in die Vergangenheit zurückgehen und so Ihr früheres Leben heilen und Ihre ursprüngliche Erfahrung auflösen. Die Heftigkeit Ihrer Angst kann Ihnen dabei als roter Faden dienen, der Ihnen den Weg zurück in dieses vergangene Leben weist. Auf diese Weise kann Ihre Seele endlich wiedererlangen, was sie verloren hat. In früheren Kapiteln habe ich über mentale, körperliche und emotionale Heilungsvorgänge gesprochen. Phobien aufzulösen gehört in den Bereich des Seelen- bzw. Auraheilens. Sie holen den fehlenden Teil Ihrer Aura zurück und erlösen sie dadurch von einem schwerwiegenden Trauma. Wenn Sie die frühere Erfahrung geheilt haben, kann sich das eingewachsene Trauma wieder aus dem Geäst der Seele lösen.

Harvey z.B. schrieb ein neues Ende für seine Lebensgeschichte, indem er Helfer auf die Bühne rief, die ihn retteten, und löste so nicht nur seine Todeserfahrung auf, sondern heilte auch die Verletzung in seiner Seele, da er jenen Teil seiner selbst wiedererlangte, der ihm verlorengegangen war. Nachdem er so an sich gearbeitet hatte, schaffte er es, Aufzüge zu benutzen ohne die dauernde Angst, ersticken zu müssen. Nach vielen Leben wurden endlich die Wunden seiner Seele geheilt.

Wie die Arbeit an Ihren Kindheitstraumata Ihr inneres Kind verwandelt, so bringt auch diese Art der inneren Wiedergeburt viele tiefgreifende Veränderungen in Ihren Denkmustern mit sich. In die neuronalen Pfade, die dieses Ereignis in Ihrem Gehirn gelegt hat, fließt keine Energie mehr, so daß Ihr Körper nicht mehr den alten Reaktionsmustern folgen muß. Phobien bewirken die Produktion von Adrenalin, unserem Flucht- bzw. Kampfhormon, das noch einige Zeit nach dem Ereignis, das für ihren Alarmzustand verantwortlich ist, in unseren Zellen verbleibt.

Da unseren physischen Körper die Hauptlast trifft, wenn eine Phobie ausgelöst wird, trägt er immer noch die Brandzeichen unseres seelischen Traumas, doch die zugrundeliegende Angst besteht nicht mehr. Aus diesem Grunde kann es geschehen, daß Sie ab und an noch einen leichten Anflug von Angst verspüren, wenn Sie auf Ihren altbekannten Auslöser treffen. Diese ist aber nicht im geringsten mit den Stürmen vergleichbar, denen Sie ausgesetzt waren, bevor Sie mit der Arbeit an sich selbst anfingen. Sie haben in Ihrem Stammhirn sämtliche Angststecker gezogen.

Wenn Sie die ursprüngliche Erfahrung, die Ihre Phobie ausgelöst hat, einmal durchlebt haben, können Sie mit der Übung „Heilen Sie Ihr vergangenes Leben" weiterarbeiten und das Ereignis dadurch klären, daß Sie neue Lebensumstände für Ihre Person schaffen.

**Fallstudie:**

Joe litt unter so starker Höhenangst, daß er schon im zweiten Stock eines Hauses nicht mehr ans Fenster gehen konnte. Während einer Rückführungssitzung ging er in eines seiner früheren Leben hinein, in dem er gegen seinen Willen als Menschenopfer dargebracht werden sollte. Entsetzen ergriff ihn, als die Dorfbewohner ihn zu den Klippen hinaufschleiften.

Als sie ihn hinunterstießen, war er wie gelähmt. Voll namenloser Angst mußte er erleben, wie er auf den Felsen unten aufschlug, wo sein Körper zerschellte. Er starb einen schnellen, aber schmerzhaften Tod. Doch dieses ungeheure Ausmaß an Angst und Schrecken hatte seine Seele für immer gezeichnet.

Um die Geschichte dieses Lebens umzuschreiben, wandte sich sein Höheres Selbst an den Gott jenes Ortes, der den Menschen dieses Dorfes erklärte, daß unfreiwillige Menschenopfer keinen Wert hätten und sie deshalb jemanden finden müßten, der bereit sei, sein Leben freiwillig hinzugeben. Daraufhin ließen die Dorfbewohner Joe umgehend frei.

Interessanterweise kam Joe in seinem umgestalteten Leben als alter Mann in dieses Dorf zurück und bot freiwillig sein Leben als Opfergabe an. Obwohl er wieder unter den gleichen Umständen starb, war dieses Mal seine Einstellung eine ganz andere. Sein Sturz von der Klippe war voll innerer Ruhe und Freude, kein Trauma, sondern eine Auferstehung. Er starb diesen Tod, als er selbst es für richtig hielt und nicht zu dem von den Dorfbewohnern bestimmten Zeitpunkt. Auf diese Weise überwand er seine Höhenangst.

## ÜBUNG

### Wie Sie Phobien heilen können

Wenn Sie eine Phobie auflösen wollen, können Sie sich weitgehend nach den Schritten richten, die ich für die Arbeit an früheren Leben allgemein beschrieben habe. (Siehe Kapitel 13.)

1. Suchen Sie den Weg zurück in Ihr vergangenes Leben.

2. Bitten Sie Ihr Höheres Selbst, Ihnen zu helfen. Es wird Sie *wirklich* mit Freuden dabei unterstützen, wenn Sie dieses Leben klären wollen.

3. Verändern Sie Ihre Erfahrung, damit sie nicht wieder in derselben Tragödie endet.

4. Lassen Sie nun das ganze weitere Leben Ihres früheren Ich vor sich ablaufen, bis Sie sehen, wie es stirbt.

Damit die Phobie vollständig geheilt werden kann und Ihre Aura diese große seelische Wunde los wird, muß Ihr Höheres Selbst seine verlorene Energie zurückholen. Die Energie kann als Schatten erscheinen, als Lichtblitze usw. Sie sollten diese Energie bis auf das letzte bißchen einsammeln und zurücknehmen.

5. Begeben Sie sich jetzt in Ihr inneres Heiligtum.

6. Rufen Sie all Ihre verlorene Energie zurück. Sagen Sie beispielsweise: „Ich rufe meine Energie zurück aus jenem Leben, das meine Phobie verursacht hat!“ Beobachten Sie dann, wie die Energie in Ihren Körper fließt. Das kann auf verschiedene Weise geschehen, z.B. so:
   a) Verwandeln Sie sich in einen Magneten, der die Energie anzieht.

b) Stellen Sie sich vor, daß Ihr Höheres Selbst mitten in Ihrem Heiligtum sitzt und die heimkehrende Energie einatmet.
c) Lassen Sie die Energie schwer werden und zu Boden fallen. Heben Sie sie auf, und lassen Sie sie durch Ihren Scheitel in den Körper fließen.

7. Ihre Energie bildet einen Mantel. Hüllen Sie sich darin ein.

8. Sie können sich natürlich auch selbst etwas ausdenken.

## 16

# Verantwortung und der Sinn des Lebens

Heutzutage geben immer mehr Menschen ihren Eltern die Schuld, wenn in ihrem Leben etwas schief läuft. „Es ist nicht meine Schuld, daß ich so bin!“ jammern sie. „Mein Vater und meine Mutter haben mein ganzes Leben verpfuscht!“ Es ist ziemlich einfach, die Verantwortung für unser Leben auf unsere Eltern abzuladen, denn schließlich haben sie bei unserer Erziehung tatsächlich Fehler gemacht – in den meisten Fällen ungewollt, aber manchmal eben auch in böser Absicht.

Bis heute haben Menschen sich als emotionale Krüppel durchs Leben geschlagen und so ihren Kindern psychische Störungen weitervererbt, die schon seit Adam und Eva in Familienbesitz sind. Wenn wir heute offen über krankhaftes Verhalten sprechen, das früher entweder toleriert (wie z.B. Alkoholmißbrauch) oder dessen Vorhandensein schlichtweg geleugnet wurde (wie z.B. Inzest), dann bedeutet das, daß wir endlich den nötigen Mut gefunden haben, unsere alten, hinderlichen Muster fallenzulassen und uns auf ein heilsames Leben auszurichten. Zu diesem Heilungsvorgang gehört auch, daß wir die Menschen, die uns in irgendeiner Form Leid zugefügt haben, beim Namen nennen.

Ihr inneres Kind weiß, daß es das unschuldige Opfer einer schlechten Kindheitserfahrung war. Es mußte eine schwerwiegende Verletzung seiner Persönlichkeitsrechte über sich ergehen lassen. Daher muß es seinen Zorn darüber ausdrücken dürfen. Auf diese Weise richtet es seine Anklage nach außen – auf die Menschen, die ihm seine Verletzung zugefügt haben. Wenn das innere Kind der aufgestauten Wut auf seine Eltern Luft macht, so ist das nicht nur ein verständlicher, sondern sogar ein ganz wesentlicher Schritt zu seiner Heilung und Stärkung. Das kann geschehen, indem Sie in Ihren Therapiesitzungen auf ein Kissen einschlagen, aber auch, indem Sie den verantwortlichen Elternteil vors Gericht bringen.

*Doch wer ist nun wirklich verantwortlich?* Natürlich steht es außer Frage, daß es falsch von Ihren Eltern (und deren Eltern) war, dieses negative Verhalten weitergegeben zu haben. Dafür lassen sich sicher eine Menge Beispiele aus Ihrer Lebensgeschichte anführen. Doch es gibt auf die obige Frage auch noch eine andere Antwort, die Sie in Erwägung ziehen sollten. Überlegen Sie einmal, weshalb Sie sich selbst in eine solche Mißbrauchssituation begeben haben. „Wie bitte!?" werden Sie mir entgegnen. „Ich habe mir doch schließlich nicht ausgesucht, daß meine Eltern mich auf diese Weise verletzten!" Aber genau das haben Sie mit einiger Wahrscheinlichkeit getan.

Ihr inneres Kind trifft *keine Schuld* daran, daß es in seinen Rechten verletzt wurde. Kinder sind nicht verantwortlich dafür, was Erwachsene tun – das sind die Erwachsenen selbst. Und Ihre Eltern müssen bestraft werden für das, was sie getan haben, damit Ihr inneres Kind wieder heil werden kann (egal, ob das auf unserem Pfad der emotionalen Wiedergeburt oder auf juristischem Wege geschieht). Darum dürfen Sie Ihre Eltern ungestraft anklagen. Schließlich haben sie Sie wirklich sehr verletzt!

Aber im Gegensatz zu Ihrem inneren Kind ist Ihr erwachsenes Selbst in der Lage, Ihr Leben aus einem anderen, übergeordneten Blickwinkel zu sehen – und dieser Blickwinkel existiert tatsächlich. Ihr Höheres Selbst hat Ihre Familie nicht nur nach den Lektionen ausgesucht, die Sie in diesem Leben lernen müssen, sondern auch so, daß es Sie in die Lage versetzt, das Karma der Mißbrauchserfahrung abzutragen. Das ist vielleicht schwer zu glauben oder gar zu akzeptieren, denn wer will sich schon eingestehen, daß er selbst die Wahl getroffen hat, die ihn in eine Familie hineinführte, in der er sexuell, seelisch oder körperlich mißhandelt wurde. Wie auch immer – Ihr Höheres Selbst hat Ihre Eltern nicht rein willkürlich ausgewählt. Es fand eine Familiensituation, die Ihnen genau die karmischen Lektionen ermöglicht, die Ihnen in diesem Leben am meisten weiterhelfen würden.

Als Kind fehlten Ihnen die Voraussetzungen, um den größeren Zusammenhang zu sehen. Jetzt aber, wo Sie erwachsen sind, haben Sie die Möglichkeit, die Zusammenhänge zu erkennen und zu verstehen, was Ihrer Mißbrauchserfahrung in Wirklichkeit zugrunde liegt. Schulden aus früheren Leben müssen eben in den folgenden Lebenszeiten beglichen werden.

Sie sind kein Unschuldslamm, ob Sie sich nun mit dieser Vorstellung anfreunden können oder nicht. Sie haben, salopp gesagt, viele Leben lang immer fleißig mitgemischt, Karma angehäuft und wieder abgetragen, Fehler gemacht und daraus gelernt. Hat Ihr Vater Sie sexuell mißbraucht, dann ist es durchaus möglich, daß Sie in einem früheren Leben dasselbe mit ihm gemacht haben. Sie selbst haben diese schlimme Erfahrung inszeniert, nicht um sich selbst zu martern oder Ihr inneres Kind einer entsetzlichen Erfahrung auszusetzen, sondern weil Sie entschieden haben, dieses Karma abzutragen. Was Ihrem inneren Kind passiert ist, muß Ihnen deswegen nicht gefallen, doch es war Teil Ihrer karmischen Lektion.

Nun hat es aber keinen Zweck, Ihrem inneren Kind zu erklären, daß es diese Mißbrauchserfahrung akzeptieren und seinen Eltern vergeben soll, weil sie die Folge von etwas ist, das Sie in einem anderen Leben getan haben. Um dies zu verstehen, fehlt es ihm schlichtweg an den geistigen Voraussetzungen und an der nötigen Bereitschaft. Alles, was es fühlt, ist Schmerz. Und etwaige Belehrungen darüber, daß es seine Schulden abtragen und sich in Verzeihung üben soll, hindern es nur daran, seine Gefühle auszudrücken, und führen höchstens dazu, daß sich noch mehr Zorn in ihm aufstaut.

## Verantwortung

In den 70er und 80er Jahren verbreiteten die Gurus des persönlichen Wachstums eine (durchaus zutreffende) Botschaft. Sie verkündeten uns, daß wir selbst für alles verantwortlich seien, was in unserem Leben geschieht. Allerdings war dabei der erhobene Zeigefinger moralischen Besserwissens nicht zu übersehen. Am Ende fühlten wir uns alle schuldig, weil wir nicht in der Lage waren, unseren Problemen ins Auge zu blicken und sie *augenblicklich* zu lösen. Diesen Menschen fehlte einfach das Verständnis für die menschliche Natur und die Rolle, die Scham- bzw. Schuldgefühle spielen, wenn sie uns hindern, daß wir uns unseren Schwierigkeiten stellen.

Der Weg der inneren Wiedergeburt ist ein schrittweiser Prozeß, den wir vergleichsweise mühelos durchlaufen, wenn unser Umfeld Geborgenheit und Liebe ausstrahlt, statt uns mit Vorwürfen oder gar Feindseligkeit zu überhäufen. Leider neigen wir dazu, überaus hart und streng mit uns selbst und anderen ins Gericht zu gehen. Mit diesen Selbstbezichtigungen rufen wir jedoch Schuldgefühle hervor, so daß jedes Stückchen Veränderung in uns Schmerz (oder noch Schlimmeres) verursacht. Nur Sie selbst können eine Veränderung in Ihrem Leben bewirken, und ich nehme an, daß Sie das am liebsten in einer schützenden Umgebung tun werden, die Ihnen das Gefühl gibt, umsorgt zu werden. Wenn man Sie zwingen würde, sich ganz unvorbereitet und ohne emotionale Unterstützung mit einem schwierigen Thema auseinanderzusetzen, so wäre das keine besonders günstige Voraussetzung für eine positive Umwandlung oder Heilung. Ganz im Gegenteil, die bestehende traumatische Erfahrung würde dadurch noch verstärkt. Es braucht Zeit, Mühe und Selbstvertrauen, wenn Sie sich selbst gegenübertreten und die Verantwortung für Ihr Leben übernehmen wollen.

Erst wenn Sie innerlich wirklich bereit sind, können Sie sich eingestehen, daß Sie tatsächlich eine karmische Verbindung zu den Eltern haben, die Sie sich ausgesucht haben.

Welche Möglichkeiten haben Sie nun, um Heilung für diese Situation zu finden?

Die meisten Therapeuten kennen Klagen wie die folgenden: „Ich kann das nicht, weil mein Vater dies oder jenes mit mir angestellt hat." „Ich schaffe das nicht, weil meine Mutter mich immer schlecht gemacht hat." Wenn Sie die ganze Verantwortung für Ihr Leben weiterhin auf Ihre Eltern schieben, treten Sie damit auf der Stelle (und vermeiden jedes Risiko). Sich auf seinen Vorwürfen auszuruhen wie auf einem warmen Fell ist einfach und bequem, langfristig aber wenig sinnvoll. Es gibt Ihnen vielleicht für einen kurzen Moment Befriedigung, aber letztlich erreichen Sie damit wenig. Natürlich kann es vorkommen, daß Sie ziemlich lange gar nichts anders tun können.

Doch möglicherweise läuft auch alles ganz anders, wenn Sie sich erst einmal entschlossen haben, die Ursache für Ihre aktuellen Probleme in einem früheren Leben zu suchen. Vielleicht ergehen Sie sich jetzt erst recht in bittersten Selbstvorwürfen, weil Sie damals all diese schrecklichen Untaten begangen haben, deren Karma Sie nun ernten. Sie sind also in den Rang eines Märtyrers aufgestiegen. Doch diese Einstellung ist genausowenig hilfreich – und mindestens so unsinnig wie die vorige. Es ist wichtig, daß wir die Verantwortung für unsere eigene Vergangenheit erkennen, aber Selbstquälerei hindert uns daran, mit den Problemen dieses Lebens bzw. unseren negativen Erfahrungen ins reine zu kommen.

In einem der vorigen Kapitel habe ich von Diana erzählt, die sich in einem früheren Leben ihrem Gatten gegenüber sehr schlecht verhalten hatte und nun in diesem Leben mit ihrer unglücklichen Ehe den Preis dafür bezahlte. Sie blieb so lange Gefangene dieser Situation, bis sie erkannte, daß sie ihr altes Karma abtragen und die negative Beziehung zu ihrem Mann beenden mußte. Als sie das tat, hatte sie ihr Karma erfüllt.

Sie können sich mit Ihrer gegenwärtigen Lebenssituation aussöhnen, wenn Sie erkennen, daß a) die Mißbrauchserfahrung, die Sie gemacht haben, Karma war, das Sie abtragen wollten, und b) Ihr inneres Kind die Erlaubnis braucht, zu seiner Heilung jedes geeignete Mittel zu ergreifen. Dazu gehört auch, daß es seinem Zorn auf diejenigen, die ihm etwas angetan haben, so lange freien Lauf geben darf, wie es nötig ist.

Ihr inneres Kind weiß instinktiv, daß es die Wut herauslassen muß, die es mit sich herumträgt. Das ist der erste Schritt, um die negative Erfahrung zu heilen. Die stückweise Umwandlung dieser Erfahrung setzt einen Prozeß in Gang, der dem inneren Kind hilft, wieder heil zu werden. Der Weg der emotionalen Wiedergeburt stärkt Ihre Fähigkeit, diese eingelagerten psychischen Giftstoffe aus Ihrem emotionalen und physischen Körper wieder auszuschwemmen.

Wenn die Gefühle von Wut, Feindseligkeit oder Trauer ein Ventil bekommen, entsteht in Ihnen der nötige Raum für eine tiefgreifendere Sicht der Dinge, bis Sie schließlich bereit sind zu erkennen, daß Sie selbst an der Entstehung dieses Karmas beteiligt waren. Sind diese Gefühle bereinigt, besteht der nächste Schritt darin, alle anderen Gefühle, die mit dieser Erfahrung zusammenhängen könnten, auszudrücken. Erst dann können Sie Ihr Herz wirklich für Vergebung öffnen, welche Form sie auch immer annehmen mag.

## Vergeben

Eine These der esoterischen Weltanschauung besagt, daß wir alles und allen vergeben müssen, wenn wir uns weiterentwickeln wollen. Das ist eine wunderbare Lehre, aber tatsächlich vergeben können wir nur, nachdem wir unseren aufgestauten Haß auf diejenigen, die uns verletzt haben, vollständig entsorgt haben. Viele meiner Patienten erzählten, wie sie sich mit ihren Eltern ausgesöhnt haben. Doch nachdem ich ihr inneres Kind befragte, konnte ich feststellen, daß es nicht die geringste Absicht hatte, den Eltern zu verzeihen, zumindest nicht, bevor es nicht seine Wut herausgelassen und transformiert hatte.

Sie werden nicht in der Hölle schmoren müssen, wenn Sie denen, die Sie verletzt haben, nicht vergeben, aber es wird für Sie in diesem Fall viel schwieriger sein, sich weiterzuentwickeln – so als zögen Sie einen Sack voller Steine hinter sich her. Natürlich können Sie sich im vollen Glanz der eigenen Selbstgerechtigkeit sonnen, wenn Sie an Ihrer Mißbrauchserfahrung wie an wertvollem Besitz festhalten: „Die haben mir mein Leben kaputtgemacht. Jetzt muß ich für immer darunter leiden, und sie müssen es mit ansehen." Märtyrerkronen wie diese drücken nach einiger Zeit doch sehr heftig auf die Stirn. Vielleicht versuchen Sie es auch mit ewiger Rache: „Das wird denen noch leid tun!" Doch man braucht sehr viel Energie, um solche Schuldzuweisungen lebendig zu halten, und letztlich setzen Sie damit nur Ihr Karma fort.

Wenn Sie bereit sind, können Sie den nächsten Schritt auf Ihrem Weg zur inneren Heilung machen, nämlich demjenigen verzeihen, der Ihnen Leid zugefügt hat. Wenn Sie davon sprechen, Ihren Eltern zu verzeihen (auch wenn Sie diesen Gedanken innerlich ablehnen), setzt ein Prozeß ein, in dessen Verlauf Sie sich allmählich aus Ihrer Opferrolle lösen. Dies kann aber erst geschehen, wenn die Zeit dafür reif ist. Und es bedeutet ferner, daß Sie Vergebung nicht einfach herbeizaubern können. Voreiliges Verzeihen drückt nur Mißachtung gegenüber den Gefühlen ihres inneren Kindes aus, das echten Zorn empfindet, gleichgültig wie stark Sie selbst auch wünschen mögen, diese Gefühle endlich hinter sich zu lassen. Das Kind braucht Zeit, um sie loszulassen, in manchen Fällen (z.B. in Fällen von sexuellem Mißbrauch) sehr lange, vielleicht sogar länger, als dieses Leben dauert. Aber der Zeitpunkt wird kommen, an dem Sie für die Wandlung bereit sind.

Auch aus diesem Grund ist es so überaus wichtig, sich immer wieder von der Liebe der Engel durchfluten zu lassen, weil dadurch der Haß, der überall in Ihren Zellen vergraben ist, aufgelöst wird. Und einmal entfernt, kehrt er nie wieder zurück.

Verzeihung kommt nicht im Schlaf. Es kann Jahre dauern, Jahre, in denen Sie spirituell reifen. Stellen Sie sich den Prozeß des Verzeihens wie eine Hypothek vor, die auf Ihrem Haus liegt. Die ersten paar Jahre zahlen Sie nur für die Zinsen, aber wenn Sie dann allmählich die Hauptforderung abgegolten (d.h. ganze Wagenladungen voll Haß entsorgt) haben, dann beginnt Ihr Guthaben (Vergebung) sehr schnell zu wachsen. In dem Maße wie Ihr Haß geringer wird, steigt auch Ihre Fähigkeit zur Vergebung.

Sie werden zunächst (unter Umständen auch für längere Zeit) nichts von dieser Verzeihung spüren. Es hilft, wenn Sie sich selbst am Ende jeder Wandlungsübung um soviel Verzeihung für denjenigen bitten, der Sie verletzt hat, wie Sie in diesem Moment zu geben bereit sind. Fällt es Ihnen aber schwer, diese Bitte nur auszusprechen, ist auch dies in Ordnung. Sie haben noch sehr viel Haß in sich, den Sie klären müssen. Und eines Tages, wenn Sie sich wieder um Verzeihung bitten, sind Sie vielleicht gerade in der Lage, ein Millionstel Gramm davon zu geben. Gut, das ist nicht viel, aber immerhin ein Millionstel Gramm mehr als vorher.

Vergebung geschieht vielleicht nicht in diesem Leben – aber sie kommt früher oder später, so daß Sie eines Tages auf Ihre Eltern, Ihre Kindheit und Ihr Leben zurückblicken können und nichts fühlen außer Liebe und Verständnis – frei von Vorwürfen und Haß. Bis es soweit ist, sollten Sie im Gedächtnis behalten, daß Sie das alles für sich selbst tun, denn dies ist das Allerwichtigste.

## Der Sinn des Lebens

Wenn Sie sich zu sehr in Ihre Verweigerungshaltung hineinbegeben bzw. auf dieser beharren oder sich weit über jedes zuträgliche Maß hinaus die Schuld für Ihre Probleme geben, obwohl Sie sich andererseits weigern, einzusehen, welchen Anteil Sie selbst an Ihren Schwierigkeiten haben, dann haben Sie Ihr inneres Gleichgewicht verloren. Dieses

Gleichgewicht kommt mit der Entdeckung Ihres Lebenssinns – es hilft Ihnen, sich selbst nicht weh zu tun und mit Ihrem Leben zurechtzukommen. Inneres Gleichgewicht stellt sich in dem Moment ein, in dem Sie erkennen, daß Sie mitverantwortlich sind für Ihr ganzes Leben – das ist das ganze Geheimnis.

Daher führt der Weg der emotionalen Wiedergeburt zu nichts, wenn Sie ihn nicht einem höheren Ziel widmen. Sowohl Eigenverantwortlichkeit als auch innere Wandlung brauchen ein Ziel und einen Zweck: Zunächst geht es darum, daß Sie damit aufhören, sich weiter weh zu tun. Aber später, wenn Sie Ihre traumatischen Erfahrungen gereinigt haben, sollten Sie den eigentlichen Sinn Ihres Daseins leben. Das bedeutet, daß Sie Ihr inneres Gleichgewicht finden müssen.

Wenn Sie erkennen, daß mit Ihrem Leben etwas nicht stimmt, dann steigen die Chancen, daß Sie es neu ausrichten und ebenso tiefgreifende wie dauerhafte Veränderungen vornehmen. Psychologie und spirituelle Traditionen können Ihnen helfen, problematische Kindheitserfahrungen oder geistige „Filter" zu klären und eine bessere Verbindung zu Ihrem Höheren Selbst zu bekommen. Sobald das geschieht, wird es sehr viel wahrscheinlicher, daß Sie den Weg zu Ihrem wahren Lebenssinn finden.

Ihr wahrer Lebenssinn ist die Aufgabe, die Ihr Höheres Selbst in diesem Leben für Sie ausgesucht hat. Ihre Hauptaufgabe ist es, diesen Lebenssinn zu finden, sich darauf einzustellen und ihn schließlich in die Tat umzusetzen. Dieser wahre Lebenssinn kann alles mögliche umfassen: lehren, erziehen, helfen, schreiben – was Sie wollen. Hier ein paar Beispiele: Zum Lebenssinn eines Menschen kann es gehören, Landwirtschaft zu betreiben, um die Natur zu bewahren. Ein anderer sollte vielleicht geistige Werte vermitteln, wenn auch nicht innerhalb einer bestimmten spirituellen Richtung, sondern eher so, daß das, was er sagt, auf andere eine große inspirierende Wirkung entfaltet. Wieder ein anderer findet seine Lebensaufgabe darin, die unterschiedlichsten Orte auf der ganzen Welt zu besuchen und sie mit seiner speziellen Art von Schwingung zu verbinden. Diese drei Menschen stellen nur einen winzigen Bruchteil dessen dar, was an Lebensinn möglich ist.

Ein Mensch, der seinen wahren Daseinszweck lebt, verbessert nicht nur die Qualität seines eigenen Lebens, sondern auch die der Menschen um sich herum. Wer Reichtum, Macht und Ruhm auf dem Rücken seiner Mitmenschen verwirklicht, manifestiert nicht den wahren Sinn das Daseins. Ich will den Besitz von Geld nicht schlechtmachen. Es ist toll, Geld bzw. Macht zu haben, aber nicht, wenn man dadurch die Rechte anderer verletzt. Wer so handelt, befindet sich weder in innerem Gleichgewicht noch in Übereinstimmung mit dem göttlichen Plan.

Bei manchen Menschen ist der Lebenssinn groß und erhaben – z.B. ein Land oder gar die ganze Welt zu inspirieren (wie im Fall von Gandhi) oder ein Heiler zu sein. Es gibt keine zwingenden Vorschriften, wie der wahre Sinn Ihres Lebens auszusehen hat. (So als gäbe es nur zehn Möglichkeiten zur Auswahl, und wenn Ihre nicht dabei ist, dann ist alles aus.) Alles, was sich gut und richtig anfühlt, das ist Ihr wahrer Lebenssinn, das ist es, was Ihrem Leben Heilung und inneres Gleichgewicht gibt. Denn es ist völlig gleichgültig, wie Ihr wahrer Lebenssinn aussieht: *Hauptsache, Sie leben ihn!*

Manche Menschen können zwar ihren Lebenssinn spüren, aber ihre geistigen „Filter" stören die klare Wahrnehmung der Botschaft, die er ihnen vermitteln will. Ihre Vision ist unstimmig, was allerlei Schaden anrichten kann, wenn sie andere Menschen mit einbezieht. Solche Leute geben dann Sätze von sich wie: „Ich kenne die Antwort, und nur ich kann sie dir geben" oder „Ich sehe die Wahrheit, und ich bin der Auserwählte, der sie verkünden kann". Statt die Menschen zu mehr Heilung und Spiritualität zu führen, schaden sie ihnen, indem sie ihre Möglichkeiten begrenzen und sie hindern, ihren eigenen Lebenssinn zu manifestieren. Solch selbsternannte Propheten leben nicht in Übereinstimmung mit ihrem Höheren Selbst oder anderen höheren

Wesenheiten. Zu diesem Typus gehören auch Eltern, die bestimmen, wie ihre Kinder zu sein haben, und ihr ganzes Leben nichts anderes tun, als ihre Kinder nach ihren Vorstellungen zu manipulieren, die oft genug im Widerspruch zum Lebensplan ihrer Kinder stehen.

Der wichtigste Schritt im Prozeß der inneren Wandlung ist, die Last der Vergangenheit abzustreifen, um den eigenen Lebenssinn zu manifestieren. Wenn Sie den wahren Sinn Ihres Daseins erfüllen, dann klappt Ihr Leben, Sie sind im Einklang mit dem Universum und im Gleichgewicht mit sich selbst.

Am Anfang mag es Ihnen unmöglich sein, den Sinn Ihres Lebens zu erkennen oder gar zu begreifen. Aber mit jedem Schritt auf dem Weg der inneren Wiedergeburt wird auch Ihr Lebenssinn immer klarer, bis es sich schließlich vollkommen natürlich und richtig anfühlt, ihm Ausdruck zu geben. Sie werden vielleicht in mehreren Richtungen ausprobieren wollen, was sich passend anfühlt. Wenn Sie dann die „richtige Position" gefunden haben, werden Sie sich gedrängt fühlen, eine innere Wandlung zu vollziehen, die den Ausdruck Ihres Lebenssinns fördert und unterstützt.

Ich habe gesagt, daß Sie sich auf der Stufe der goldenen Liebe befinden, wenn Sie in innerem Gleichgewicht sind. Das ist eine gute Beschreibung für den Zustand, der sich ergibt, wenn Sie im Einklang mit Ihrem Lebenssinn sind. Von dort aus können Sie viel leichter einen Ort der Liebe erreichen, einen Ort, an dem Sie die überwältigende Unterstützung der Engel und Ihres Höheren Selbst erfahren können. Sie strömen über vor grenzenloser Energie und Liebe für die Menschen um sich herum. Sie wissen, daß Sie genau am richtigen Ort sind und das Richtige tun.

Sobald Sie Ihren wahren Lebenssinn manifestieren, können Sie Ihre Grenzen erweitern und sich heilen. Sie sind mit Ihrem Höheren Selbst, den Engeln und der Gottheit verbunden und in Harmonie mit jedem einzelnen Ihrer Körper. Dies ist das innerste Wesen Ihres wahren Lebenssinns.

## Übung

### Vergebung

Sie können diese Übung immer wieder machen, bis Sie an den Punkt gelangt sind, wo Sie mit sich oder einem anderen Menschen im reinen sind.

1. Ziehen Sie sich mit Papier und Bleistift in eine ruhige Ecke zurück. Schließen Sie Ihre Augen, reinigen Sie Ihre Aura, und bringen Sie sie in das Zeitfeld der Gegenwart. (Achten Sie darauf, daß während dieser Übung nicht Teile von Ihnen in der Vergangenheit bleiben. Sie verlangt nämlich einiges von Ihnen.)

2. Laden Sie Ihr Höheres Selbst ein, mit Ihnen daran teilzunehmen. Sie brauchen seine Hilfe!

3. Denken Sie an jemanden, dem Sie verzeihen möchten. Wenn Sie den Anblick des Betreffenden nicht ertragen können, weil Sie das zu sehr aufregt, bitten Sie ihn, hinter einer Tür stehenzubleiben.

4. Stellen Sie sich die Verzeihung vor wie ein großes Gefäß voll blauen Wassers.

5. Fragen Sie sich, welches Maß an Verzeihung Sie für den Betreffenden aufbringen können.

6. Diese Frage allein kann schon eine riesige Woge der Wut in Ihnen freisetzen. Das ist völlig in Ordnung. Sie stecken voll davon. Visualisieren Sie diese Wut als dunkelrote Flüssigkeit in einem anderen Gefäß. (Sie besitzen zwei Gefäße – für Verzeihung und für Haß).

7. Bitten Sie Ihr Höheres Selbst, aus dem roten Gefäß soviel von der Wut auf den Betreffenden abzuschöpfen,

wie Sie dieses Mal loslassen möchten. Das können ein paar Tropfen sein, eine Tasse oder ein Eimer voll oder auch gar nichts. Schütten Sie diese Wut zu Boden, damit sie wieder dem Kreislauf des Lebens zugeführt werden kann.

8. Wiederholen Sie danach Schritt 5. Vielleicht stellt sich heraus, daß Sie jetzt bereit sind, ein Quentchen Verzeihung zu gewähren. Wenn Sie nicht wissen, wieviel genau es ist, bitten Sie Ihr Höheres Selbst, soviel Vergebung abzuschöpfen, wie Sie zu gewähren bereit sind.

9. Reichen Sie diesen Becher der Vergebung dem Betreffenden hinter der Tür. Auch wenn Sie ihm nicht verzeihen können, werden Sie nicht bestraft. Wenn Sie die Übung beständig wiederholen, werden Sie im Laufe der Zeit immer mehr Wut freisetzen und auch immer besser vergeben können.

10. Der Akt des Verzeihens eignet sich auch sehr gut für Sie selbst. Schöpfen Sie soviel Vergebung aus dem Faß, wie Sie sich zugestehen können. Oft genug ist es schwer, auch sich selbst zu verzeihen, selbst wenn Sie schon längst ausreichend für etwas gebüßt haben.

11. Lassen Sie sich nun vom Wasser der Vergebung durchströmen.

12. Sie können Schritt 10 mit dem Höheren Selbst oder einem Engel an Ihrer Seite wiederholen. Sie werden sehen, daß andere Wesen Ihnen viel mehr Liebe und Verzeihung zugestehen, als Sie selbst es tun. Lassen Sie sich dies eine Lehre sein.

## 17

# Krankheiten heilen

Meine Freundin Amy hat Diabetes. Ihr rechtes Fußgelenk knickte ein, aber mit einer orthopädischen Einlage konnte sie gehen, ohne unter besonderen Beschwerden zu leiden. Stellen Sie sich meine Überraschung vor, als ich hörte, daß sie im Krankenhaus lag und die behandelnden Ärzte darauf bestanden, ihr diesen Fuß zu amputieren, da er durch und durch brandig sei. Amy widersetzte sich dem Druck der Ärzte mit aller Heftigkeit. Sie suchte nach einer ganzheitlichen Heilmethode für sich.

Bevor wir etwas unternehmen konnten, mußten wir herausfinden, was nun eigentlich genau mit dem Fuß vorging und solche Maßnahmen nach sich zog. Amy war aus verständlichen Gründen hochmotiviert. Sie wollte unbedingt herausfinden, was der eigentliche Grund für ihr Fußproblem war, und es auf nicht-chirurgischem Wege lösen. Wir wollten damit anfangen, das Programm umzuschreiben, das sich an dieser Stelle in ihrem physischen Körper ausdrückte.

Ich schlug ihr vor, sie möge ihr Höheres Selbst bitten, sie in jene Zeit zurückzuführen, als ihr Körper die Entscheidung traf, sich von diesem Fuß zu trennen. Sie sah ein vergangenes Leben, in dem sie ein Trapper war, dessen Fuß in eine Bärenfalle geraten war: Die Zähne des Fangeisens hatten sich an genau der Stelle ins Fleisch gegraben, an der in ihrem jetzigen Leben die Fußknochen an Kraft verloren hatten, weshalb der Fuß einknickte. Zwar gelang es dem Trapper unter größten Schwierigkeiten, sich aus dieser Falle wieder zu befreien, doch verlor er dabei seinen Fuß. Daraufhin bekam er Wundbrand und starb schließlich daran.

Um ihren eigenen Fuß von dieser Prägung zu befreien, mußte Amy dieses vergangene Leben umwandeln. In Gestalt eines Geistwesens rief sie um Hilfe. Ein großer, starker Mann erschien, der den Trapper rettete. Er öffnete das Fangeisen, brachte den Trapper in seine Hütte und versorgte seine Wunde. Seine Fußknochen waren zwar zertrümmert, doch die Infektion blieb aus und der Trapper erholte sich wieder. Zwar hinkte er danach – auch Amy behielt übrigens ein leichtes Hinken zurück –, aber er verlor weder seinen Fuß noch sein Leben.

Nachdem Amy dieses vergangene Leben umgestaltet hatte, fragte ich sie, was ihr Fuß brauche, um wieder heil zu werden. Sie sah ein Bild vor sich, in dem der gebrochene Fuß mit der Rinde eines Kirschbaumes umwickelt wurde, und so tat sie in einer Visualisierungsübung genau dasselbe, sowohl in dem früheren Leben als auch in ihrem jetzigen. Innerhalb von vier Tagen war der eitrige Abszeß, der sich gebildet hatte, verschwunden. Neues, gesundes Hautgewebe bedeckte die Wunde. Ihre Ärzte fielen aus allen Wolken und entschieden übereinstimmend, daß eine Operation nun nicht mehr notwendig sei. Amy wurde nach Hause geschickt.

Weil es ihr gelang, die erlittene Verletzung des physischen Körpers in ihrem früheren Leben aufzulösen, verwandelte sich das Trauma dieser Verwundung in eine bloße Erinnerung. Die Nachschwingungen dieses Traumas, die eine ähnliche Erfahrung in diesem Leben bewirkten, wurden neutralisiert, und der Verlust des Fußes im jetzigen Leben konnte verhindert werden.

## Symptome

Die Geschichte von Amys Fuß ist ein sehr dramatisches Beispiel dafür, was geschehen kann, wenn man den materiellen Körper auf geistiger Ebene von Krankheiten befreit. Wenn Sie Krankheiten in ihrem Kern behandeln, statt nur auf symptomatischer Ebene daran herumzukurieren, werden Sie in der Lage sein, sie „mit Stumpf und Stiel“ zu beseitigen. Erinnern Sie sich noch an den Löwenzahn und seine tiefreichende Wurzel. Wenn Sie Löwenzahn ausreißen, seine Pfahlwurzel aber stehenlassen, dann haben Sie nach einem Monat oder vielleicht noch früher einen neuen Löwenzahn im Rosenbeet. Bevor Sie nicht die Ursachen einer Krankheit angehen, können Sie sich davon nicht befreien. Sie können sie verdrängen, sublimieren oder an den Symptomen herumdoktern, aber der tatsächliche Auslöser verliert dadurch nichts von seiner Wirkkraft.

Der materielle Körper ist aufs innigste mit dem emotionalen Selbst verbunden – wie Sie im Zusammenhang mit der Behandlung Ihrer Kindheitsprobleme sehen konnten. Hier hatten körperliche Empfindungen eine emotionale Wurzel. Durch eine Schwäche in einem bestimmten Organ bzw. in einem bestimmten Bereich des Körpers entsteht seelischer Schmerz. (Stellen Sie sich das etwa so vor, als würden Sie Lebensmittel in einem Dampftopf erhitzen.) Wird dieser Schmerz nicht in irgendeiner Form abgebaut (emotionaler Ausdruck, Streßverminderung, Meditation, Yoga, Psychotherapie etc.), steigt er weiter an, bis er ein so unerträgliches Maß erreicht hat, daß er sich als körperliche Störung manifestiert. (Der Dampftopf explodiert.)

Erkrankungen der Herzkranzgefäße werden fast immer symptomatisch und nicht mit ganzheitlichen Methoden behandelt. Therapie der Wahl ist momentan entweder die Bypass-Operation oder die Gefäßdilatation. Bei ersterer werden die verstopften Arterien durch gesunde Arterien ersetzt. Bei letzterer wird ein kleiner Ballon in die erkrankte Arterie eingeführt und an der Stelle, an der die Ablagerung sitzt, aufgepumpt, so daß sie gegen die Gefäßwand gedrückt wird. Obwohl beide Methoden kurzfristig Erfolge bringen, stellt sich leider oft genug innerhalb kurzer Zeit der alte Zustand wieder ein, und der Eingriff muß wiederholt werden.

Was also läuft schief? Schulmediziner kümmern sich meistens nur um die Symptome und nicht um die Ursachen. Sie operieren das physische Herz, ohne den Zustand des emotionalen Herzens zu untersuchen. Seelischer Schmerz äußert sich in Erkrankungen des Herzens. Verstopfte Herzgefäße sind ein Symbol für Liebe, die sich nur gehemmt oder gar nicht äußern kann. Nur das Symptom zu beseitigen ändert nichts an der zugrundeliegenden Problematik.

Dr. Dean Ornish erkannte, daß es unterschwellige Faktoren gibt, die mitverantwortlich sind für die Entstehung einer Krankheit. Er verlangte von seinen Bypass-Patienten, daß sie neben der schulmedizinischen Behandlung an einem intensiven Begleitprogramm teilnahmen. Dieses umfaßte eine strenge fettreduzierte Ernährung, ein striktes Rauchverbot, Meditation, Yoga und eine Paartherapie für den Patienten und seinen Ehepartner. Diese Form der Behandlung zwang die Patienten, sich mit ihren unausgesprochenen Gefühlen, die sie bis dahin in sich verschlossen hatten, auseinanderzusetzen. Sie half ihnen, die emotionalen Blockaden ihres Herzens aufzulösen, um zu verhindern, daß sich diese erneut als körperliche Blockaden äußerten. Auch wenn sich die medizinische Fachwelt gerne geringschätzig über Dr. Ornishs Erkenntnisse hinweggesetzt hätte, konnte sie doch die glänzenden Heilerfolge bei seinen Patienten nicht übersehen: Er hatte keine bzw. nur eine sehr niedrige Rückfallquote bei koronaren Herzerkrankungen.

## Krankheit als Metapher

Für jede Erkrankung ist es wichtig, daß wir nicht nur die Symptome richtig deuten, sondern auch ihre Sprache verstehen. Wenn Sie Ihre Krankheit als Bild sehen, können Sie auch sehen, warum Sie daran leiden. Näheres über die Zusammenhänge zwischen Krankheit und Emotionen finden

Sie in Louise Hays Buch *Heile Deinen Körper*. Sie listet dort eine Reihe von Krankheiten bzw. Organschwächen auf und erläutert die dahinterstehende psychologische Bedeutung dieser Störungen. Wenn Sie die Art der Erkrankung, die Sie für sich geschaffen haben, näher untersuchen, werden Sie feststellen, daß Sie deren Ursache auf Ihre Familiengeschichte bzw. auf Ihre eigenen alten Verhaltens- und Denkmuster zurückführen können. Der wirkliche Auslöser liegt jedoch mit einiger Sicherheit nicht in diesem Leben, sondern in einem (oder mehreren) Ihrer früheren.

Unterdrücken Sie Gefühle von Liebe und Zuneigung? Oder zeigen Sie im Gegenteil immer zuviel Liebe und lassen so Ihr verzweifeltes Bedürfnis danach erkennen? Reagieren Sie leicht verletzt auf Ihre Umwelt? Oder haben Sie es vorgezogen, sich gänzlich von ihr zurückzuziehen? Probleme mit Herz, Brust oder Lunge zeigen, daß Sie Schwierigkeiten haben, Liebe auszudrücken. Mit einer Bronchitis warnt Ihr Körper Sie frühzeitig, wenn Ihre Liebe blockiert ist oder zurückgewiesen wurde, während ein Herzanfall ein Anzeichen dafür ist, daß sich die Energie bis zu einem kritischen Punkt aufgestaut hat.

Mit einigem Widerwillen mußten die Schulmediziner einräumen, daß bei Krankheiten wie Multipler Sklerose, Asthma und Typ-I-Diabetes psychologischen Faktoren eine entscheidende Rolle zukommt. Auch wenn die Schulmedizin die Vorstellung, diese Krankheiten könnten ihren *Ursprung* in der Psyche des Erkrankten haben, weit von sich weisen, so hat sie doch zumindest eingesehen, daß Emotionen einen starken Einfluß auf den Verlauf dieser Erkrankungen ausüben. Ich habe jedoch derart viele Fälle erlebt, in denen ich die Störung bzw. Erkrankung direkt auf das vorherrschende emotionale Problem des Betreffenden zurückführen konnte, daß ich davon überzeugt bin, daß alle Erkrankungen eine psychologische Ursache haben. Werden diese Ursachen mit den entsprechenden Mitteln behandelt, so ist es möglich, einen bedeutenden Umschwung im Krankheitsverlauf herbeizuführen.

Kommen wir zum „großen K" – dem Krebs. Krebszellen sind nichts anderes als Ihre eigenen Körperzellen, die angefangen haben, Amok zu laufen. Sie sind keine Eindringlinge von außerhalb wie das HIV-Virus. Die Ärzte können alle möglichen Chemikalien in Ihren Körper pumpen in dem Versuch, die Krebszellen aufzulösen, aber – und das ist ein großes „Aber" – diese Dinge wirken nur auf die Symptome ein. Die Ursache bleibt davon völlig unberührt. Die Forschung kann keinerlei Auskunft darüber geben, warum und auf welchem Wege Krebszellen entstehen. Vermutlich wird sie das nie können, da sie nach *körperlichen* Ursachen sucht. Tatsächlich ist Krebs eine psychisch bedingte Krankheit – Krebszellen wachsen auf dem Nährboden seelischer Giftstoffe, die sich im Körper in einem solchen Ausmaß angesammelt haben, daß sie sich schließlich als das „große K" manifestieren.

Hier ein nur allzu bekanntes Beispiel: Brustkrebs entstellt die betroffene Frau nicht nur körperlich. Er steht auch für den Verlust der nährenden Anteile des eigenen Selbst. Er hängt zusammen mit einer Schwierigkeit, die sehr viele Frauen haben, nämlich Liebe und Fürsorge ohne Probleme zu nehmen und zu geben. Frauen mit Brustkrebs haben Schwierigkeiten damit, geliebt zu werden bzw. bedingungslos zu lieben. Sie haben meist nicht das Gefühl, daß sie es wert sind, geliebt zu werden.

Um Krebs zu heilen, muß man das befallene Organ weder bestrahlen noch herausschneiden noch den Körper mit Chemikalien vergiften. Man muß seine Ursachen suchen und sie umwandeln. Das beste Hilfsmittel, um Krankheit in eine Heilungserfahrung umzuwandeln, ist der physische Körper selbst. Wir machen eine Reise zurück in unsere Vergangenheit, um herauszufinden, wann und weshalb unser Körper die Entscheidung getroffen hat, diese Krankheit zu bekommen. Erst dann können wir damit anfangen, ihn von seinen Giftstoffen zu befreien.

Wir beginnen damit, darauf zu achten, an welchen Stellen unser Körper schmerzt. Solche „sensiblen Zonen",

Punkte, auf die Sie Ihre Aufmerksamkeit richten sollten, sind der Magen, die Brust, der Rücken, der Nacken, die Schultern und der Kopf – jede dieser Zonen hat ihre besondere Form der Mißempfindung: Rückenschmerzen, Nackenschmerzen, Kopfweh; Erkältungen (Kopf und Brust); Magengeschwüre oder andere Magen- und Darmprobleme wie Morbus Crohn, Divertikelbildung oder Reizdarm. Schädliche Gewohnheiten wie Rauchen oder Suchtverhalten gehen auf Depressionen, Kopfschmerzen oder Unzufriedenheit zurück und führen letztlich dazu, daß sich der Allgemeinzustand des Körpers verschlechtert.

In welchem Organ der Schmerz auch auftritt, es leidet immer unter einer grundlegenden Funktionsschwäche, die es zur Zielscheibe für alle Arten von Giftstoffen macht. Es ist das schwächste Glied einer Kette – Ergebnis einer Ansammlung von schädlichen Energien in diesem und in früheren Leben (karmische Schuld, unsere Urängste oder andere traumatische Erfahrungen aus einem früheren Leben, die eine bestimmte Körperstelle betrafen).

## Der Hintergrund von Erkrankungen

Es gibt mehrere Gründe dafür, eine Krankheit auf sich zu ziehen. Diese Gründe stehen in direkter Verbindung mit Ihrem gegenwärtigen und Ihren früheren Leben. Wenn sich in Ihrem Körper eine Krankheit entwickelt, dann hat sie einen bestimmten Sinn und Zweck, der sich nach Ihren Kindheitsmustern sowie den karmischen Lektionen richtet, die Sie sich ausgesucht haben.

Im folgenden möchte ich Ihnen ein paar Möglichkeiten aufzeigen:

- die Äußerung starker bzw. unterdrückter Emotionen (die gewöhnlich mit Ihrer Urangst in Verbindung stehen);
- Entlastung von starkem seelischen Druck;

- emotionale Vorteile, die die Krankheit bringt;
- Lektionen für die Seele, die sie in diesem Leben braucht;
- Karma;
- Veranlagung (als Folge des gleichen Problems in früheren Leben);
- Ihr Lebensthema.

Lassen Sie uns diese Punkte im folgenden etwas näher untersuchen.

## Der Ausdruck von starken bzw. unterdrückten Emotionen

Im Alter von drei Jahren haben Sie Ihre zum Überleben notwendigen Verhaltensmuster ausgebildet. Sie wissen, welches Verhalten bewirkt, daß Ihre Bedürfnisse erfüllt werden und welches nicht. Wird ein Gefühl als unerwünscht eingestuft (wie z.B. Wut), dann kann es nicht geäußert werden. Es bleibt im Körper eingesperrt, und es kommt zu Spannungen (wie bei einem Fluß, der durch eine Staumauer eingedämmt wird). Schließlich baut sich ein so großer Druck auf, daß der Damm brechen muß, was dann auch häufig in Form von Krankheit geschieht.

Bei einer systemischen Erkrankung (z.B. Autoimmunkrankheiten wie rheumatisches Fieber, Lupus, chronisches Erschöpfungssyndrom, Krebs etc.) hat der gesamte Körper Anteil an diesem Zusammenbruch, da die Emotionen, die mit der ursprünglichen Verletzung zusammenhängen, den ganzen Körper überschwemmen und die Empfindung der Wertlosigkeit des ganzen Körpers kontinuierlich verstärken. Eine der stärksten krankmachenden Emotionen ist das Schamgefühl. Im Falle von sexuellem Mißbrauch leidet die Betroffene nicht nur unter starken körperlichen Reaktionen im Vaginalbereich, sondern auch unter Gefühlen von Scham, Minderwertigkeit und fehlender Selbstachtung. All diese Empfindungen sind dafür verantwortlich, daß der

Körper mit Giftstoffen überschwemmt wird. Als Folge dieses inneren Aufruhrs können sich auf der körperlichen Seite Erkrankungen wie Typ-I-Diabetes oder, in späteren Jahren, Multiple Sklerose einstellen.

## Starker emotionaler Druck

Wenn die Belastungen in allen Bereichen Ihres Lebens übergroß werden, dann bricht Ihr Körper zusammen. Wie ein überladenes Kamel, das zusammenbricht, wenn man ihm nur einen winzigen Strohhalm mehr auf den Rücken packt, so wird Ihr Körper vom Streß gefällt. So kann eine Scheidung, das Ende einer engen Beziehung oder irgendeine andere Krisensituation, welche bei unseren Minderwertigkeitsgefühlen sozusagen ins Schwarze trifft, zum Ausbruch des Krankheitsgeschehens führen. Die Krankheit, die am häufigsten mit Streß in Verbindung gebracht wird, ist Krebs. Ganz allgemein gesehen, führt eine ständige emotionale Belastung zu einer Degeneration der Körperzellen. Diese wiederum ist verantwortlich für die Entstehung von Krebs.

Um die Krankheit aufzuhalten, muß es zu einer einschneidenden Veränderung der Lebensumstände kommen – Wechsel von Beruf, Wohnort, Beziehung, sozialem Umfeld, Ernährung, kurz von allem, was den Streß verursacht hat, verbunden mit der Einübung positiver Verhaltensmuster. Dazu gehören einerseits körperliche Übungen, gesunde Ernährung, Entspannungs- oder Meditationstechniken, aber auch eine radikale Veränderung unserer bisherigen Einstellungen, Überzeugungen und Gefühle. In unserer modernen Welt mit ihrem extremen Leistungsdruck kann eine Krebserkrankung ein hinreichender Entschuldigungsgrund sein, um sein Leben in einer Form neu auszurichten, die Sie nicht gleich in den Verdacht bringt, arbeitsscheu und unfähig zu Leistung zu sein. Aber gibt es dafür nicht bessere Möglichkeiten als sich selbst dabei fast umzubringen?

## Emotionale Vorteile

Welche Vorteile erwachsen Ihnen aus Ihrer Krankheit? Ja, jede Krankheit bringt auch Gewinn, wie schlimm sie Ihnen anfangs auch erscheinen mag. Wie hilft Ihnen Ihre Krankheit, genau das zu bekommen, was Sie sich wünschen – z.B. Liebe und Zuwendung? Die Krankheit verschafft Ihnen ein bestimmtes emotionales Wohlbefinden, eine Art seelischer Befriedigung, auch wenn Ihnen das vielleicht nicht in vollem Umfang bewußt ist. Sie haben möglicherweise schon davon gehört, daß Menschen krank werden, um dadurch das Mitgefühl ihrer Umgebung auf sich zu ziehen. Das ist deren Methode, um emotional versorgt zu werden. In solchen Fällen ist die Krankheit gewöhnlich chronischer und nicht akuter Natur. Der emotionale Vorteil einer Krankheit ist leicht zu erkennen: Alle richten schließlich ihr Leben auf den „Patienten" aus. Typische Vertreter dieser Kategorie sind Alkoholiker.

## Karmische Lektionen

Sie kommen in jedes neue Leben mit einem Bündel von Lektionen, die Sie diesmal erlernen wollen. Oft kann die Krankheit ein wertvoller Lehrmeister sein – im Erwerb von Geduld, Dankbarkeit, Ausdauer, Stärke und der Tugend des Verzeihens. AIDS ist für viele Menschen solch ein Lehrstück. Denn neben der Übung in den zuvor genannten Eigenschaften müssen sich die Betroffenen nämlich mit Themen wie soziale Ausgrenzung, Vorurteile und Angst auseinandersetzen.

Aber warum in aller Welt sollte es irgend jemand auf sich nehmen wollen, sich einer derart auszehrenden Todeserfahrung auszusetzen? Darauf gibt es mehrere Antworten: Mit dem Übergang vom Zeitalter der Fische ins Wassermann-Zeitalter strömen qualitativ neue Energien zur Erde. Viele Menschen nutzen diese Gelegenheit, um ihr Bewußtsein zu transformieren, und manche tun das auf recht dramatische Art und Weise. AIDS ist für viele Menschen, die das gerne möchten, ein Weg geworden, den Planeten schnellstens wieder zu verlassen, da es ihnen hilft, in kürzester Zeit viel Karma abzutragen.

Viele Menschen, die sich mit AIDS infiziert haben, sterben voll Zorn und Empörung. Andere wiederum weigern sich, sich von der Krankheit zerstören zu lassen, ändern ihr Bewußtsein und sterben reinen, freudigen Herzens. (Wie Stephen Levine uns lehrt, kann der Sterbeprozeß eine unermeßlich heilsame Erfahrung sein.) Ob sich Ihr Körper nun dafür entscheidet, das Virus zu akzeptieren oder nicht (wenn er davon betroffen ist) und/oder das vollständige Krankheitsbild von AIDS zu entwickeln, ist nicht so wichtig. Entscheidend ist allein, was Ihnen diese Krankheit über sich selbst sagt.

## Karma

Beschäftigt Sie der Gedanke, warum manche Menschen von Geburt an behindert sind? Fragen Sie sich, wieso manche Krankheiten wie Mukoviszidose, Asthma, Allergien oder Leukämie bekommen oder gar unter Erbschäden leiden? Ich glaube, daß sich darin Karma ausdrückt, das der Betreffende in einem früheren Leben durch sein eigenes Fehlverhalten geschaffen hat und das er nun abtragen muß. Eine Krankheit auf sich zu ziehen und mit dem daraus folgenden emotionalen und körperlichen Leiden zu leben macht eine ordentliche Portion Ihrer Schuld wieder gut, auch wenn dieser Gedanke Ihnen schmerzlich scheinen mag.

## Veranlagung

Manche Menschen haben eine genetische Prädisposition für bestimmte Krankheiten wie z.B. Brust- oder Darmkrebs oder Diabetes. Solche Anfälligkeiten für bestimmte Krankheiten sind lediglich ein Hinweis darauf, daß sich über mehrere Leben hinweg eine entsprechende körperliche Schwäche aufgebaut hat, mag sie nun ihren Grund in nicht erfüllten Lebensaufgaben, dem entsprechenden Lebensthema oder in persönlichem Karma haben.

**Fallbeispiel:**

Anya litt unter schweren Venenentzündungen in ihrem linken Bein. Sie fand heraus, daß in sieben aufeinanderfolgenden Leben ihr linkes Bein entweder amputiert, gelähmt oder verkrüppelt wurde oder auf andere Weise seine Funktionstüchtigkeit einbüßte. Weil das ursprüngliche Trauma, das ihr Bein erlitt, derart stark war, hinterließ es in ihrer Seele einen so nachhaltigen Eindruck, daß sie in den darauffolgenden Leben noch mehr traumatische Erfahrungen auf das bereits geschwächte Bein zog. Um ihre Erkrankung zu heilen, mußte ihr Bein auch in ihren vergangen Leben geheilt werden bzw. das Leiden daran gehindert werden, in Erscheinung zu treten.

Führt man diesen Gedanken noch einen Schritt weiter, so kann man sich meiner Überzeugung nach auch dafür entscheiden, den genetischen Auslöseknopf einer bestimmten Krankheit nicht zu drücken, sofern man alle damit verbundenen Lebensthemen durcharbeitet. Und das genau ist der springende Punkt. Ihre traumatischen Erfahrungen aus diesem und aus vergangen Leben haben Ihnen soviel Ballast auf die Schulter geladen, daß es wahrhaft herkulischer Anstrengungen bedarf, sein Bewußtsein davon wieder zu reinigen und einen Umschwung herbeizuführen. Gewöhnlich schreiben die Leute dann ein Buch darüber, wie sie es geschafft haben. Und hinter jeder dieser Geschichten steht der unbeirrbare Gesundungswillen der Betreffenden, an dem es den meisten von uns mangelt. Das ist das Erfolgsrezept – täglich 24 Stunden Hingabe an dieses Ziel und am Ende ist Ihr Körper in beeindruckender Weise frei von allen schädlichen Energien.

## Ihr Lebensthema

Jetzt oder auch in einem früheren Leben wurde Ihre Krankheit durch Ihre Urangst verstärkt bzw. ausgelöst. Hat Sie beispielsweise in einem früheren Leben ein Elternteil vernachlässigt oder gar verlassen, dann ist Ihr zentrales Problem vermutlich die Angst vor der Einsamkeit. Unter Umständen ziehen Sie dann in Ihrem nächsten Leben eine Krankheit auf sich, die Ihre Lebenskraft schwächt. Damit würden Sie endlich die lange ersehnte Aufmerksamkeit erhalten (zumindest hoffen Sie das). Mußten Sie hingegen mit vielen Menschen zusammengepfercht auf kleinstem Raum leben, so werden Sie sich wünschen, im nächsten Leben viel Freiheit zu haben, indem Sie beispielsweise unbekannte Landstriche erkunden. Und wenn Sie eines grausamen Todes starben, werden Sie jetzt eine besonders sichere Umgebung schaffen wollen.

## Heilung

Um von einer Krankheit zu genesen, müssen Sie die entsprechenden Denkmuster von Ihrem Geist „abkoppeln", die mit dem Problem verknüpften Gefühle auflösen und für das auslösende Ereignis – das „Brennmaterial", das die Krankheit schürt – einen glücklichen Ausgang finden. Das bedeutet, Sie müssen die ernsthafte innere Verpflichtung eingehen, an Ihren Emotionen zu arbeiten, sich Ihre verlorenen Energien zurückzuholen, Frieden mit Ihrem inneren Kind zu schließen und Ihre vergangenen Leben umzuschreiben – kurzum, alles, worum es in diesem Buch geht.

Betrachten wir zuerst ein paar Krankheitsgeschichten.

**Fallbeispiel:**

Mary litt an Brustkrebs. Sie hatte wahnsinnige Angst, daß Ihre Brust vielleicht sogar amputiert werden müßte. Um das zu verhindern, ging sie in ihren Körper und fragte ihre Brüste, warum sie Krebs hatten. Die Antwort war, daß sie keine Nahrung spendeten und die Milch der Liebe nicht aus ihnen fließen konnte. Sie hatte mehrere Kinder, die sie abwechselnd verwöhnte und dann wieder vernachlässigte, und einen Mann, der ständig arbeitete, um für sie sorgen zu können. Ihre Ehe war, ihren Worten zufolge, „öd und ohne Leben". Ebenso war ihre Fähigkeit, Liebe zu geben, abgestorben.

Ich bat sie, bis zu jenem Punkt zurückzugehen, an dem sie sich das erste Mal entschlossen hatte, eine derartige Familiensituation zu schaffen. Meine Frage führte sie in ein früheres Leben zurück, in dem sie ein junges Mädchen war, das von einem Mann aus besseren Kreisen geringschätzig abgewiesen wurde. Als sie einen Mann aus ihrer Schicht heiratete, projizierte sie ihre ganze Verbitterung und Ablehnung auf ihn und ihre Kinder. Statt Liebe hatte sie für ihre Familie nichts als Verachtung übrig. Ihr jetziges Leben teilte sie nun mit einem Mann, der nie Zeit für sie hatte. Mit Hilfe einer Paartherapie, die bei ihr zusätzlich noch durch Körper- und Reinkarnationstherapie unterstützt wurde, gelang es den beiden, ihre Schwierigkeiten durchzuarbeiten. Ihre Brust blieb daraufhin krebsfrei.

**Fallbeispiel:**

Bob litt unter einer Vergrößerung der Prostata und unter all den Folgen, die sich daraus für sein Sexualleben und sein Selbstwertgefühl ergaben. Die Diagnose machte Bob sexuell und seelisch zu einem Wrack. Im Laufe unserer gemeinsamen Arbeit erkannte er, daß sein Prostataproblem die Wechselbeziehung zwischen seinem sexuellen Selbstbild und seiner Selbstachtung widerspiegelte. In seinem Eheleben hatte er seinen Penis als eine Art Waffe gebraucht.

Als er sich (nach langem Hin und Her) endlich dazu entschloß, mit seiner Prostata zu reden, erfuhr er, daß er sich immer gemäß den Vorstellungen seines Vaters verhalten hatte, welcher glaubte, daß ein Mann unbedingt dominant sein müsse. Seine eigenen Ansichten hatte Bob völlig unterdrückt.

Im Laufe der Zeit lernte er zu akzeptieren, daß es andere und weit weniger zerstörerische Möglichkeiten für ihn gab, seine Männlichkeit zu leben. Seine Prostata hörte auf, sich weiter zu vergrößern, und selbst Jahre später blieb sein Zustand stabil, obwohl er nicht mehr medizinisch behandelt wurde.

Diese Beispiele zeigen, daß nichts für sich allein steht. Ein Problem in einem unserer fünf Körper erzeugt Auswirkungen in einem anderen, da alle unsere Körper in wechselseitiger Verbindung und Abhängigkeit stehen. Die fünf Ebenen unseres Selbst als Ganzes und nicht jede für sich allein zu behandeln – nur dies führt zu vollständiger körperlicher Heilung.

## Übungen

### Wie Sie Krankheiten heilen

In diesem Buch gibt es eine Reihe von Übungen, die sich zur Heilung von Krankheiten einsetzen bzw. zu diesem Zweck abwandeln lassen. Die Kindheits-Übung (Kapitel 13) und die Übung zu vergangenen Leben (Kapitel 13) eignen sich besonders gut, das emotionale Selbst und die Seele zu heilen. Die Aurareinigung bei Phobien (Kapitel 16) entfernt krankmachende Energien. Außerdem können Sie noch die Übungen aus Kapitel 6 entsprechend abwandeln oder die zweite Übung über Gedankenmuster aus diesem Kapitel verwenden. Vergessen Sie nicht die Umpolungs-Übung von Kapitel 7, da eine Umpolung der Energien bei Krankheiten ziemlich häufig anzutreffen ist.

1. Legen Sie sich bequem hin und schließen Sie die Augen. Ruhige Musik ist eine gute Unterstützung.

2. Laden Sie Ihr Höheres Selbst zu sich ein, damit Sie mit ihm über Ihre Krankheit sprechen können.

3. Stellen Sie sich vor, daß Sie mit einem Aufzug oder einen Rolltreppe zum Herd Ihrer Krankheit hinunterfahren. Bei Krankheiten, die Ihren ganzen Körper betreffen, sollten Sie Ihren Körper bitten, Ihnen einen

Unterhändler zu schicken, der Ihnen die hinter der Krankheit liegende Absicht nahebringt.

4. Fragen Sie Ihren Körper, warum er die Krankheit auf sich gezogen hat. Die Botschaft, die Sie empfangen, kann sich in Bildern, Tönen, Gefühlen oder Empfindungen ausdrücken. Sie *werden* jedenfalls etwas wahrnehmen. (Wenn nicht, dann weigert sich Ihr Verstand, die Botschaft zur Kenntnis zu nehmen. Er hat ein Interesse daran, die Dinge so zu lassen, wie sie sind, egal, wie schädlich das für die gesamte Person ist.) Geben Sie nicht auf. Bitten Sie, wenn nötig, Ihr Höheres Selbst um Hilfe. Ihr Körper *will* Ihnen sagen, was los ist. Schließlich ist er es ja, der Schmerzen leidet und möchte, daß der Schmerz aufhört, und zwar ohne zu diesem Zweck sterben zu müssen oder verstümmelt zu werden.

5. Empfangen Sie Bilder aus einem früheren Leben, dann wenden Sie die Technik „Heilen Sie Ihr vergangenes Leben“ aus Kapitel 13 an.

6. Wenn der betroffene Teil Ihres Körpers wütend auf Sie ist (und davon können Sie ausgehen), dann fragen Sie ihn, was er von Ihnen braucht. Das kann Anerkennung sein, eine Wiedergutmachung oder Entschuldigung, vielleicht auch Mitgefühl. Sie werden überrascht sein, wie oft das fragliche Organ mehr als erfreut ist, wenn Sie sich bei ihm entschuldigen. Tatsächlich wünscht es sich mehr als alles andere ein Wort der Anerkennung dafür, daß es all die Belastungen aus Ihren Lebensumständen auf sich genommen hat.

7. Fragen Sie Ihren Körper, ob er geheilt werden möchte. *Das ist überaus wichtig.* Es kann nämlich Teil Ihres ganzen Heilungsprozesses sein, daß Sie momentan an dieser Krankheit leiden. (Das ist ein karmisches Problem.)

8. Um altes Karma aufzulösen, rufen Sie einen Engel zur Hilfe.
   a) Fragen Sie ihn, wieviel Karma er Ihnen erläßt – alles oder nur einen Teil.
   b) Bitten Sie dann den Engel, das entsprechende Karma aus Ihrem erkrankten Organ zu entfernen. Sie können es sich als Farbe vorstellen.

9. Fragen Sie als nächstes Ihren Körper, Ihr Höheres Selbst oder Ihren Engel, was Ihr Körper braucht, um wieder gesund zu werden. Die Antwort kann verschieden ausfallen: Vielleicht müssen Sie mit Ihrem inneren Kind arbeiten (Kapitel 8) oder an Ihren früheren Leben (Kapitel 13). Oder Sie sollen sich in Verzeihung üben (Kapitel 16). Es kann auch bedeuten, daß Sie akzeptieren müssen, was Ihre Helfer bzw. Engel Ihnen sagen.

10. Fragen Sie jetzt Ihr erkranktes Organ, ob es irgend etwas gibt, das es glücklicher machen würde. Auch hier ist alles möglich: ein Regenbogen, eine bestimmte Farbe, ein Edelstein, ein Lied, aber auch ein Urlaub, gesündere Ernährung, ein anderer Lebensstil etc.

11. Fragen Sie Ihr Höheres Selbst und das erkrankte Organ, ob es ein Heilmittel gibt, das Sie entweder auf feinstofflicher oder körperlicher Ebene anwenden können. (Amy hatte keine Kirschbaumrinde zur Hand, aber sie visualisierte sie auf ihrem Fuß.) Ihr Körper könnte antworten: „Ich möchte umarmt werden!“ Oder: „Tauche mich in Wasser!“ Und: „Bring mich weg von hier!“ Er wird niemals sagen: „Zerschneidet mich!“, außer dies wäre für Sie lebenswichtig. (Und selbst in diesem Fall müßte es wirklich sehr schlimm stehen.)

12. Reinigen Sie nun die erkrankte Stelle Ihres Körpers.
    a) Lassen Sie farbiges Licht in den betreffenden Bereich strömen. Grün ist eine Farbe, die sich für jede

Form der Heilung eignet, aber Sie können auch Blau, Gold oder Violett nehmen.

b) Atmen Sie den Laut *AUM* in die erkrankte Stelle. Diese Schwingung löst alle emotionalen Blockaden auf.

c) Legen Sie Ihre Hand auf diese Stelle, wenn Ihnen das möglich ist, oder bitten Sie jemand anderen darum, und atmen Sie neue Energie und Heilung in die erkrankte Zone.

13. Stellen Sie sich den betreffenden Bereich vor – gesund und erfüllt von funkelnder Reinheit.

14. Verzeihen Sie sich, daß Sie Ihr Organ verletzt haben, auch wenn es nicht mit Absicht geschehen ist. Zum Akt des Verzeihens gehört auch, daß Sie sich selbst das Gefühl von Freude gestatten. Der dornige Weg der Buße scheint vielen von uns leichter zu fallen, als Freude und Glück zu empfinden.

15. Bedanken Sie sich bei Ihrem Organ dafür, daß es bereit war, mit Ihnen zu reden.

16. Wenn Sie mit der Übung fertig sind, sollten Sie nicht in den Irrtum verfallen, daß die ganze Sache damit erledigt ist. Es bleiben Ihnen noch viele Schichten, die abgetragen werden müssen. Rufen Sie sich immer wieder Ihre Heilungsvision (Schritt 12) ins Gedächtnis. Wenn Sie kein Bild vor Ihrem inneren Auge sehen, halten Sie sich an Ihre Empfindungen. Lassen Sie diese so stark als möglich schwingen.

## ■ Alte Glaubensmuster loslassen

In dieser Übung werden Sie sich mit Ihren krankmachenden Überzeugungen auseinandersetzen und sie unschädlich machen. (Diese Übung ist ähnlich aufgebaut wie die Übung zur Änderung des eigenen Körperbildes in Kapitel 6.)

1. Begeben Sie sich in Ihr Allerheiligstes, und bitten Sie dort Ihr Höheres Selbst zu sich.

2. Schauen Sie in Ihren Zauberspiegel, und bitten Sie ihn, daß er Ihnen den schmerzenden Teil Ihres Körpers in Form von Bildern, Gefühlen oder Worten zeigt.

3. Fragen Sie das kranke Organ, welches geistige Muster an diese Krankheit geknüpft ist. Unter Umständen werden Sie Gefühle wie Scham, Schuld oder Angst empfinden. Gemeinsam mit dieser Emotion taucht häufig eine bestimmte Überzeugung auf wie z.B. „Ich tauge nichts", „Ich bin nicht liebenswert" oder „Ich bin schlecht".

4. Verstärken Sie dieses Gefühl, so daß es von Ihrem ganzen Körper Besitz ergreift, wie schrecklich sich das auch anfühlen mag. Je mehr Sie davon fühlen, desto mehr können Sie loslassen.

5. Stellen Sie sich nun eine große, in den Fußboden eingelassene Badewanne vor, die mit goldener Flüssigkeit gefüllt ist. Steigen Sie hinein. Lassen Sie sich ganz hineingleiten, so daß die goldene Flüssigkeit auch Ihren Kopf bedeckt. (Sie können Gold atmen.) Stellen Sie sich vor, wie die goldene Flüssigkeit all die Emotionen auflöst, die Sie gerade empfinden. Ein gutes Bild dafür ist beispielsweise ein Salzklumpen, der sich im Wasser auflöst.

6. Wiederholen Sie jetzt positive Affirmationen, die die schädlichen Überzeugungen, die in Ihrem kranken Organ gespeichert sind, aufheben. Aus „Ich tauge nichts" wird „Ich schaffe es!" Aus „Ich bin nicht liebenswert" wird „Ich werde geliebt!" Aus „Ich bin schlecht" wird „Ich bin

gut!“ Auf diese Weise können Sie Ihr Glaubenssystem auch in Ihren Körperzellen neu ausrichten.

7. Wiederholen Sie die folgenden Affirmationen. Stellen Sie sich dabei vor, wie Ihre Worte von dem erkrankten Körperteil wie silbern glitzernde Lichtpunkte aufgesogen werden. Dadurch werden Ihre bisherigen Denkmuster umgewandelt.
   a) „Ich liebe mich. Ich liebe mein … [nennen Sie hier Ihr krankes Organ].“
   b) „Ich verzeihe mir. Ich verzeihe meinem … [nennen Sie hier wieder Ihr erkranktes Organ].“

8. Sollten noch mehr Emotionen aufsteigen, wiederholen Sie die Schritte 4, 5 und 6.

## 18

# Sich aus den Fesseln der Vergangenheit befreien

Als ich den Entschluß faßte, dieses Buch zu schreiben, hatte ich die Vorstellung, daß es mich einerseits selbst ein Stück auf meinem eigenen Weg voranbringen würde, und andererseits dachte ich, daß daraus durchaus ein Leitfaden entstehen könnte, der anderen Menschen nützlich sein könnte. Zu Anfang wollte ich mich auf rein psychologische Fragen beschränken, aber als ich mit dem Buch allmählich vorankam, erkannte ich, daß sich ein Teil meiner eigenen spirituellen Reise in dem ausdrückte, was ich schrieb.

Mir persönlich ist schon vor einiger Zeit klar geworden, daß wir Menschen nicht auf diesen Planeten gekommen sind, um uns Jahr für Jahr fürs nackte Überleben abzustrampeln, sondern daß ein höherer Sinn hinter dem Ganzen steckt. Wir sind hier, um den Sinn unseres Lebens zu erfüllen, wie immer er auch aussehen mag: ob er sich nun auf dieses eine Leben beschränkt oder ob hinter diesem ein größeres Muster steht, dessen Erfüllung sich über mehrere Leben erstreckt. Aber hinter diesem Lebenssinn gibt es noch eine weitere Tiefendimension – nämlich den Prozeß der Selbstentwicklung einer Seele und darüber hinaus die Entwicklung der Menschheit in all ihren zahlreichen Formen.

Wir alle haben die Gottheit mit der Unschuld eines Neugeborenen verlassen, als wir uns auf die große Reise des Lernens machten. Mit dieser ersten Entscheidung, die wir getroffen haben, haben wir auch unsere Unschuld verloren – und sie niemals zurückverlangt. Aber darin liegt auch gar nicht der Zweck unserer Reise. Wäre das der Fall, dann hätten wir von Anfang mit der Gottheit verbunden bleiben können wie die Engel. Während dieser sehr, sehr langen Spanne unserer Existenz sind wir wunderbare Verbindungen eingegangen, haben unglaubliche Irrtümer begangen, haben großartige Dinge geschaffen genauso wie Unmengen von Blödsinn – alles notwendige Bausteine im Prozeß der Evolution.

Wir gehen diesen steilen und gewundenen Pfad zur Transzendenz und Weisheit, zur Wiedervereinigung mit der Gottheit aus einem viel herrlicheren Grund. Unschuld ist zauberhaft, doch sie schränkt uns auch ein. Nur Weisheit führt zu völligem Einklang mit der Gottheit, gemäßigt durch die Erfahrung des Selbst und die Verwirklichung des eigenen Lebenssinns.

Das ist die Reise, zu der ich aufgebrochen bin, ich und viele andere. Einige haben erkannt, daß sie schon immer auf diesem Pfad waren, andere erwachen erst jetzt zum Ruf der Wiedergeburt aus eigener Kraft. Viele haben das Gefühl, daß sie um diese Wandlung kämpfen müssen, umtost von der wilden See unerwünschter Verhaltensmuster, die sie noch nicht unter Kontrolle haben, von den hohen Wellen ungestillter Bedürfnisse und Emotionen, ja, tobender Ängste. All dies verfolgt uns seit unseren Kindertagen. Wie können wir es schaffen, diese alten Mustern abzulegen und auf unserem Weg zur Selbstentwicklung und Erfüllung unseres Lebenssinnes vorankommen? Ich selbst war schockiert darüber, daß alte Verhaltensmustern und Ängste mich derart beherrrschen konnten. Ich wollte ausbrechen, ein neuer Mensch werden – und doch hatte ich Angst vor dem, was dann aus mir werden könnte.

Es fing alles an mit meinem Wunsch, die Vergangenheit endlich hinter mir zu lassen und all die Meinungen, Muster und Verhaltensweisen loszuwerden, die mich mit ihrer Höllenmusik die meiste Zeit meines Lebens begleitet hatten. Ich war zunächst der Überzeugung, daß ich zu diesem Zweck in meine Kindheit zurückgehen und in meinem inneren Raum bestimmte Veränderungen vornehmen müßte, wodurch sich diese Muster dann auflösen würden. Aber ich stellte bald fest, daß dies nur ein Teil der Wahrheit ist.

Ich mußte all jene Gefühle, Bedürfnisse und Ängste in etwas Positives verwandeln, das mir helfen konnte, mich weiterzuentwickeln. Ich stellte mir vor, daß ich nicht bloß mein altes, schäbiges Bündel weggeben, sondern auch jemanden finden mußte, der das ganze Zeug haben wollte, das ich loszuwerden wünschte. Und wenn es zu nichts mehr nütze war, dann wollte ich meine Einwilligung geben, daß es mit meinem Segen und meinen besten Wünschen der Wiederverwertung zugeführt würde.

Ich nenne diesen Prozeß gerne „Evolution". Darunter verstehe ich, daß man sein Augenmerk nicht auf die Vergangenheit richtet, sondern auf die Zukunft. Daß man sich auf ein Ziel hinbewegt, wie verschwommen es im Augenblick auch wirken mag, ein Ziel, in dem sich der wahre Sinn unseres Lebens abzeichnet und ausdrückt.

Ich kann Ihnen versichern, daß der wahre Sinn des Lebens nicht darin besteht, unsere Kindheitserfahrungen bis zum jüngsten Gericht wiederzukäuen. Unsere Kindheitserlebnisse zu heilen ist ein wichtiger Schritt auf dem Weg zur Erfüllung unseres Lebenssinns, aber es ist nicht der wichtigste. Wenn wir über diesen Punkt nicht hinauskommen, dann verlieren wir jegliches Gefühl für das Göttliche in uns, für unsere eingeborene Weisheit und für den Weg, den wir gewählt haben. Wenn ich das sage, dann nicht deshalb, weil ich unberührt aus der Vogelperspektive auf die Dinge herabschaue, sondern weil ich sehr viel Zeit damit verbracht habe, mich mit den Abgründen meiner schmerzhaften und unglücklichen Kindheit herumzuplagen.

Schließlich begriff ich, daß wir uns nicht weiterentwickeln können, wenn wir nicht aufhören, in unserer Kindheit herumzustochern, wenn wir nicht dieser ganzen Flut an inneren Ängsten endlich Einhalt gebieten, um uns selbst und unser Leben auf eine neue Vision hin auszurichten – die Vision dessen, was wir sein wollen, nicht dessen, was wir einmal waren.

Meine wichtigste Erkenntnis war, daß es schwierig für mich sein würde, eine von Heilung, Liebe und Weisheit erfüllte Gegenwart bzw. Zukunft für mich zu erschaffen, solange ich an der Vergangenheit kleben blieb. Ich schränkte mich selbst ein durch meine Kindheitsängste, meine alten Muster und durch meinen Wunsch, mich nicht ändern zu müssen. (So zu bleiben, wie ich war, gab mir eine gewisse Sicherheit.) Außerdem hatte die ganze Arbeit an meiner Kindheit zu keinen nennenswerten Veränderungen in meinen grundlegenden Verhaltensmustern geführt.

Als ich mit der Arbeit an meiner emotionalen Wiedergeburt anfing, hatte ich nicht die geringste Idee, was die wahre Bestimmung des Lebens sein könnte. Ich wußte nur, daß das, was ich bisher gemacht hatte, nicht funktionierte, und darum bat ich mein Höheres Selbst, mich zu führen. Ich setzte also meinen Weg auf der feinstofflichen Ebene fort und stellte fest, daß langsam größere und kleinere Stücke meiner Verwirrung abbröckelten, so daß ich mich selbst und meine Bestimmung schließlich klarer sehen konnte.

Das war auch der Grund, warum ich anfing, andere Menschen in ihren eigenen inneren Raum zu führen, damit sie dort ihre Blockaden und Ängste auflösen konnten. Da ich sichergehen wollte, mit meiner Arbeit bei meinen Patienten nicht neue Verletzungen zu verursachen, wandte ich mich der Transpersonalen Psychologie zu mit dem Ziel, zwischen Spiritualität und Psychologie eine Brücke zu schlagen. Die so erzielten Resultate waren äußerst ermutigend und heilsam – für meine Patienten und für mich.

Trotzdem habe ich wiederholt festgestellt, daß viele meiner Patienten (übrigens auch ich selbst) sich immer wieder vor sich selbst damit entschuldigten, daß sie eine schwierige Kindheit hatten, die für all ihre Probleme verantwortlich sei, und daß nur ein chirurgischer Eingriff ins Gehirn sie von all ihren unproduktiven Verhaltensmustern erlösen könne. Vielleicht hat sich auch heute daran noch nicht viel geändert, aber ich bin jetzt an einem Punkt, an dem ich die Dinge nicht mehr so pessimistisch sehe oder zumindest nicht mehr gewillt bin, mich von meiner Vergangenheit derart beherrschen zu lassen.

Darum schrieb ich dieses Buch. Ich möchte Ihnen Werkzeuge und Methoden vermitteln, mit deren Hilfe Sie sich aus den Fängen der vielköpfigen Hydra „Vergangenheit“ befreien und die wahre Bestimmung Ihres Lebens erfüllen können, wie immer diese auch aussehen mag.

Vielleicht fragen Sie sich, nachdem Sie dieses Buch gelesen haben: „Kann ich so etwas auch fertigbringen?“ Die Antwort ist einfach: „Niemand außer Ihnen selbst kann das.“ Sie können jemanden bitten, Ihnen die einzelnen Schritte einer Übung vorzulesen oder sie selbst auf Band sprechen und dann stückweise abspielen, aber Tatsache ist, daß nur Sie selbst tun können, was getan werden muß. Einzige Voraussetzung ist Ihre Offenheit und Ihr Wunsch, geheilt zu werden.

Dabei handelt es sich um einen vielschichtigen Vorgang, der in ständiger Bewegung ist. Das ist wie bei einer Spirale. Sie bearbeiten ein bestimmtes Problem und denken, daß sie es nun endlich gelöst hätten, da erscheint es plötzlich wieder, vielleicht in verwandelter Gestalt, aber mit gleicher Heftigkeit. Nur kommt es diesmal von einer tieferen Ebene Ihres jetzigen und Ihres früheren Lebens. Das macht unsere emotionale Wandlung zur niemals endenden, harten Arbeit. Wir erledigen nämlich zwei Dinge auf einmal: Wir arbeiten zum einen daran, unser augenblickliches Leben zu heilen, aber gleichzeitig heilen wir all unsere früheren Existenzen mit. Dieses Werk braucht Zeit (sprich: eine Ewigkeit), nichtsdestotrotz bewirken wir damit bedeutsame Änderungen in unserem Leben. Dies ist der einzige konstante Faktor in all unseren Leben.

Wir haben uns dafür entschieden, jetzt zu diesem Zeitpunkt der Geschichte hier auf diesem Planeten zu sein, nicht weil wir uns so schnell als möglich aus dem Staub machen wollen, sondern weil wir Karma abtragen wollen – für uns, für unsere Familien, für unser Land, unseren Planeten. Und wir wollen es jetzt tun, so daß diejenigen unter uns, die bereit sind, am Ende ihres Lebens auf die nächste Stufe der Evolution überwechseln können.

Dies kann aber nur geschehen, wenn wir mit unserem gegenwärtigen Leben ins reine gekommen sind, wenn wir alle unsere Hindernisse überwunden haben. Und wir *sind dazu in der Lage*, wenn wir uns nur daran erinnern, daß wir dabei nicht allein sind. Unser Höheres Selbst, die Gottheit, die Engel sind unsere Partner und darüber hinaus all jene, von denen wir möchten, daß sie uns hilfreich zur Seite stehen. Das ganze ist ein Gemeinschaftsunternehmen, keiner von uns muß sich allein quälen.

Einer der wichtigsten Punkte, den Sie immer im Auge behalten sollten, ist, daß Sie mit jedem Schritt auf diesem Weg Ihr wahres Selbst stärken – die Schöpfung, die sich aus den Fesseln einschränkender Verhaltensmuster, Überzeugungen, Bedürfnisse und negativer Emotionen befreit, denen sie bisher unterworfen war. Das hat zur Folge, daß Sie, wie Sie selbst feststellen werden, nun ganz andere Entscheidungen treffen, sei es in der Wahl Ihres Lebensstils, Ihrer Freunde, Ihrer Familie oder Ihres Arbeitsplatzes. Was Sie jetzt für sich auswählen, steht in direktem Zusammenhang mit dem wahren Sinn Ihres Lebens und ist weit weniger von emotionalen Abhängigkeiten geprägt. Innere Wandlung schafft die Voraussetzungen für die unbegrenzte Entfaltung Ihres Daseins.

Ich habe die Schwierigkeiten angesprochen, denen Sie auf dem Weg Ihrer emotionalen Wiedergeburt begegnen könnten, habe aber noch nichts dazu gesagt, wie diese neue Persönlichkeit aussehen wird, in die Sie sich verwandeln. Das liegt schlicht daran, weil ich nicht weiß, wer oder was Sie sein werden, wenn die Wandlung sich vollzogen hat. Aber meine persönliche Überzeugung ist, daß es ein wunderbares, kraftvolles Lichtwesen sein wird.

Weiter stelle ich mir vor, daß Sie sowohl in psychischer wie in spiritueller Hinsicht mehr auf sich selbst und Ihre Mitmenschen achten, wenn Sie diesen Weg weitergehen. Es gibt vieles im Zusammenhang mit spiritueller Wandlung und Bewußtwerdung, worüber ich nicht gesprochen habe, aber das geht über den Rahmen dieses Buches hinaus.

Kennzeichen des spirituellen Erwachens ist der unbändige Drang, ein neuer Mensch zu werden, ob er sich nun als bloßer Wunsch nach Veränderung äußert oder als das unermüdliche Bestreben, über sich selbst hinauszuwachsen. Schließlich fallen unser alter Schmerz und unsere leidverursachenden Gewohnheiten von uns ab, und wir werden in die Leichtigkeit des Seins erhoben – ein Zustand, den man bisweilen mit den Worten „leichten Schrittes über die Erde wandeln" umschrieben hat. Dazu müssen wir natürlich keine Schlankheitskur machen. Gemeint ist damit, daß die Energie in unseren Körpern (den fünf Ebenen unseres Selbst) „leichter" wird, weil sie nicht länger mit Blockaden und Fremdenergien belastet bzw. an Orte gebunden ist, die uns „herunterziehen". Nach außen hin scheinen wir unverändert, aber unser Inneres fließt über vor Freude – vielleicht nicht an jedem einzelnen Tag unseres Lebens, aber doch an ziemlich vielen.

Viele Menschen haben bisher über den spirituellen Weg geschrieben. Mein Beitrag zu diesem Thema besteht darin, daß ich mir für all diejenigen, die sich entschlossen haben, auf diese innere Menschwerdung zuzugehen, ein größeres Maß an Feinfühligkeit und Nähe zu allem, was lebt, wünsche – nicht nur zu den Menschen, sondern auch zu den Tieren, den Pflanzen und zur Erde selbst. Dann werden wir in harmonischem Gleichgewicht mit uns selbst sein und unser höchstes Gut leben. Ich freue mich darauf, wenn wir alle diese Ebene erreichen.

# Quellen


Callahan, Roger, *Der unwiderstehliche Drang – Süchte und was Sie dagegen tun können*. VAK, Freiburg 1998

Chopra, Deepak, *Länger leben und jung bleiben* 2 Kassetten. Lange Media, 1995

Gawain, Shakti, *Stell Dir vor*. München 1993

Gawain, Shakti, *Leben im Licht*. München 1989

Hay, Louise, *Heile Dein Leben*. Landsberg 1997

Hay, Louise, *Liebe Deinen Körper*. Freiburg 1990

Hay, Louise, *Heile Deinen Körper*. Freiburg 1998

Levine, Steven, *Who Dies?* New York, Doubleday 1982

Ramer, Andrew/Wylie, Daniel, *Frag deine Engel – Ein praktischer Ratgeber für die Zusammenarbeit mit Engeln*. München 1994

Redfield, James, *Die Prophezeiungen von Celestine*. München 1994

Roberts, Jane, *Überseele Sieben*. München 1992

Roman, Sanaya, *Sich dem Leben öffnen – Schritte zu persönlichem Wachstum und geistiger Kraft*. München 1990

Auch ihre anderen Bücher sind wirklich lesenswert. Im angegebenen Buch geht es vor allem um Visualisierungen und spirituelle Transformation.

Stone, Hal, Stone, Sidra, *Du bist richtig – Mit der Voice-Dialogue-Methode den inneren Kritiker zum Freund gewinnen*. München 1996

Weiss, Brian, *Die zahlreichen Leben der Seele – Die Chronik einer ungewöhnlichen Rückführungstherapie*. München 1995

Weiss, Brian, *Heilung durch Reinkarnationstherapie*. München 1994

## Über die Autorin

Arian Sarris ist ausgebildet in transpersonaler Ehe-, Familien- und Kindertherapie. Als Psychotherapeutin begleitet sie ihre Patienten durch vielfältige Erfahrungen und Phasen der Wandlung. Auch spirituelles Heilen, Paartherapie und Selbsterfahrung gehört zu ihrem Spektrum. Sie ist als Medium tätig und gibt Kurse zur Entwicklung der eigenen „übersinnlichen" Fähigkeiten ebenso wie über Hypnotherapie und Bonding für Schwangere. In den USA und in Europa hat sie viele Artikel und Kurzgeschichten in Zeitschriften veröffentlicht. Augenblicklich lebt Arian Sarris im Norden Kaliforniens und hält Kurse vorwiegend zu den oben erwähnten Themen ab.

Viele der Übungen in diesem Buch sind auch als Audio-Kassetten (in englischer Sprache) erhältlich. Bei Interesse nehmen Sie bitte Kontakt mit der Autorin auf. Schreiben Sie in Englisch an folgende Adresse:


**Arian Sarris**
c/o Llewellyn's New Worlds of Mind and Spirit
P.O. Box 64383, Dept. K601-7
St. Paul, MN 55164-0383
USA

*Licht, Schwingung, Information –*
*Grundlagen einer neuen Medizin, anschaulich erklärt*

Harald Kinadeter

**HEILUNG**

Dimensionen einer neuen Medizin

Doktor Kinadeter beschreibt aus der Sicht des Naturwissenschaftlers und Arztes, warum „esoterische" Techniken wirken und wie. Dieses Buch liefert den lange vermißten roten Faden, der die verschiedenen Heilsysteme miteinander verbindet. Der Autor verknüpft scheinbar getrennte Bereiche wie (sakrale) Architektur, Geomantie, Geistheilen, Psychosomatik, Kinesiologie und Radionik zu einer großartigen Gesamtschau, in der das Heilen mit Blütenessenzen ebenso seinen Platz findet wie die Mantrenmeditation. Ein Standardwerk zur Anwendung und zum Verständnis der neuen Medizin!

280 Seiten, gebunden
DM 29,80 / ÖS 218,– / SFr 27,50 ISBN 3-929475-74-X

*Umarme dein Ego – nutze seine positive Kraft!*

Martia Nelson

# LEBE DEIN WAHRES SELBST

## Die innere und äußere Welt in Einklang bringen

Im Außen zu bestehen und andererseits der eigenen inneren Wahrheit gerecht zu werden ist für viele, die sich spirituell entwickeln wollen, ein Anspruch, an dem sie leicht scheitern. Den begrenzenden Teil unseres Wesens – das Ego – abzulehnen oder ihn zu ignorieren ist jedoch keine Lösung. Dieses Ich-Bewußtsein, das uns in der materiellen Welt bestehen läßt, und das Wahre Selbst, das unseren Seelenplan in sich trägt, müssen in Einklang gebracht werden.

Martia Nelson räumt in ihrem Buch mit der Vorstellung auf, daß es auf dem spirituellen Weg erforderlich sei, Emotionen, die gemeinhin als „unspirituell" gelten, abzulegen. Sie zeigt vielmehr den Weg, den tieferen Teil des eigenen Wesens – das Wahre Selbst – aufzuspüren und zu hören. Die Stimme des Wahren Selbst ist die „innere Führung". Sie offenbart einen höheren Sinn, als wir mit unser gewöhnlichen Wahrnehmung erkennen. Je mehr wir uns ihr öffnen, um so mehr verblaßt die Trennungslinie, die wir meist zwischen innerer und äußerer Welt empfinden.

Liebevolle Meditationen und schlichte Einstimmungen helfen uns, die Bewußtheit zu lenken und uns auf eine tiefere Wirklichkeit einzustimmen, während wir die Anforderungen unseres Lebens erfüllen.

Die beiden Wirklichkeiten verschmelzen so zu einem vertrauenswürdigen starken Fundament für jene vollkommene Glückseligkeit und Stabilität im Leben, die in uns allen zwar angelegt ist, bisher aber nicht erfahren werden konnte.

256 Seiten, gebunden
DM 34,– / SFr 32,– / ÖS 248,– ISBN 3-929475-83-9